民國文存

47

中華幣制史
（上）

张家骧 著

知識產權出版社

本書分歷代貨幣、現代貨幣、現代幣制問題、幣制行政、金銀銅統計和附錄等六編。對我國歷代幣制情況及近代幣制法規、議案，中央、地方、中外銀行、官錢局、造幣局之章程、條例、鈔幣數目、平色差量及營業概況等均有詳細敘述，並輯入上百幅歷代貨幣圖片及有關統計數表近百張，對研究我國歷代貨幣的發展，尤其是清末民初從硬貨幣向紙幣的轉化提供了翔實的一手資料。此為前半部份：歷代貨幣、現代貨幣與現代幣制問題。

本書適合於財政制度、近代史研究者以及錢幣收藏愛好者閱讀。

責任編輯：劉　江　　　　**責任校對：**董志英　　　　**動態排版：**賀　天
特約編輯：陳棣芳　　　　**責任出版：**盧運霞

圖書在版編目（CIP）數據

中華幣制史（上）/張家驤著.—北京：知識產權出版社，2013.1
（民國文存）
ISBN 978-7-5130-1835-7

Ⅰ．①中…　Ⅱ．①張…　Ⅲ．①貨幣制度－貨幣史－中國　Ⅳ．①F822.9

中國版本圖書館 CIP 數據核字（2013）第 006528 號

中華幣制史（上）
Zhonghua Bizhi Shi

張家驤　著

出版發行：知識產權出版社	
社　　址：北京市海澱區馬甸南村 1 號	郵　編：100088
網　　址：http://www.ipph.cn	郵　箱：bjb@cnipr.com
發行電話：010-82000860 轉 8101/8102	傳　真：010-82005070/82000893
責編電話：010-82000860 轉 8344	責編郵箱：liujiang@cnipr.com
印　　刷：北京中獻拓方科技發展有限公司	經　銷：新華書店及相關銷售網站
開　　本：720 mm×960mm　1/16	印　張：23
版　　次：2013 年 8 月第一版	印　次：2013 年 8 月第一次印刷
字　　數：275 千字	定　價：75.00 元

ISBN 978−7−5130−1835−7/F·586（4682）

出版權專有　　侵權必究
如有印裝質量問題，本社負責調換。

民國文存

（第一輯）

編輯委員會

文學組

組長：劉躍進

成員：尚學鋒　李真瑜　蔣　方　劉　勇　譚桂林　李小龍
　　　葉　嘩　吳冠文　鄧如冰　金立江　張新贊

歷史組

組長：王子今

成員：秦永洲　張　弘　李雲泉　李揚帆　姜守誠　吳　密
　　　姜　鵬

哲學組

組長：周文彰

成員：胡　軍　胡偉希　彭高翔　干春松　楊寶玉

出版前言

　　民國時期，社會動亂不息，內憂外患交加，但中國的學術界卻大放異彩，文人學者輩出，名著佳作迭現。在炮火連天的歲月，深受中國傳統文化浸潤的知識份子，承當著西方文化的衝擊，內心洋溢著對古今中外文化的熱愛，他們窮其一生，潛心研究，著書立說。歲月的流逝、現實的苦樂、深刻的思考、智慧的光芒均流淌於他們的字裡行間，也呈現於那些細緻翔實的圖表中。在書籍紛呈的今天，再次翻開他們的作品，我們仍能清晰地體悟到當年那些知識分子發自內心的真誠，蘊藏著對國家的憂慮，對知識的熱愛，對真理的追求，對人生幸福的嚮往。這些著作，可謂是中華歷史文化長河中的珍寶。

　　民國圖書，有不少在新中國成立前就經過了多次再版，備受時人稱道。許多觀點在近一百年後的今天，仍可說是真知灼見。眾作者在經、史、子、集諸方面的建樹成為中國學術研究的重要里程碑。蔡元培、章太炎、陳柱、呂思勉、謝無量、錢基博等人的學術研究今天仍為學者們津津樂道；魯迅、周作人、沈從文、丁玲、梁遇春、李健吾等人的文學創作以及傅抱石、豐子愷、徐悲鴻、陳從周等人的藝術創想，無一不是首屈一指的大家名作。然而這些凝結著汗水與心血的作品，有的已經罹於戰火，有的僅存數本，成為圖書館裡備受愛護的珍本，或成為古玩市場裡待價而沽的商品，讀者很少有隨手翻閱的機會。

鑑此，為整理保存中華民族文化瑰寶，本社從民國書海裡，精心挑出了一批集學術性與可讀性於一體的作品予以整理出版，以饗讀者。這些書，包括政治、經濟、法律、教育、文學、史學、哲學、藝術、科普、傳記十類，綜之為民國文存。每一類，首選大家名作，尤其是對一些自新中國成立以後沒有再版的名家著作投入了大量的精力，進行了整理。在版式方面有所權衡，基本採用化豎為橫、保持繁體的形式，標點符號則用現行的規範予以替換，一者考慮了民國繁體文字可以呈現當時的語言文字風貌，二者顧及到今人從左至右的閱讀習慣，以方便讀者翻閱，使這些書能真正走入大眾。然而，由於所選書籍品種較多，涉及的學科頗為廣泛，限於編者的力量，不免有所脫誤遺漏及不妥當之處，望讀者予以指正。

目　錄

题词 ··· 1

《中華幣制史》序 ··· 3

　序一 ··· 3

　序二 ··· 4

　序三 ··· 5

　序四 ··· 7

　序五 ··· 8

　序六 ··· 9

　序七 ··· 10

　序八 ··· 11

　序九 ··· 12

凡例 ··· 13

第一編　歷代貨幣 ··· 17

第一章　硬幣 ·· 19

　第一節　硬幣之起源 ··· 19

　第二節　周之硬幣 ·· 19

　第三節　秦漢晉魏六朝之硬幣 ···························· 22

第四節　唐代五季之硬幣 ………………………………… 23

　　第五節　宋遼金元明之硬幣 ……………………………… 24

　　第六節　清之硬幣 ………………………………………… 26

第二章　紙幣 …………………………………………………… 28

　　第一節　紙幣之起源 ……………………………………… 28

　　第二節　宋之交會 ………………………………………… 28

　　第三節　金之交鈔 ………………………………………… 30

　　第四節　元之寶鈔 ………………………………………… 31

　　第五節　明鈔 ……………………………………………… 32

　　第六節　清鈔 ……………………………………………… 33

第二編　現代貨幣 …………………………………………… 35

第一部　硬幣 ………………………………………………… 37

第一章　銀圓 …………………………………………………… 38

　　第一節　自鑄銀圓 ………………………………………… 38

　　第二節　流入銀圓 ………………………………………… 51

　　　　一、本洋 ……………………………………………… 54

　　　　二、鷹洋 ……………………………………………… 54

　　　　三、人洋 ……………………………………………… 54

　　　　四、龍洋 ……………………………………………… 55

　　　　五、安南洋 …………………………………………… 55

　　　　六、美國洋 …………………………………………… 55

第二章　銀角 …………………………………………………… 60

　　第一節　舊銀輔幣 ………………………………………… 60

　　第二節　新銀輔幣 ………………………………………… 61

第三章　銅圓 …………………………………………………… 65

第一節　舊銅輔幣 ……………………………………………… 65

　第二節　新銅輔幣 ……………………………………………… 76

第四章　銀兩 ……………………………………………………… 78

　第一節　用銀之由來及其形式 ………………………………… 78

　第二節　銀錠之鑄造權及其分類 ……………………………… 79

　第三節　各地通用成色標準寶銀及其純分成色計算法 ……… 85

　第四節　銀錠之鼓鑄及其鑑定機關 …………………………… 88

　　第一項　銀爐 ………………………………………………… 88

　　第二項　公估局 ……………………………………………… 90

　第五節　各種重要平式 ………………………………………… 91

　　第一項　庫平 ………………………………………………… 92

　　第二項　關平 ………………………………………………… 94

　　第三項　漕平 ………………………………………………… 97

　　第四項　市平 ………………………………………………… 98

　　　一、公砝平 ………………………………………………… 98

　　　二、公估平 ………………………………………………… 98

　　　三、錢平 …………………………………………………… 98

　　　四、司碼平 ………………………………………………… 98

　　　五、九八規銀 ……………………………………………… 99

　　　六、爐銀 …………………………………………………… 99

　　　七、洋例平 ………………………………………………… 101

　　　八、行化平 ………………………………………………… 101

　第六節　各種平砝相互大小推算法 …………………………… 101

第五章　制錢 ……………………………………………………… 117

　第一節　制錢之成分 …………………………………………… 117

iii

第二節　制錢之鑄額 ……… 117
第三節　制錢之計算法 ……… 119
第四節　制錢之種類 ……… 121
第五節　制錢之銷滅 ……… 121

第六章　金幣 ……… 123
第一節　用金之由來 ……… 123
第二節　金幣之鑄造 ……… 124

第二部　紙幣 ……… 125

第七章　中央銀行發行之鈔券 ……… 126
第一節　戶部銀行 ……… 126
第二節　大清銀行 ……… 128
第一項　紙幣之種類 ……… 129
第二項　紙幣之印造 ……… 130
第三項　紙幣之推行 ……… 130
第四項　紙幣之兌換 ……… 131
　　兌換紙幣則例 ……… 133
第五項　政府對於紙幣之監督 ……… 135
第六項　紙幣發行之數目 ……… 136
第七項　紙幣發行之準備 ……… 137

第三節　中國銀行 ……… 150
第一項　兌換券發行之由來 ……… 150
　　中國銀行換券暫行章程 ……… 150
第二項　兌換券未能迅速推廣之原因 ……… 151
第三項　兌換券之種類 ……… 153
第四項　兌換券發行額 ……… 154

第五項　貨幣交換所之設置 ··156
　　　　中國銀行貨幣交換所暫行條例 ······································157
　　第六項　銀錢兩業領用中行兌換券之經過 ····························158
　　　一、銀行領用中行兌換券之始末 ·······································158
　　　二、錢業領用中行兌換券之始末 ·······································160
　　　　上海某錢莊向上海中國銀行領用鈔票合同 ···················161
　第四節　交通銀行 ···163
　　第一項　兌換券發行之由來 ··163
　　第二項　兌換券發行制度之新規定 ·······································164
　　　一、區域之設定 ···164
　　　二、總分庫之職掌 ··165
　　　三、額定準備與額外準備之規定 ··165
　第五節　中交兩行停兌及收換之經過 ······································167
　　第一項　中交兩行停止兌現之原因 ·······································167
　　第二項　中交兩行停兌後之籌畫情形 ···································167
　　第三項　中交兩行停兌後之各地辦理情形 ···························169
　　第四項　中國銀行之京鈔整理始末 ·······································176
　　第五項　中國銀行之少數分行整理兌換券始末 ····················180
　　第六項　財政部發行公債整理中交兩行京鈔之始末 ············181

第八章　特種銀行發行之鈔券 ··185
　第一節　殖邊銀行 ···185
　　　殖邊銀行兌換券準備章程　民國四年九月三十日通告，五年十一月十一日修改 ······185
　第二節　農商銀行 ···187
　第三節　邊業銀行 ···187
　第四節　勸業銀行 ···187

勸業銀行鈔票發行章程 ………………………………………… 188
　第五節　蒙藏銀行 ……………………………………………………… 188
　第六節　財政部平市官錢局 …………………………………………… 189
　　第一項　平市官錢局發券之略情 …………………………………… 189
　　第二項　北京平市官錢局銅圓券整理之經過 ……………………… 190
　　　初查銅元券數簡明報告單 ………………………………………… 193
　　　財政部平市官錢局董事會章程 …………………………………… 194

第九章　普通商業銀行發行之鈔券 ………………………………………… 201
　第一節　中國通商銀行 ………………………………………………… 201
　第二節　浙江興業銀行 ………………………………………………… 202
　第三節　四明商業銀行 ………………………………………………… 203
　第四節　中南銀行 ……………………………………………………… 203
　　　鹽業中南金城大陸銀行準備庫規約 ……………………………… 203
　　　鹽業中南金城大陸銀行準備庫發行章程 ………………………… 204

第十章　地方銀行發行之鈔券 ……………………………………………… 207
　第一節　地方銀行發鈔之略情 ………………………………………… 207
　第二節　直隸省銀行 …………………………………………………… 209
　第三節　奉天省銀行 …………………………………………………… 210
　　第一項　東三省官銀號 ……………………………………………… 210
　　第二項　奉天興業銀行 ……………………………………………… 211
　第四節　吉林省銀行 …………………………………………………… 211
　　第一項　吉省發鈔之沿革 …………………………………………… 211
　　第二項　永衡官銀錢號發鈔之近況 ………………………………… 212
　第五節　黑龍江省銀行 ………………………………………………… 214
　　第一項　黑龍江官銀號 ……………………………………………… 214

第二項　廣信公司⋯⋯⋯⋯⋯⋯⋯⋯⋯⋯⋯⋯⋯⋯⋯⋯⋯⋯⋯215
　第六節　山東省銀行⋯⋯⋯⋯⋯⋯⋯⋯⋯⋯⋯⋯⋯⋯⋯⋯⋯⋯⋯⋯215
　第七節　河南省銀行⋯⋯⋯⋯⋯⋯⋯⋯⋯⋯⋯⋯⋯⋯⋯⋯⋯⋯⋯⋯217
　第八節　山西省銀行⋯⋯⋯⋯⋯⋯⋯⋯⋯⋯⋯⋯⋯⋯⋯⋯⋯⋯⋯⋯217
　第九節　江蘇省銀行⋯⋯⋯⋯⋯⋯⋯⋯⋯⋯⋯⋯⋯⋯⋯⋯⋯⋯⋯⋯218
　第十節　安徽省銀行⋯⋯⋯⋯⋯⋯⋯⋯⋯⋯⋯⋯⋯⋯⋯⋯⋯⋯⋯⋯219
　第十一節　江西省銀行⋯⋯⋯⋯⋯⋯⋯⋯⋯⋯⋯⋯⋯⋯⋯⋯⋯⋯⋯219
　第十二節　福建省銀行⋯⋯⋯⋯⋯⋯⋯⋯⋯⋯⋯⋯⋯⋯⋯⋯⋯⋯⋯221
　第十三節　浙江省銀行⋯⋯⋯⋯⋯⋯⋯⋯⋯⋯⋯⋯⋯⋯⋯⋯⋯⋯⋯222
　第十四節　湖北省銀行⋯⋯⋯⋯⋯⋯⋯⋯⋯⋯⋯⋯⋯⋯⋯⋯⋯⋯⋯222
　第十五節　湖南省銀行⋯⋯⋯⋯⋯⋯⋯⋯⋯⋯⋯⋯⋯⋯⋯⋯⋯⋯⋯224
　第十六節　陝西省銀行⋯⋯⋯⋯⋯⋯⋯⋯⋯⋯⋯⋯⋯⋯⋯⋯⋯⋯⋯226
　第十七節　甘肅省銀行⋯⋯⋯⋯⋯⋯⋯⋯⋯⋯⋯⋯⋯⋯⋯⋯⋯⋯⋯227
　第十八節　新疆省銀行⋯⋯⋯⋯⋯⋯⋯⋯⋯⋯⋯⋯⋯⋯⋯⋯⋯⋯⋯228
　　　第一項　省城官錢局⋯⋯⋯⋯⋯⋯⋯⋯⋯⋯⋯⋯⋯⋯⋯⋯⋯⋯228
　　　第二項　伊犁官錢局⋯⋯⋯⋯⋯⋯⋯⋯⋯⋯⋯⋯⋯⋯⋯⋯⋯⋯228
　第十九節　四川省銀行⋯⋯⋯⋯⋯⋯⋯⋯⋯⋯⋯⋯⋯⋯⋯⋯⋯⋯⋯229
　　　第一項　四川銀行⋯⋯⋯⋯⋯⋯⋯⋯⋯⋯⋯⋯⋯⋯⋯⋯⋯⋯⋯229
　　　第二項　濬川源銀行⋯⋯⋯⋯⋯⋯⋯⋯⋯⋯⋯⋯⋯⋯⋯⋯⋯⋯229
　第二十節　廣東省銀行⋯⋯⋯⋯⋯⋯⋯⋯⋯⋯⋯⋯⋯⋯⋯⋯⋯⋯⋯230
　　　第一項　廣東官銀錢局發鈔之始末⋯⋯⋯⋯⋯⋯⋯⋯⋯⋯⋯⋯230
　　　第二項　廣東官銀錢局鈔券整理之經過⋯⋯⋯⋯⋯⋯⋯⋯⋯⋯231
　　　　一、鈔券發行數目⋯⋯⋯⋯⋯⋯⋯⋯⋯⋯⋯⋯⋯⋯⋯⋯⋯⋯231
　　　　二、國家財政與社會金融所受之影響⋯⋯⋯⋯⋯⋯⋯⋯⋯⋯232
　　　　三、財政部與五國銀行團協定

　　　　整理廣東紙幣辦法及撥用鹽款合同 ················ 233
　　　四、定期定價收回濫幣之效果 ···················· 236
　　　五、宣布定價及定期收回辦法 ···················· 237
　　　六、收換紙幣結束情形 ·························· 237
　　第三項　廣東省銀行發行鈔券及其進行整理情形 ······ 238
　　　（甲）整理省銀行紙幣辦法總綱 ·················· 240
　　　（乙）檢驗前廣東省銀行紙幣辦法 ················ 241
　　　（丙）整理廣東省銀行紙幣委員會章程 ············ 242
　　　（丁）有價證券銷納紙幣辦法 ···················· 243
　　　（戊）銀行股本銷納紙幣辦法 ···················· 245
　　　（己）公欵收入銷納紙幣辦法 ···················· 246
　第二十一節　廣西省銀行 ···························· 247
　第二十二節　雲南省銀行 ···························· 247
　第二十三節　貴州省銀行 ···························· 248
　第二十四節　熱河特區銀行 ·························· 248

第十一章　中外合辦銀行發行之鈔券 ···················· 250
　第一節　華俄道勝銀行 ······························ 250
　第二節　中法實業銀行 ······························ 251
　第三節　中華滙業銀行 ······························ 252
　第四節　中華懋業銀行 ······························ 253

第十二章　在華各外國銀行發行之鈔券 ·················· 254
　第一節　滙豐銀行 ·································· 254
　第二節　麥加利銀行 ································ 255
　第三節　花旗銀行 ·································· 256
　第四節　東方滙理銀行 ······························ 256

第五節　橫濱正金銀行 …………………………………………256

　　第六節　臺灣銀行 ………………………………………………257

　　第七節　朝鮮銀行 ………………………………………………258

　　第八節　德華銀行 ………………………………………………259

第十三章　紙幣之法規及其制度 …………………………………266

第一節　取締紙幣法規之沿革 ……………………………………266

　第一項　清末制定之紙幣法規 …………………………………266

　　通用銀錢票暫行章程 …………………………………………267

　第二項　民國制定之紙幣法規 …………………………………269

　　取締紙幣法規 …………………………………………………270

　　修正取締紙幣條例（九年六月二十七日呈准公布）…………271

第二節　紙幣發行制度之籌議 ……………………………………273

　　銀行公庫兌換券條例 …………………………………………276

　　公庫制大綱 ……………………………………………………277

第三節　財政部設立監理官之情形 ………………………………278

　　各省官銀錢行號監理官章程 …………………………………279

第十四章　偽造貨幣禁例 …………………………………………281

　第一節　偽造硬幣禁例 …………………………………………281

　第二節　偽造紙幣禁例 …………………………………………282

第三編　現代幣制問題 ……………………………………285

第一章　幣制問題之經過 ……………………………………………287

第二章　幣制本位問題 ………………………………………………290

　第一節　鑄造金銀各種貨幣之首先建議者 ……………………290

　　一、順天府府尹胡燏棻 ………………………………………290

　　二、監察御史王鵬運 …………………………………………290

ix

三、總理衙門給事盛宣懷 290

四、通政使參議楊宜治 291

五、駐俄公使胡惟德 292

第二節　金滙兌本位制之建議 294

第一項　整理銀本位制及實行金滙兌本位制同時並舉說 295

一、嚇德氏之建議 295

二、精琦氏之建議 296

精琦氏條議整頓圜法大要 296

張之洞奏駁虛定金本位制原文摘要_{清光緒三十年七月奏疏} 298

第二項　暫時並用銀本位制及金滙兌本位制說 304

一、度支部議覆汪大燮奏案中所擬

　　虛定金本位制辦法之建議 304

二、衛斯林氏之建議 306

三、民國七年之《金券條例》 308

金券條例 309

第三項　暫行金銀兩本位制

俟至相當時期實行金滙兌本位制說 310

一、民國四年幣制委員會擬修正《國幣條例》之主張 311

第三章　幣制單位問題 314

第一節　清末之銀幣單位問題 314

張之洞奏請自鑄一兩銀幣原文摘要_{清光緒三十年八月奏疏} 319

宣統二年度支部奏定之幣制則例 321

第二節　民國之銀幣單位問題 324

一、主張採用大單位一圓制之理由 324

二、主張採用小單位制之理由 324

第四章　現行國幣條例與幣制問題……………………………327
　　　　國幣條例……………………………………………………327
　　　　《國幣條例》施行細則……………………………………329
　　　　《國幣條例》及施行細則理由書…………………………330
　　　　民國三年幣制局整理幣制計畫概要………………………337
　　　　民國六年梁啟超任財政總長期內提議之幣制大綱………337

編後記……………………………………………………………339

图　目

秦半兩………………………………………………………………20
漢半兩………………………………………………………………20
漢五銖………………………………………………………………20
唐開元………………………………………………………………20
宋大觀………………………………………………………………20
元至大………………………………………………………………20
明永樂………………………………………………………………21
清咸豐大錢…………………………………………………………21
順治…………………………………………………………………21
康熙…………………………………………………………………21
雍正…………………………………………………………………21
乾隆…………………………………………………………………21
嘉慶…………………………………………………………………21
道光…………………………………………………………………21
咸豐…………………………………………………………………21

同治	21
光緒	21
金寶泉（貳貫）	29
元寶鈔（貳貫）	29
明寶鈔（壹貫）	30
清官票（壹兩）	30
廣東省造	39
湖北省造	39
江南省造	40
北洋造	40
清光緒三十二年已鑄而未通行之一兩銀輔幣　伍錢	40
清光緒三十二年已鑄而未通行之一兩銀輔幣　貳錢	40
清光緒三十二年已鑄而未通行之一兩銀輔幣　壹錢	41
清光緒三十二年已鑄而未通行之一兩銀主幣　壹兩	41
清宣統三年遵照幣制則例鑄造之銀主幣	41
現行之銀主幣	41
孫像開國紀念幣	42
黎像開國紀念幣	42
袁像共和紀念幣	42
袁像洪憲紀念幣	42
曹像憲法成立紀念幣	43
段像執政紀念幣	43
西班牙洋	51
舊墨西哥洋	51
新墨西哥洋	52

美國洋 ·· 52

秘魯洋 ·· 52

香港洋 ·· 52

日本洋 ·· 53

安南洋 ·· 53

清代鑄造二角 ·· 61

清代鑄造一角 ·· 61

清代鑄造半角 ·· 61

清代鑄造五角 ·· 62

民國鑄造一角 ·· 62

民國鑄造二角 ·· 62

民國鑄造中圓 ·· 62

清代鑄造當十文（一分）·· 65

清代鑄造當二十文 ·· 65

清代鑄造廣東當十文 ··· 66

清代鑄造當一釐 ··· 66

清代鑄造北洋當十文 ··· 66

清代鑄造當五文 ··· 66

清代鑄造當一文 ··· 67

清代鑄造當二文 ··· 67

民國鑄造當二十文 ·· 67

民國鑄造當十文 ··· 67

民國鑄造一分 ·· 68

民國鑄造五釐 ·· 68

銀錠正面 ·· 79

銀錠側面 ·· 79

銀錠凹面 ·· 79

現代銀錠圖側面 ·· 80

現代銀錠圖凹面 ·· 80

表　目

各省舊鑄大小銀圓重量成色表（據天津造幣廠報告） ······ 48

流入銀圓重量成色表（據天津造幣廠報告） ··················· 56

流入銀圓累年進口額數表 ··· 57

流入銀圓累年出口額數表 ··· 58

各省寶銀名稱重量表 ··· 81

各地通用成色標準寶銀表 ··· 86

各種寶銀純分成色比較表 ··· 87

庫平與各地通用平比較表 ··· 92

海關平與各口通用銀兩比較表 ··································· 94

各口關平銀與庫平銀比較表 ······································ 96

各種平砝相互比較表 ··· 104

清朝歷代累年鑄造額表 ·· 118

嘉慶五年戶部制定各省每年鑄造額表 ························· 119

全國各地制錢每吊枚數及名稱表 ······························· 120

紙幣發行數目比較表 ··· 139

現銀存庫數目表 ·· 147

中國銀行累年發行兌換券額數表 ······························· 154

中國銀行各分行發行兌換券額數表··················155
各銀行累年領用中行兌換券額數表··················159
交通銀行累年發行兌換券額數表····················166
交通銀行各分行發行兌換券額數表··················166
中國銀行京渝粵汴歸五分行累年停兌券額數表········180
各地平市官錢局發行銅圓券額數表··················189
（一）收製定未收券······························196
（二）收提用魏前任移交券························196
（三）發交各局券································196
（四）收各局繳回廢券····························197
（五）實存未發行項下····························197
（六）已發行項下································198
（七）廢券項下··································199
歷年發行舊券數目表····························202
普通商業銀行最近數年兌換券流通額數表············205
吉省官帖累年發行額數表··························213
吉帖對銀一圓之市價表（長春）····················213
江西民國銀行累年各種紙幣流通額數表··············221
湖北官錢局紙幣表（民國十二年十二月份）··········224
廣東審計分處調查表（民國三年一月二十日由該分處詳報中央審計處轉咨部）········232
華俄道勝銀行累年兌換券流通數目表················251
滙業、懋業兩銀行最近數年兌換券流通額數表········253
在華各外國銀行累年兌換券流通額數表（一）········260
在華各外國銀行累年兌換券流通額數表（二）········263

好一則博

奉題
中國幣制史
梁啓超

《中華幣制史》序[*]

序一

　　中國貨幣之無統系，由來舊矣。嚮者僅有銅幣，無銀幣，更無論金質矣。近二十年始創銀本位制，而各省鼓鑄自為風氣，於是昔年平色惡習仍隱然握商市之樞紐。所謂平色各各不同，有名無實。而商貨交易，銀欵匯兌，必以是計數焉。其故何哉？為其貨幣無統系，幣與生銀等也。欲有良貨幣，必先有良制度；欲定制度，必先知各地之情狀。而古書近籍徵集綦難，是以近人撰述，大率詳於域外略於本國。欲求博通今古，原原本本，可以徵信而為幣制之前導者，實罕其書。張季良君家驤留學東瀛，頗有心得，歸國以來，廢寢忘餐著《幣制史》一書，搜求資料，窮日編纂。一地不能周，則走四方以求之；公家圖書館有未備，則假私家藏書以補之。苦心鑽研三年而成，可為勤矣。其書分六編，編有章節，繪圖列表，井然秩然。凡夫近代已行未行之法規、議案，中央、地方，官私中外銀行、官錢局、造幣局廠之章程、條例、鈔幣數目、營業概況以及平色差量，今昔異同，莫不搜羅完備，包舉靡遺，不可謂非傑作。雖其中數字或有因時而異者，要為事勢使然，終不失為翔實。倘使國家閒暇有意規畫幣制，則是書者，殆迷津之寶筏歟！余甚多張君用力之專，而益望當世之操計政者無負張君之苦心也。因撮其大凡以當喤引。

乙丑秋日　泉唐汪大燮

---

[*] 目次以收到先後爲定。

序二

　　貨幣之制尚矣。自日中為市，人事日繁，惟金三品，以前民用，歷代因革損益，因時制宜，往往與國家之理亂、民生之休戚相聯。海通以來，歐人商業既盛，以金貨為本位，於是用銀之國受其操縱。此近數十年來，中國言財政者所為有整頓幣制之說也。貨幣學理甚深，其施之於事也，影響於政治、經濟至鉅，為斯學者固當深明於現代之潮流，而於我國從來貨幣制度與夫商業習慣及通商以後金銀比價盈虧之度，皆宜有精密之觀察。庶乎鑒往知來，因勢利導，此張君家驤所以有《中華幣制史》之輯也。張君博學多通，覃精國故，為民國大學講師，以講授之餘輯為此編，搜羅宏富，足資參考，而體例秩然，雅有斷制，秦權漢量，粲然畢陳，班書鄭略，謝其詳覈。乃不棄夐陋，徵序於余。余謂中國歷代幣制遷移因襲之舊，備見於正史《食貨志》及三通、會要、會典諸書，而政治之家、文學之士於幣制諸學撰為專書者，尚不數見。欲究變通之要、損益之宜，蓋戞戞乎難之。清代晚季學者始多注意於此，自君之書出，於以知後之國人考究是學者，必將浸趨於盛，而措中國幣制於適時之用，蘄至於美善者必有日矣。爰書以歸之。

顏惠慶叙

序三

夫人類以茹毛食果之俗，進而至於漁獵耕織，分功治事之秋，求其漁不餘貝，獵不餘皮，耕織不餘穀帛，各本一業，莫不遂其衣食、居室、日用之欲者，舍以物易物外無他道也。然物之不齊，物之情也。或相倍蓰，或相什佰，或相千萬，比而同之可亂天下，於是假貝、皮、穀、帛之屬以為易中之品，及見貝、皮、穀、帛之不適於保存，不利於分割，不便於運握，於是適者、利者、便者之代品以興，而經天然甄汰之餘，其惟一合宜之選，無能過於堅潔之五金。迨夫交易既盛，五金生硬之貨不能盡適所用，則又范金以形，通乎全國，而所謂幣者出焉。蓋此乃人智之所同趨，物理之所必至。五洲垠隔，瀛海亙古不通，而事勢所趨大致相同。我中華亦國於地球，自必不能外是。粵稽往古黃帝始作金刀，太公望立九府圜法，黃金寸重一斤永為定制，雖三尺之童適五都之市，莫敢低昂其值，交易之道得不費時失事。周景王鑄大錢，民益稱便。秦循周制，黃金以鎰為名，銅錢文曰半兩，時五金之幣尚只金銅二種。漢患秦錢之重，改鑄榆莢，復患莢錢之輕，製為五銖。至武帝而金銅之外輔以銀幣三品：大者重八兩，形圓，文龍；次者重六兩，形方，文馬；小者重四兩，形橢，文龜，是為我國以銀作幣之始。王莽師法姬周，權其母子，黃金幣重一斤值萬錢。銀分二品，以重八兩為一流，而別之以朱提。與它銀、銅錢自值一至值五十析為六品，並以銖名。其他龜、貝、布之屬，凡貨五十二種，繁亂不適，社稷以傾。厥後至魏晉六朝，反以銅錢為主而助以穀帛，金銀僅為器飾，為寶藏，不以為幣，坐是因循退化，致歷唐、宋、元而無所進展。惟開元之錢，世所艷稱。宋、金、元之交會、交鈔、寶鈔等類亦皆與今之紙幣同其性質。二千年間之幣制變遷未始無光輝可見，迄乎明之宣德，復以銀塊行世，但仍不以之鑄為定形之幣。有清一代，內承晚明餘緒，外迫新世潮流，生銀、銀幣、制錢、銅元雜然並用，而成色、比價以及衡量輕重之法因地而異，莫尋端緒，至民國而叢脞龐雜，益極其變。綜觀我國幣制往史，自黃帝創制，而後歷周秦至漢即已大備，魏晉六朝棄金銀而採及銅錢、穀帛，其影響直及於唐、宋、元數世，明、清迄今可稱為紊亂時期。舊法未革，新制踵行，繁複之狀不可究詰。然雖已往之史跡如是其攸久，未來之關係如是其深切，而環顧國內，凡關幣制之著述，皆只如一鱗一爪，漏略不詳，其能上追遠古，下及現代一貫相承，成為有系統之作者，尚不經見，有之殆自張君之《中華幣制史》始。張君此書搜羅宏博，條理井然，歷朝幣制沿革可以一覽無遺。其於民國以來一切現行章制所誌，尤為詳備。予願世之讀者跡其所由，理亂之因，熟籌夫何以改善之方，果幸，而數年之間，因此書之浸潤，人人悟現狀之可危，已覆之前車，得其龜鑑，方來之新制，知所師資，則張君此作為不虛矣。是為序。

民國十四年十月　黃郛

序四

　　論幣制於閉關自守之時，與論幣制於瀛海交通之時，時不同而隨其時以為應付之方，亦自不能強同，刻舟而求劍，膠柱而鼓瑟，吾知其未有合也。是故時而周秦不能廢珠玉龜貝，而仍如神農之世以粟帛相交易；時而漢魏不能廢五銖半兩，而仍如三代以上以泉刀相流通。降及後世，代有變更，莫不因其時以為轉移，其弊極於宋之交會、元明之鈔法，馴致民窮財匱，幾幾乎無幣制之可言。然此猶海禁未開時也。有清自互市以來，各國以其國幣乘間擾入，而日斯巴尼亞、墨西哥兩種，流布獨廣，當軸者就其時尚之所趨，仿鑄銀元，權輿於粵，踵行於鄂，漸且推於各行省，嗣是而銅元，而鈔券，不為徙薪曲突之謀，徒受剜肉醫瘡之苦。而於國際貿易世界大勢之肯綮，瞢焉如瞽者之無相迷，惘而莫知所從，雖經中外人士賡續討論，卒以築室道謀，未能實行，而止民國建立洒折衷諸說，定新幣制為銀本位。果能將主幣漸歸劃一，十進之制亦能確定，持之不懈，未嘗不可於一簣收為山之功。登高自卑，行遠自邇，古之人不我欺也。不佞承乏度支，垂二十餘年矣，默察其癥結之所在，當此瀛海交通之時，萬不可以閉關自守之習慣，尋條而失枝，得寸而遺尺，願以銀本位為始基，不以銀本位為止境，豈非合乎因時損益之義，而為將來中國幣制開闢一新紀元耶？張君季良有心人也，集有《中華幣制史》一冊，略於往古，詳於近今，俾讀是史者，知近數十年時局之變遷，而不迷於改革之途，正與余因時損益之說相合，爰樂而為之序。

李思浩

序五

所繫乎國計民生者，裏因在乎政治，表因斯在乎財用，罔有政治隆勃而財用不週贍者。至於財用弗克週贍，亦未有不民生凋頹，國計凌靡者，蹈其極往往邦家命脉即隨政治以俱替焉。劉宋季葉鶖眼綖環，見諸永光之世，爾時宋祚已不絕如縷，可以深長思矣。即俄德帝國所以傾覆之故，觀其樹敵黷武，不惜悉索財用，至濫發印鈔以為繼，而盧比、馬克自其政革以還，乃視鶖眼綖環，所謂入水不沉，隨手破碎者，均為無足重輕，又可以深長思矣。夫政權苟劫持於上，財用惟其所擅，總總之衆，胥末由審，此在專制政期，率無不然，若駸駸乎求演入於民治政期者則異是。吾國至今日財用滯竭極矣，環顧民生如何，洞稽國計又如何，舉國忱忱皇皇，莫恤朝夕，咸若有所局促焉者，非急謀財用之克週贍不可，然必先瀏知幣制之沿革變遷，參究乎古今中外利病得失何在，探其演互，括其奧微而後乃得計，補捄期策，善於其間，則幣制史尚焉。張君季良出此書，徵序於予，受而讀之，篇章節目羅舉靡遺，賅備明確，瞭而不紊，洵蔚然大觀，得此資為所以週贍財用之梯階。雖左右政治不難何疑乎振國計而淑民生，其道莫從也耶。予始於商聯會識張君，曾與予弟誠齋共代表會團殫救護臨城劫案之力，弗憚煩勞，宜其博考旁搜，亦弗憚煩勞，成此偉著，以餉國人也，因樂為之序。

中華民國十四年十月
王文典識於京師西安旅邸

序六

　　貨幣之於民生，猶血之於身體，未有血滋腐毒而四肢百體能壯碩者。吾國幣制紊雜，久而未理，理而畫一整齊之，誠輔國長民之本務。余二十年來盱衡策度意中，粗有成規而時事艱阻，輒違夙願，張君著《中華幣制史》考據宏博，其足資研究吾國幣制至深也。國事應黽勉以赴者何止一端，而勢或尼之。披覽此書，曠然而思，已增余無涯之感矣。

三水梁士詒序

序七

史無論中外，無閒大小，自國家社會至於一人一事一物，皆各有其過去之跡象，苟明其因果關係，皆可以資當前之考鏡而樹進化之階梯，此中智以上所能共喻也。幣制史者，察其名義，若局於一物一事，而國家財政之命脈、社會經濟之樞機，胥於是寄焉。原貨幣之興，蓋由實物交易，人情不便，加以羣治漸進，非有通貨生事莫舒，誠無疑義。吾華金刀、龜貝之用，夏殷以前其詳不可得聞。粵稽太公為周立九府圜法，管仲相桓公，乃致天下財物通輕重之權；鼂錯謂其物輕微易藏，在於把握，可以周海內而亡飢寒之患。斯言粗陳幣德，雖多闕漏，然亦可窺見此中盈虛消息，切近民生日用，與布帛菽粟無以異也。晚清光宣之際，內外圖治新政，颷舉二三時彥，盛倡幣制改革之論。余持使節適居俄京，曾建議采用金本位，以為寰海棣通出入煩數通商，各國既已用金，我欲與之周旋，理宜一致。當時雖未實行，而自是殫心竭慮研究此問題者日以加多矣。比入民國，始有幣制局之設置、國幣條例之施行，至於根本大計，卒卒未遑論及。近則幣制紊雜，遠過疇昔，舟車所至，但見銅圓充斥，百物翔貴，楮幣發行漫無制限，南北人民習為固。然方日憔悴於兵戈擾攘之中，晝夜相戒求延喘息而不可得，尚何有追尋過去跡象及其因果關係，如幣制史者，存於其心目哉？民國大學教授張君家驤新著《中華幣制史》既成，际余全書目錄，凡六編，附圖表若干。綜覈賅贍，得未曾有，張君性耽著述，博考周諮，孜孜不倦，洵今之有心人也。余媿窳陋，無以益君，略抒積想聊誌傾佩云爾。

民國十有四年立冬日　歸安胡惟德

序八

　　民國十一年秋，入都就參議員職，屢問老友彭君禹覓有志學問者以為友，彭以張君家驤告，自後乃相結識，常過從於復興公寓，寓所室小而黑，無電燈，點煤油與白蠟。冬季燃白煤爐以禦寒，爐烟與燈蠟烟相混，彌漫滿室。食則疏菜糲飯，多非常人所能甘。然張君皆樂之如飴。室橫板床一，方桌三，纍纍其上高盈尺者，乃抄錄之稿件或報告書也。審視之，皆為貨幣、銀行或財政、經濟等書類，由是張君方以從事著述《中華幣制史》相告，並謂經已準備有年，於北京財政經濟各部局，各省財廳暨京內外各銀行、銀號、商會等請求材料煞費苦心。

　　自余與張君稔，無論何時造寓，入室則見張君伏案編寫，如是者前後三年。十四年秋，書成付印，日人見其目錄，乃於《順天時報》披露而附以評論曰中國貨幣問題之複雜，最難爬梳論斷。今張家驤君所著之《中華幣制史》出世，實為空前之傑作，而於東方經濟界有莫大之貢獻。《順天時報》係日人言論機關，本為余所不喜，但對於《中華幣制史》之論評則不能不俯首默認。余為此文方竟，持以示張君，並笑張君在公寓中之刻苦。張君乃語余曰："非如是，則書不能成。余今者來學校任教授，加以外事之煩擾，遂終日勞人，刻無暇晷，自後再成就如斯著作事，勢已無可能。"余聞張君此言不禁憬然，非窮困或賦閒不足以著書之言為有據，余自來民大服務後，欲偸閒讀書，亦為事勢所不許，又安得如張君前此之閉戶讀書哉。

中華民國十四年十月
雷殷序於民大

序九

　　吾國泉貨之制，其來尚矣。史稱太昊有金，高辛曰貨，虞夏之幣，金為三品。或黃，或白，或赤，或錢，或布，或刀，或龜貝，時代修邈，其詳靡記。太公立九府法，錢圜函方，輕重以殊，又有布帛、刀泉流於民間。漢魏而降，制作紛更，孝武鹿幣箸[1]之遷書，曹魏穀帛稽於國志，漢有契錯、半兩之殊，晉行比輪、四文之制。然九府圜法自周以來未之或變也。唐代始制飛券、鈔引之屬，以通商賈之厚齎貿易者，其法僅執券引以取錢，而非以券引代用也。自宋蜀有交子，東南有會子，始直以楮為錢矣。降逮清季，錢法益壞，鼓鑄龐繁，兼雜夷品，其制愈紊，其變愈簇，而戰筆之士獨鮮述作，心竊惑焉。蓋自馬遷平準，始紀泉度；孟堅繼興，兼言食貨。然獨詳一代，僅及因革，下逮杜典、馬考，上徵雖遠，而多仍舊貫。後之作者若顧董《錢譜》、洪遵《泉志》、邱氏《滙纂》、鮑氏《圖說》，他及封演、武祺、胡我琨、張端木之儔，並皆有作，流布一時。然或書簡久佚，或辭傷俚妄，或詳制度，或譜圖文，或原利弊，或辨異同，求其兼賅不可得也。張君家驤心獨憂之，乃有《中華幣制史》之作。上窮諸代，旁徵羣說，而於晚近因革之要、改善之機，考鏡尤詳，探討之精，遠邁前作，誠可謂審制徵獻空前之宏箸矣。因樂為之序。

中華民國十四年
大理張耀曾

---

[1] "箸"當爲"著"。——編者註

凡例

一、本書詳今略古，聊供研究幣制者一有系統之參考史料。

二、本書體例以準諸現制，參用學理為主。

三、本書注重事實，凡近今法令之關涉幣制者，纂述所及，按類附入。

四、本書於統計一門特為重視，凡有關幣制者，無不詳悉登載。

五、本書以官書公報為依據，旁及古今著述。所引書目列下：

二十四史《史記・貨殖傳》《平準書》，歷代食貨志

《古今圖書集成》

馬氏《文獻通考》

《續文獻通考》

《清文獻通考》

《續清文獻通考》

杜氏《通典》

《清通典》

《清通志》

《大清會典》

《九朝東華錄》

《光緒政要》

《清定錢錄》

顧氏《日知錄》

倪氏《古今錢略》

李氏《古泉匯》

洪氏《泉志》

董氏《錢譜》

戴氏《古泉叢話》

初氏《吉金所見錄》

朱氏《古今待問錄》

張氏《錢志新編》

王氏《泉貨彙攷》

羅氏《四朝鈔幣圖錄》

海關貿易報告書

各省財政說明書

幣制彙編

度支部通阜司奏案輯要

財政法規

《中國經濟全書》

《大清銀行始末記》

《整理廣東紙幣始末記》

《北京金融整理論》

《內國匯兌計算法》

《上海金融市場論》

康氏《金主幣救國論》

黃氏《調查幣制意見書》

章氏《中國泉幣沿革》

劉氏《中國貨幣沿革史》

劉氏《中國幣制及生計問題》

晏氏《公債論》

周氏《中華銀行史》

李氏《中華幣制統一論》

徐氏《民國鈔券史》

張氏《國幣芻議》

《財政月刊》

《東方雜誌》

《銀行週報》

《銀行月刊》

《銀行雜誌》

《中外經濟週刊》

《統計月刊》

《農商統計》

《上海總商會月報》

中外各種年鑑

中外各銀行每年度營業報告書

中外各項旬報日報雜誌

六、本書倉猝脫稿，疏漏之處在所不免，尚望海內碩彥加以指正為幸。

民國十四年九月中旬　著者識

第一編　歷代貨幣

　　考吾國貨幣制度，歷代興革，各有差異，大率以銅幣為主。《漢書·食貨志》有三品褢蹢貨布之屬。然度其時，已不恒用。宋元以來，則有楮幣，顧行之不慎，往往害國病民，為賢者所弗取。故世所通用者，惟銅幣而已。稽其重量，因時而異，約計一錢為率。至若金銀雖寶貴，以未范成貨幣，無一定重量成分可言，故其折合銅幣之率，亦隨時而變動。蓋因海禁未開，商業科學俱未精進。如古羅馬，幣僅用銅，已足周事，此吾國之所以因陋就簡沿用銅幣者此也。茲分述歷朝情況於后。

第一章　硬幣

第一節　硬幣之起源

　　隆古之世，民智未開，日用所需，全恃自給，初無所謂易中也。逮於炎帝神農，教民藝五穀，立市廛，日中為市，以通有無，而物物交換之制興焉。其時固無所謂貨幣也，然據《路史》言，伏羲聚天下之銅制棘幣，黃帝范金為貨，以金、刀、泉、布、帛立為五幣。《通典》云：自太昊以來已有泉幣。太昊氏、高陽氏謂之金，有熊氏、高辛氏謂之貨，陶唐氏謂之泉，商周謂之布，齊莒謂之刀。顧上古之世，亦已有泉幣之沿革歟！《管子》則曰：湯七年旱，禹五年水，湯以莊山之金鑄幣，而贖人之無糧賣子者；禹以歷山之金鑄幣以救人之困。又曰：珠玉為上幣，黃金為中幣，刀布為下幣。又曰：請散棧臺之錢，散諸城陽；鹿臺之布，散諸濟陰。由是觀之，則古之所謂幣者，珠玉、龜貝、五金、布泉等，實皆有錢幣之效用也。惟《太玄》曰：古者寶龜而貨貝。孔疏《周禮》因之曰：所以交易者，惟貝而已。後世君子易之以金幣。其說，豈其然乎。

第二節　周之硬幣

　　周太公立九府圜法，黃金方寸，而重一斤。錢圜函方，輕重以銖。布帛廣二尺二寸為幅。長四丈為匹，而錢法之端緒始開。景王二十一年，患錢輕，更鑄大錢，^{古曰泉，後轉曰錢，此為錢字見於古籍之始}徑一寸二分，重十二銖，^{古二十四銖為一兩}文曰"大泉五十"。肉好^{體為肉 孔為好}皆有周郭，錢法之制一變。春秋戰國之世，王室法令不行，諸侯各自為幣，流通最廣者有三：曰鏟、曰鐘、^{又曰布}曰刀是也，是為吾國幣制確立之始期，刀布最盛行時代。

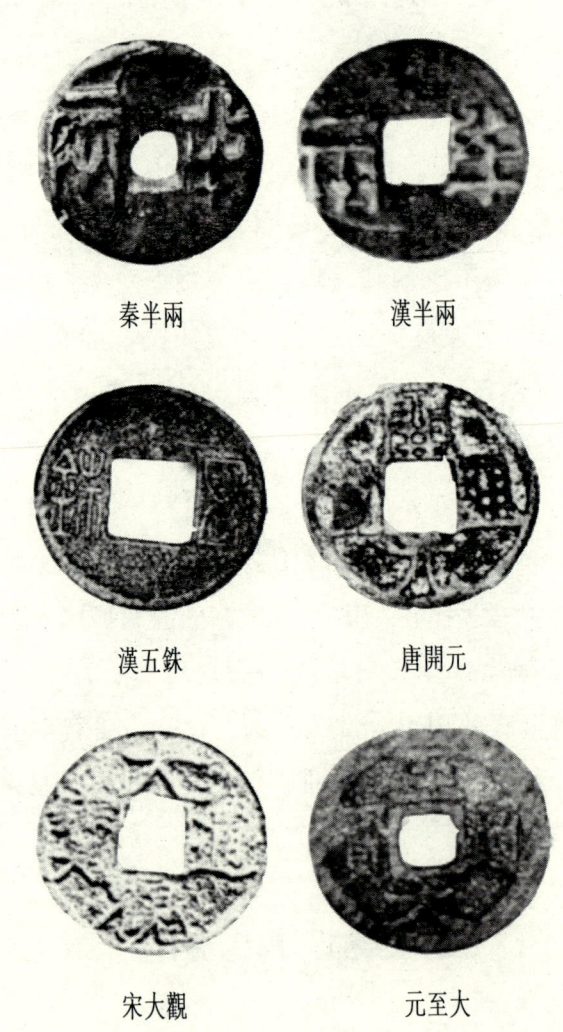

秦半兩　　　　漢半兩

漢五銖　　　　唐開元

宋大觀　　　　元至大

第一編 歷代貨幣
第一章 硬幣

明永樂　　　　清咸豐大錢

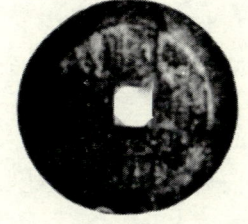 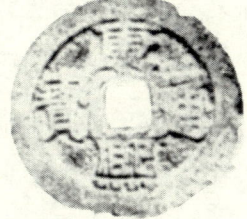 

順治　　　　　康熙　　　　　雍正

 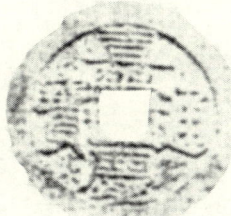 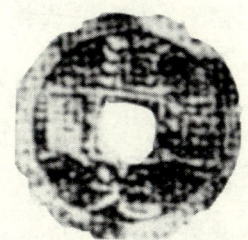

乾隆　　　　　嘉慶　　　　　道光

咸豐　　　　　同治　　　　　光緒

21

第三節　秦漢晉魏六朝之硬幣

　　秦並六國，統一天下，禁用珠玉、龜貝、銀錫之屬，分幣為二等：黃金以鎰計，為上幣。銅錢質如周錢，文曰半兩，重如其文。自此專以金類為貨幣。漢以秦錢大重，不便於民，更令鑄莢錢，_{如榆莢也}於是物價騰踊，米石萬錢。高后二年，乃行八銖錢，尋又行五分錢。文帝五年，為錢益多而輕。更鑄四銖錢，文曰半兩。武帝建元元年，改鑄三銖錢，重如其文，五年罷三銖復行半兩。元狩四年，以國用匱乏，徵收無從，更造皮幣，以白鹿皮方尺，緣以藻繢為之，直四十萬。及銀、錫、白金三品，一值三千其文龍，二值五百其文馬，三值三百其文龜，是為錢幣用文之嚆矢。五年鑄五銖錢，輕重適中，民皆便之。後以五銖錢賤，乃更鑄赤仄錢，_{以赤銅為其廓，即所謂子紺錢也}其後又以赤仄錢賤，廢之，專令上林三官鑄錢，令天下非三官錢不得行，自此私鑄之弊稍絕。王莽變漢制，更鑄大錢，徑寸二分，重十二銖，文曰大錢五十。又造契刀、錯刀與五銖錢四品並行，後均罷之，乃更作金、銀、龜、貝、錢、布之品，名曰寶貨，凡五物、六名、二十八品。五物者，金、銀、銅、龜、貝也。六名者，錢貨、金貨、銀貨、龜貨、貝貨、布貨也。二十八品者，錢貨六品、金貨一品、銀貨二品、龜貨四品、貝貨五品、布貨十品之謂也。後以其制不行，乃令行值一文之小錢，與大錢五十二品並行，嚴禁行使舊錢。於是錢法紊亂，商賈不行，四民失業，海內交受其困矣，是為泉幣極紛亂之時代。光武中興，再行五銖，桓帝時議鑄大錢，劉陶言不便，乃止。獻帝時，董卓毀五銖錢，更鑄小錢，於是貨賤物貴，穀石至數萬錢，錢益多而益賤矣。三國時，魏文帝罷五銖錢，使百姓以穀帛為市。至明帝世，淫穀薄絹以為市利，乃復行五銖。同時蜀鑄大錢直百，吳鑄大錢五百，大泉當千，民不以為便。晉承漢魏之後，無鑄錢明文，惟孫氏舊錢，有輕重之分，大者謂之比倫，中者謂之四文，此外尚有沈氏私鑄之小錢。宋時鑄五銖，亦鑄四銖。梁亦鑄五銖，又別鑄除其肉郭，謂之公式女錢，二者並行。惟當時古錢過多，輕重不一。民間復有私鑄，種類繁多，益呈紛亂，雖繩之以法不能禁。普通中乃議盡罷銅錢，更鑄鐵錢。人以鐵錢易得，並皆私鑄，以致鐵錢多如邱山，交易者以車載錢，不復計數，而惟論貫。又奸商市儈因以求利，有七十、八十或九十為百之名，小民益受其困矣。陳初沿用前代舊錢，惟鐵錢不行，尋改鑄五銖，一以當鵝眼之十，後又鑄大貨六銖，至隋始廢。北朝錢幣，較之南朝，略為整齊，其法亦多襲五銖舊制，如魏之永安中，鑄永安五銖錢，又周齊之間，先後所鑄錢幣凡四種：一曰常平五銖錢，二曰布錢，三曰五行大布錢，四曰永通萬國錢是也。隋興禁用古錢及私鑄，更鑄新錢，文曰五銖，重如其文。自是錢幣始歸統一，民賴以為便。按：自秦迄隋，錢幣之興革雖多，要以五銖錢行之最久，故可稱此時期為五銖錢時代。

第四節　唐代五季之硬幣

自漢末迄隋，適值天下擾攘之秋，盜鑄蜂起，鵝眼綖環，入水不沈。數十萬錢，不盈一掬，斗米一萬，商賈不行，錢法之亂，可謂極矣。唐高祖即位，乃廢舊錢，鑄開元通寶，每錢一千，重六斤四兩。邱瓊山氏稱為得輕重大小之中，是為有通寶錢之始。其後以盜鑄甚多，錢幣日壞。至高宗乾封元年，乃改鑄乾封泉寶錢，徑寸，重二銖六分，以一當舊錢之十，既而以商賈不通，米帛踴貴，復行開通元寶錢。武后長安中，以惡幣充斥，令懸樣於市，令百姓依樣用錢。俄而揀擇艱難，交易留滯，乃令錢非穿穴及鐵錫銅液，皆得行用，由是錢幣益亂，盜鑄尤不可阻遏矣。玄宗時江淮間有官鑪錢、偏鑪錢、稜錢、時錢等名稱，唐代錢幣之駁雜，以此時為最甚。肅宗時鑄乾元重寶錢，以一當十，又鑄重輪大錢，一當五十，與乾元重寶、開元重寶三品並行。至代宗即位，改乾元錢一以當二。重輪錢一常三，尋又改為凡大小錢皆以一當一，人便之。唐代之錢，雖改鑄多次，然行之最久者，惟開元通寶錢而已。五代十國之際，晉、漢、周及前後蜀、南漢、南唐等亦皆鑄錢文，惟因地制宜，各有不同。楚王殷以湖南地多鉛鐵，鑄鉛錢；晉石敬瑭聽公私鑄錢，無得雜以鉛鐵，每錢重二銖四參，十錢重一兩，文曰天福元寶。其時南唐鑄鐵錢，文曰唐國通寶；蜀以財用匱乏，亦鑄鐵錢，是謂鐵錢最盛時代。自唐開元以迄五代之末，所鑄錢文，均以通寶為名，故可稱此時期為第一通寶錢時代。

第五節　宋遼金元明之硬幣

宋初鑄錢，文曰宋元通寶，形式大小，悉倣唐周舊制。大宗[1]鑄淳化元寶，自後每改元必更鑄，而冠以年號。仁宗時以皇宋通寶為文，慶曆以後，復冠以年號。是時諸路鑄錢，多銅鐵並行。如建州、河東等地，皆鑄大鐵錢。江、池、饒、儀等州，則鑄小鐵錢。徽宗時更鑄夾錫錢，及烏背漉洞錢亦頗盛行，錢幣之紊亂，可

---

[1] "大宗"當為"太宗"。——編者註

想而知。遼之先代，以土產多銅，已造錢幣。大❶祖以後，代有開鑄，其文曰天贊通寶，乾亨與太平兩元寶。及道宗時之清寧、咸雍、太康、大安、壽隆諸錢，各因改元而易名也。至天祚帝，更鑄乾統、天慶二等新錢。及至金初，用遼宋舊錢。正隆時置三監鑄錢，文曰正隆通寶，輕重如宋之小平錢，而肉好字文過之。十八年更鑄大定通寶，字文肉好過於正隆之制，蓋其料微用銀耳。泰和四年，鑄大錢一直十，篆文曰泰和重寶。但金以產銅缺乏，多用交鈔，故鼓鑄極稀。元代貨幣行鈔而不鑄錢，可玫者唯武宗時，曾鑄錢二等，一曰至大通寶，一曰大元通寶。大元通寶錢一文準至大通寶錢一十文此外有蒙文至元及順帝各種至正錢耳，然均行之不久，所鑄亦極微，其餘各種年號小錢，屬之於廟宇所鑄者居多。元末陳友諒、張士誠等，亦皆在所據地鑄錢，倣至正之制。明初鑄錢曰大中通寶，與歷代錢兼行，以四百文為一貫，四十文為一兩，四文為一錢。定鼎後更頒行錢式，曰洪武通寶錢，同時令各行省開局鼓鑄，其制凡五等，曰當十、當五、當三、當二、當一。其重各如所當之數，當一重一錢。當時鑄錢，每生銅一斤，須鑄小錢百六十文。其後永樂、宣德、弘治各朝，均各有鼓鑄，至嘉靖時，通寶錢之外，更鑄有金背、火漆、鏇邊等錢，民頗通行。萬歷時仍仿先代舊制，鑄金背及火漆錢，每文重一錢二分五釐，又鏇邊錢每文重一錢三分。天啓間鑄泰昌錢，既又仿漢武白金三品之制，鑄大錢分當十、當百、當千三等。崇禎時錢式尤不一，其制作更不足論矣。按：自宋創交子以來，以迄明末，紙幣盛行，與銅錢並行，幾無間斷，故可統稱此時期為楮幣與通寶兼行時代。

---

❶ "大"當爲"太"。——編者註

第六節　清之硬幣

　　清太祖丙辰建元，鑄天命通寶錢。天聰改元，更鑄天聰通寶錢。世祖即位燕京，仍仿明代舊制，設局鼓鑄，文曰順治通寶，每文重一錢。二年改鑄，每錢重一錢二分。三年禁用前代舊錢。八年再定錢制，每文重一錢二分五釐。十年鑄一釐字錢。十四年再加重錢制，每文重一錢四分。至康熙二十三年，以銷毀弊多，仍改一錢，是為康熙小制錢，俗名之曰京墩錢。四十一年以私鑄迭起，仍復一錢四分之制。四十五年令戶部支庫銀十萬兩，收買小制錢。雍正四年，分寶泉局為四廠，加卯鼓鑄，而錢不見加多，錢價仍復不減，乃下嚴禁毀錢造器，違者治以重罪之令。並禁非一品之家，不許用黃銅。十二年以錢重徒滋銷毀，改定錢制，每文重一錢二分。乾隆元年，罷黃銅器皿之禁。五年命各省鼓鑄青錢，以杜民間銷毀之弊。二十四年平回部，令戶部頒發錢式，質用紅銅，每文重二錢，文曰乾隆通寶。嘉慶、道光之世，亦各有鼓鑄，然錢法之整肅，則遠不若前代矣。咸豐三年，以兵餉告急，財用匱乏，命鼓鑄大錢，分當十、當五十、當百、當五百、當千五種。當千者重二兩。是時錢法，侍郎王茂蔭頗痛論其非，謂歷代行使大錢，未有三年而不改變廢罷者，未有不稱盜鑄雲起、物價騰貴者，後果不行。乃令戶工兩局，祇鑄當百與當五十各二成，其餘六成鑄當十、當五及一文制錢，而以寶鈔收回當五百、當千之大錢。是年又諭准鑄鐵錢，終以其質重，流通困難，更勝於大錢。五年改定制錢重量，每錢重八分。八年令收回大錢，改鑄制錢。同治時仍沿八分舊制採用洋銅，以資鼓鑄。光緒二十五年，仍鑄當十大錢。實僅抵制錢二文　尋又令寶泉局，仍開鑄一文制錢，三十一年停鑄當十大錢，並令改鑄制錢。_{其時各省已大鑄銅元，當十大錢頗不能行用，故令停鑄}是年又以制錢銷毀日多，應改定錢制，每文重六分，以銅五成五、鉛四成五配合鑄造。三十四年再改鑄一文新錢，每文重量減至三分二釐，其質係以紫銅六成、白鉛四成相合而成，是鑄造一文無孔錢之始期。_{按：此議係主張形式根據鄂省之議無孔，重量成色則照粵省辦法也}而舊式銅錢，至此遂不復鼓鑄矣。按：有清一代，上下皆用通寶，輕重最為適中，故能流通如一。雖間用銀以為補助貨幣，然為法貨者，則惟制錢，故可稱此時期為第二通寶錢時代。

第二章　紙幣

第一節　紙幣之起源

紙幣行使，由來已久。《周禮》曰：載師凡宅不毛者，有里布。註鄭司農云：里布者，布廣二寸，長二尺。參印書以為幣，貿易物。^{參印書者，謂由官司印書布上，俾民信用，以便貿易}《詩》云：抱布貿絲，抱此布也。嘗考吾國紙幣之起源，當以周代為嚆矢。又《周禮》聽稱責以傅別，及凡賣儥者質劑焉。^{傅別（注）謂為大手書於一札中，字別之。（疏）謂於券背上，大作一手書字札字，中央破之為二段別之。質劑謂大市以質，小市以劑。（注）鄭司農云：質劑，月平買也。質大買，劑小賣。玄謂質劑者，為之券藏之也。大市人民馬牛之屬，用長券；小市兵器珍異之物，用短券}按：二者性質，殆有似乎今日之票據。厥後漢武帝，因國用匱乏，創白鹿皮幣^{白鹿皮為世上罕有之物，在該物本身，即有無限之價值，與普通幣之為紙幣者，頗有差異}唐憲宗時，以錢少，令商賈至京師，委錢諸路進奏院及諸軍諸使富家，以輕裝趨四方，合券而取之，則有所謂飛錢焉。宋太祖因之，則有所謂便錢務焉。此二者以嚴格解釋之，亦不得稱為紙幣，以券自券，錢自錢，券非代錢以流通，不過挾以為異地兌錢之據，乃匯票之一種耳。宋之交會，則完全之紙幣也。茲改節另述於後。

第二節　宋之交會

宋真宗時，蜀人患鐵錢太重，交易不便，乃以楮作券，謂之交子。一交一緡，^{千文為緡，實祇七百七十文}以三年為一界，而換之。六十五年為二十二界。初以富人十六戶主之，其後由官設交子務，掌其出入，禁民私造。定每界以百二十五萬六千三百四十緡為額,而有本錢三十六萬緡。徽宗時,改交子為錢引,不蓄本錢,而增造無已,至引一緡,僅值錢數十文,遂成不換紙幣矣。交子以後有會子,_{此外有鹽鈔、茶引等各種。鹽鈔起於仁宗時,用兵西夏,令民給物邊塞,而償以解池之鹽券。當時每張,在邊郡當錢四貫八百,可請鹽二百斤。茶引與鹽鈔並行,流通便利,發行甚多。論其性質,本與楮幣無關,然其後變遷,遂亦成紙幣之導源矣}為南宋高宗時所創,又名之曰關子,又名之曰關會。然其性質皆與交子無異;其不同者特交子行於蜀,會子行於兩淮、湖廣各地耳。其制有一貫、五百、三百、二百文四種,初意祇視為茶鹽鈔引之屬,非以會為錢。其後公私買賣之間,頗能流通如意,遂以之代現錢。初定每界以一千萬貫為額,三年為一界,逐界造新收舊,以新者代之。嗣增至每界以三千萬貫為額,展期為九年。由此會子之數,增加滋多。至寧宗嘉定間,稱提無術,價益低落,同時各地交引盛行,如四川行川引、兩淮行淮交、湖廣行湖會,各行其所好,民益疑惑,愈多而愈賤。終宋之世,未見有整理也。

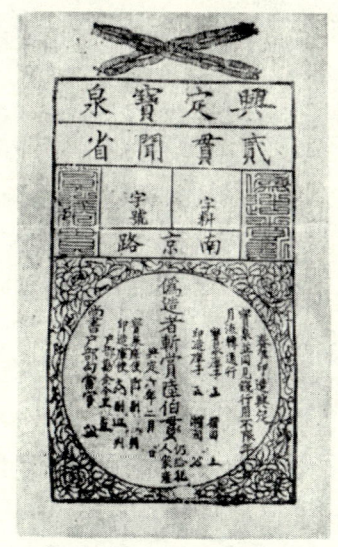 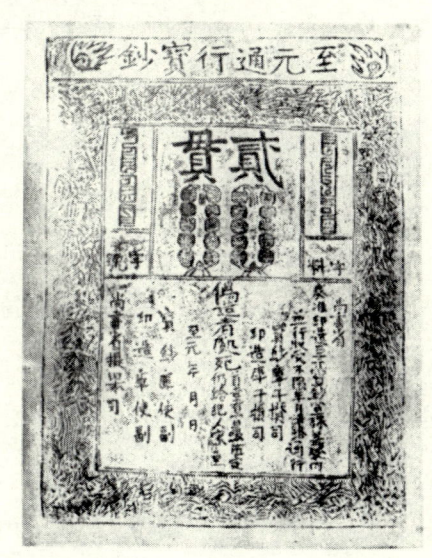

金寶泉(貳貫)　　　元寶鈔(貳貫)

金元明清紙幣圖(其一)

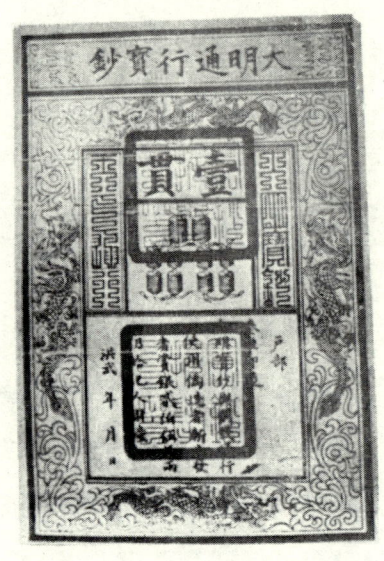 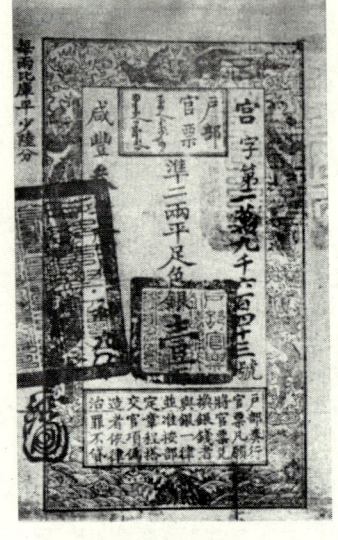

　　　明寶鈔（壹貫）　　　　　　清官票（壹兩）

　　　　　金元明清紙幣圖（其二）

第三節　金之交鈔

　　宋高宗紹興時，金以銅產缺乏，倣中國楮幣制，造交鈔。盖以西北各地，向行交子與鹽鈔，故合之以為名也。其制分大鈔、小鈔兩種，大鈔額面為一貫、二貫、三貫、五貫、十貫五等；小鈔分一百、二百、三百、五百、七百五等，與錢並行，以七年為限，限滿納舊易新，其法與宋之交子相似。至世宗之世，仍沿用其制。章宗即位，罷七年一換之制，令百姓永久流通，惟文字磨滅不現者，則可向所屬庫司換易新鈔，是為交鈔字昏方換之始。明昌三年，恐交鈔壅塞，下令民間流轉，無許多於現錢。然鈔每至發出後，轉用低折，乃以銀輔鈔而行。凡官俸軍需，均以銀鈔兼給。舊例銀每錠五十兩，值錢百貫。後以民間有截鑿之者，其價亦隨之低落，至是始改鑄之，名曰承安寶貨，自一貫至十貫，凡五等。^{每兩折錢二貫}公私同現錢用，以代鈔本，而維持鈔之價額。泰和以後，復加以限制，一貫以上之交易，祇許用銀與鈔，由是鈔價愈低，流通益滯。至宣宗貞祐二年，更造大鈔，名曰寶券。始造自二十貫至百貫，嗣又造二百貫至千貫不等，先後輕重不倫，民惑滋深，復屢易其名，畢竟不行。千錢之券，僅值數錢。至哀宗正大間，民間但用銀以為市易而已。

第四節 元之寶鈔

元世祖中統元年，始造交鈔，以絲為本，每銀五十兩，易絲鈔一千兩。諸物之值，並從絲例。既又造中統寶鈔，自一十文至二貫，凡十等，不限年月，諸路通行，賦稅並聽收受。諸路領鈔，以金銀為本。本至乃降新鈔。按中統鈔，係以銀為率，每二貫準白銀一兩。別鑄元寶，五十兩為一錠，當中統鈔百貫。然元寶銀，實不行用，用元寶交鈔而已。其後省稱中統鈔，仍以五十兩為一錠，^{即一貫，同交鈔一兩，與白銀性質已分離矣}收支計算，均稱鈔若干錠。各路均設有平準庫，給鈔以為之本，主平物價，使不至低昂。至元十二年，添造釐鈔，分二文、三文、五文三種。尋以其行用不便，廢之。十七年行鈔法於江南，廢宋銅錢不用，以中統鈔易宋交會，而鈔出益多，價益賤。二十四年遂改造至元鈔，自二貫至五文，凡十有一等，與中統鈔通行。每一貫文，當中統鈔五貫文。其時至元鈔定值，每二貫當白銀一兩，每二十貫當赤金一兩。然日久發行既多，不獨未能收整頓中統鈔之效，且亦步其後塵矣。武宗至大二年，以中統鈔與至元鈔，均物重而鈔輕，乃改造至大銀鈔，自二兩至一釐，定為十三等。銀鈔一兩，準至元鈔五貫。^{當中統鈔二十五貫}白銀一兩，赤金一錢。隨路立平準行用庫，買賣金銀，倒換昏鈔。^{鈔之破損者，謂之昏鈔} 同時兼鑄銅錢，以為補助銀鈔之不足。元之鈔法，至是已三變矣。及仁宗即位，以倍數大多，輕重失宜，乃罷至大銀鈔，仍用中統與至元兩鈔。順帝至正十年，承相❶托克托專政，言更鈔法，以楮幣一貫文，權銅錢一千文，准至元寶鈔二貫。鈔為母，而錢為子。行之未久，物價騰踊。又其時海內已亂，軍費浩繁，每日印造，不可數計，鈔價益跌，民皆以物貨相貿易。公私積鈔俱不行，人視之若敝楮。國用由是大乏，而元亦隨之而亡矣。

第五節　明鈔

明之行鈔，始於洪武八年。先是置局鑄錢，擬以銅錢行之天下，嗣以銅之弗給，頗以為苦，至是始立鈔法。設寶鈔提舉司，^{所屬有鈔紙、印鈔二局，寶鈔、行用二庫}造大明寶鈔，命民間通行。以桑穰為料，其制方高一尺，廣六寸許，質青色，外為欄紋，中圖錢貫之狀，並印貫例文字於其上。橫題其額曰：大明通行寶鈔。其制凡六等，曰一貫、五百、四百、三百、二百、一百是也。每鈔一貫，準錢千文，或銀一兩。四貫準黃金一兩。商稅課程，錢鈔兼收，錢三鈔七；一百文以下，則止用銅錢。九年立倒鈔法，凡鈔雖破軟，而貫百分明，非挑描剜補者，民間貿易，及官收課程，並聽行使。貫百昏爛者，許入庫易換。二十二年，更造小鈔。自一十文至五十文，以便民用。是時鈔出既多，上復禁用銅錢，以至民間重錢輕鈔，物貨踊貴，鈔法益壞，不能行使。洪武時，每銀一兩，當鈔三五貫。永樂時，銀一兩，當鈔八十餘貫。正統間，銀一兩，當鈔千餘貫。是鈔一兩，不

---

❶ "承相"當為"丞相"。——編者註

過值銅錢一二文，其價值之懸殊，足令人駭聞。自天順以後，鈔幾無有用之者。成化時，令兩淮引鈔折銀。弘治元年，令鈔關及戶口食鹽，俱折收銀。每鈔一貫，折銀三釐。每錢七文，折銀一分。是時鈔已不行，乃專用銀，殆亦勢所必然也。崇禎十六年，欲復行鈔法，以流賊將犯京師，乃止。

第六節　清鈔

清鑑於宋、元、明各朝紙幣之害，行錢而不行鈔。順治間，雖暫時行用，^{八年定鈔貫之制，造鈔一十二萬八千一百七十二貫有奇，自後歲以為額，至十八年始止}然為數有限。其時上下流通，仍以銅錢，故行之無弊，嗣後亦即停止。嘉慶十九年，學士蔡之定請行用楮鈔，諭謂此等建議，泥於古而迂謬難行。前代行鈔，弊竇百出，小民為偽，獄訟繁興。致令犯法者多，殊非利民之道。且國家經費，量入為出，不致遽行空乏，何可輕改舊章。蔡之定為文學近臣，致有如斯迂腐之奏，不宜之至。著交部議處，以為妄言亂政者戒。逮咸豐三年，以軍興需欵，籌措無術，議准暫行銀票，^{又名官票}準庫平一兩二兩，先於京師試辦，俟流通漸廣，再推行各省，一律遵行。嗣又頒發錢票，^{又名錢鈔}準千文二千以為用，與銀票通行，於京城內外，招商設立官銀錢號，以為收放匯兌之機關。由庫發給成本銀兩，並戶工兩局交庫卯錢，以為票本。凡民間完納地丁、錢糧、關稅、鹽課及一切交官解部之欵，均准以官票寶鈔五成為率。官票銀一兩，抵制錢二千；寶鈔二千，抵銀一兩，與現行大錢、制錢相輔而行。四年戶部侍郎王茂蔭奏鈔法室礙難行，請變通辦理，嚴旨申飭。五年以河南、山東地丁錢糧，不收票鈔，致使壅滯難行。諭令嚴參，並准人民赴上司控告。是可知紙幣發行以來，雖由朝廷厲行，而鈔法仍未能暢行自如也。

第二編　現代貨幣

第一部* 硬幣

---

* 本編分為第一、第二兩部,部之下才分章,這種編次與其他各編有些鑿枘,也直接影響了書眉導讀。反復權衡,決定將部標題也提到書眉線上,與上級編標題間用斜線隔開,線下則統一取章標題。——編者註

第一章　銀圓

　　吾國通用之銀元，極為複雜，約略言之，可分為二大類，即流入之銀元與自鑄之銀元是也。流入之銀元中，有西班牙、墨西哥、日本、香港❶、美國及安南銀元等。自鑄之銀元，以省而別。有奉天、廣東、湖北、吉林、江南、安徽、雲南、四川、北洋機器、造幣總廠、大清銀幣、民國新幣等，種類繁多，莫可縷述。惟自《國幣條例》頒布以來，銀幣漸趨統一，各造幣廠亦專鑄新幣一項。加以外國銀元，市面流通之數，次第減少，近幾為新幣一種所獨占，是為吾國整理幣制前途之一慶事也。茲特分述各種銀元之情況於後。

第一節　自鑄銀圓

　　按：清以前，吾國上下通行之銀，皆係以重量計，而不以枚數計也。^{漢武、新莽所鑄銀貨及金承安二年鑄銀幣有一兩、二兩、三兩、五兩、十兩之五種，其流通時期均極短，且效力有限，可謂一時之特別情形也}自清乾隆五十七年，戶部奏准西藏鼓鑄銀錢，^{當時定制，錢之正面，鑄漢字乾隆寶藏；背鑄唐古忒乾降寶藏字樣。邊郭添鑄年分，純用紋銀成造，重紋銀一兩，易重五分之銀錢十八元，重一錢之銀錢九元，餘銀一錢，作為火工，由駐藏大臣派員監造}是為我國以銀鑄幣之始。至道光初年，各國銀錢輸入漸多，蔓延各地，欲禁無由。當時兩廣總督林則徐，奏請自行鼓鑄銀元，籍資抵制，旋經部議駁。又道光中，浙省曾自鑄一兩重銀錢，欲與洋元並行，以民間阻滯而止。^{私鑄道光中，漳州所鑄，每枚重純銀七錢}

---

　　❶ 是時，香港爲英國殖民地，其有獨立的貨幣發行等機構，與內地相異。——編者註

二分，及咸豐年間，上海朱裕源監造有一兩銀幣光緒初年，吉林機器官局所鑄有一錢、三錢、半兩、七錢、一兩五種，皆未見盛行。至十三年二月，粵督張之洞奏稱，廣東通省，皆用外洋銀錢，波及廣西，至於閩、浙、皖、鄂所有通商口岸，以及湖南、四川、前後藏，無不通行，以致漏卮無底。粵省擬試造外洋銀元，每元重漕平七錢三分。今擬每元加重一分五釐，銀元上面鑄光緒元寶四字，周圍鑄廣東省造庫平七錢三分十字，並用漢文洋文，以便與外洋交易。支放各種餉需官項與徵收釐捐、鹽課、雜稅及粵省洋關稅項向收洋銀者，均與洋銀一同行用等語。於是我國流通之銀元中，始有吾國自鑄之銀元。二十二年，湖北繼之。同年，御史王鵬運奏請就京城開鑄銀元，旋由戶部議復，略謂銀元之鑄造，開辦於粵東，現復試辦於湖北。至京城開鑄，工匠生疏，不如仍就廣東、湖北兩省，加增擴充。此外沿海沿江各省，亦可自行設局等語。二十三年十月，江南又繼之。次年部又議准山東自鑄銀元，其他各省亦次第推行。

廣東省造

湖北省造

江南省造

北洋造

現代自鑄銀圓圖（其一）

清光緒三十二年已鑄而未通行之一兩銀❶輔幣　伍錢

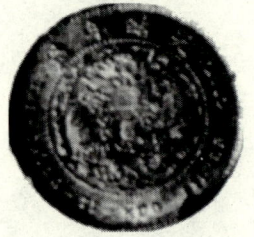

清光緒三十二年已鑄而未通行之一兩銀輔幣　貳錢

---

❶ 為生成圖目，本次整理根據原書內容為本圖注添加了定語。下同，不贅。——編者註

第二編　現代貨幣/第一部　硬幣
第一章　銀圓

清光緒三十二年已鑄而未通行之一兩銀輔幣　壹錢

清光緒三十二年已鑄而未通行之一兩銀主幣　壹兩

清宣統三年遵照幣制則例鑄造之銀主幣

現行之銀主幣

現代自鑄銀圓圖（其二）

41

孫像開國紀念幣

黎像開國紀念幣

袁像共和紀念幣

各種紀念幣（其一）

袁像洪憲紀念幣

曹像憲法成立紀念幣

段像執政紀念幣

各種紀念幣（其二）

二十五年清廷以各省設局太多，成色分量，難免參差，不便民用。着各省需用銀元，歸併廣東、湖北兩省鑄造。二十七年七月十三日上諭，鑄造銀元，與圜法相輔而行，較為利便。各省所鑄銀元，惟廣東、湖北兩省成色較准。應即就該兩省多籌銀款，源源鑄造，即應解京餉，亦准撥作成本，並兼鑄小銀元，以便民用而收贏餘。每次報解京餉，准其搭用三成。所有鑄造餘利，儘數核實歸公。此外各省，並可撥欵附鑄，亦准撥解京餉。各省關解部庫均按三成搭收，一切支發俸餉等項，亦統按三成搭放。俟暢行後，再行按成遞增等語。二十八年二月，戶部奏稱上年各省自奉此旨以後，迄今日久，并未報解。請飭各省凡係報解本年京餉，統行搭解三成銀元，並將應行扣色贏餘，每次按成合作銀元帶解，不得僅以分量相抵等語。按：當時各省以銅元餘利甚饒，爭相鼓鑄，而銀元之鑄造，則不甚踴躍。公家收發，雖有三成之規定，而部奏謂應行扣色贏餘，每次按成合作銀元帶解，不得僅以分量相抵，則各省以銀元搭解京餉，轉不如解銀之便利。附鑄之省，周折尤甚。故當時雖有諭旨，各省未肯實行也。二十九年三月二十五日上諭，為劃一銀元形式起見，飭設鑄造銀錢總廠於天津。三十一年總廠落成，由財政處戶部奏定總廠簡明章程八條，內規定有總廠鑄造金、銀、銅三品之文。然當時所鑄，實祇銅幣。同日又奏，中國鑄造銀元，始於廣東，意在抵制洋元，兼以補制錢之不足。嗣後湖北、江南、直隸、浙江、安徽、奉天、吉林等省，陸續鑄造，惟以所鑄銀元規模絕異，成色分量又不免各有參差，以致民間顯分畛域。此省所鑄，往往不能行於彼省，仍不如墨西哥銀元之通行無碍。又謂各國金、銀、銅三種制幣，多歸一廠鑄造，其權操之政府。考察市面流通幣數，虧則增鑄，溢則暫停，故能維持價值，不使隨時漲落等語。並奏定整頓圜法章程，聲明銀幣一項，俟定准分量成色，專由總廠鑄造。仍留南北洋、廣東、湖北四局，作為分廠。由總廠發給模樣，成色分量花紋，均須一律。每批鑄出銀幣，抽出數元，彙解財政處戶部，派精通化學人員鎔化考驗。成色之參差、分兩之輕重，均不得逾百分之一。如有不符，即將所鑄銀幣，重行鎔化改鑄。仍將經手之員，分別參辦。除總廠係財政處辦理外，其南北洋、粵、鄂各局，並由財政處戶部遴派廉幹委員前往稽察等語。按自諭設造幣銀錢總廠以來，其時銀幣一兩與七錢二分之二說，方聚訟不決。直至三十一年十月二十三日，財政處始決用一兩銀幣，奏定銀幣分量成色章程十條，行知各廠遵辦。然各省多懷觀望，而未見實行。至三十三年三月，度支部以一兩銀幣頗碍通行，復奏請試鑄通用銀元，以資應用。翌年廷臣會議，仍從一兩之制，終未見推行。至宣統二年四月十六日，度支部奏定幣制則例，始定七錢二分

第二編　現代貨幣/第一部　硬幣

第一章　銀圓

為本位幣重量。同日又奏籌擬處置舊銀元辦法，略謂銀元一項，自光緒十六年開鑄，至三十四年止，各省局廠報告鑄數，大銀元約共四十餘兆之鉅。今欲收回改鑄，以色耗、收換、轉運、提鍊、利息五者，所費不貲。當此庫儲支絀，籌措維難，故論者有擬壓抑舊元使與生銀等價，而後收回改鑄者。照此辦理，官家所耗較少，而民間受虧則鉅，尚非兩全之策。擬請於新幣發行省分，所有舊鑄大小銀元，暫准照市價行用。一面即照市價逐漸收回，改鑄新幣。約計該處新幣發行之數，足敷應用，即預定以某年月日為限，舊時銀元為該處不合法律之幣，停止通用，祇准照內含實值兌換國幣等語。旋又奏進樣幣，並稱分量成色，均與則例相符。於是彫刻祖模，準備鑄造。翌年五月，甯鄂兩廠，始開鑄新式大清銀幣，期以十月發行，為實行幣制之始。旋以國體變更，所有鑄成銀幣，以需餉之故，陸續隨市價流行於市面，僅成為通用銀元之一種。民國以還，總廠仍鼓鑄宣統元寶，而川廠則更鑄大漢銀幣等。^{孫文、黎元洪亦曾鑄幣}迨民國三年二月八日，頒布"國幣條例"。其一元銀幣，於是年十二月二十四日由總廠開鑄。次年二月，江南造幣廠繼之。原定每枚純銀為九成，因為便利收換舊幣改鑄新幣起見，旋改為八九成色。此項新幣，花樣嶄新，成色劃一。故自發行以來，全國各地頗能通行無阻。先是各種舊型銀幣，因成色重量之不同，復因各地囿於習慣，有不能互相通用之弊。^{據民國三年天津造幣總廠報告，前清各造幣局廠，所鑄銀元成色紛雜，近合法定者十之一二，超過法定者十之三四，不及法定者十之六七，其原因是由於各省貪圖造幣餘利，有以致之。各省銀兩重量成色，另詳後表}自民國四年，滬上中交兩行，以中央銀行地位之關係，與錢業公會協商，將以前所開龍洋行市，一律取消，祇開新幣行市。江南、湖北、廣東及大清銀幣四種銀元，均按照新幣行市通用。其他各種龍洋，除銅洋挫邊而外，均得向中交兩行兌換新幣，並定於是年八月一日起實行。自是我國自鑄之銀元市

45

價，遂成統一矣。六年三月，財政部通行京外各官署，鈔錄財政會議議決推行國幣辦法數端：（一）本部直轄及各省財政廳財政分廳所屬各徵收機關，_{各縣知事公署包括在內}一切稅項，均應以國幣計算稅率。（二）一元新主幣通行省分，徵收稅款，應以該項主幣為本位。該項主幣數多地方，應專收該項主幣，及代表該項主幣之鈔票。該項主幣數少地方，得搭收舊銀元、銀角、銅元、制錢等，均照市價折合新主幣。（三）銀元足用地方，徵收機關，不得收用生銀。若通用銀元為數不多時，生銀亦應限制收用。（四）徵收機關，不得收受外國鈔票。至外國銀元，非不得已時，亦不得收受。並規定徵收人員，如違背國幣條例，由主管長官，遵照國幣條例施行細則辦理等語。是年滬地輿論，有倡議廢兩改元者，謂近年各省因銀兩缺乏，改用銀元，如江西之南昌、福建之廈門、浙江之寧波及奉天之瀋陽等處，皆先後實行。上海既為全國金融之中心，似應負商界革新之先導，協助政府整理全國幣制。廢兩改元之議，因是駸駸，不可阻遏矣。嗣又適值修正稅則，財政部有主張關稅改徵國幣之議，卒因海關及一部分外人言，銀元成色不準，未能通過。七年八月，財政部繕呈幣制節略。內謂自國幣條例頒布以後，政府逐漸實行者，已有數端：一，劃一型式。二，嚴定重量成色。三，收毀舊幣。至八年四月，財政部又呈大銀元一項，為全國多數人民計算之標準，於國庫收入，商業往來，關係至鉅，尤應先謀統一。查國幣條例公布以來，五年之間，鎔舊鑄新，既已頗著成績。鑄成新幣，各省一律通行，其勢駸盛。倘能因勢利導，大銀元之統一，絕非難事。現在各廠所鑄舊型一元銀幣，除業經銷燬者不計外，約有一萬八千餘萬元。其各種外幣確數，雖不可考，大約以三千萬元為概數，當亦不甚相遠。茲查天津造幣總廠及湖北、江南兩分廠，鑄造能力，每月每廠可鑄三百萬元。今以其能力三分之一，專事改鑄舊幣。先自各種外幣及各省舊幣之成色重量過低者入手，則尚餘三分之二之鑄造能力，於廠務進行，仍不致有碍。而每月三廠合計，可改鑄外幣及舊幣三百萬元。一俟改鑄成數，稍有可觀，當與有約各國，商禁外幣進口，並實行廢除銀兩習慣，無論公家商民出入，均以銀元計算。如是則一年以後，不獨外幣可以絕跡於中國，即各省舊幣之濫惡者，亦可漸歸淘汰。然後斟酌事勢，繼續進行，則所有一元銀幣，不難漸次統一等語。是年六月，上海錢業與銀行兩公會集議，將英洋市價取消，僅開龍洋市價，而各種銀元市價，遂以之統一矣。旋又倡議各種舊幣市價雖歸統一，然欲求整齊劃一，則莫若收回改鑄，更較有效。復鑑於上年財政部有主張關稅改徵國幣之議，未能實行。上海造幣廠之設立〈參照上海造幣廠籌設之經過〉與銀元之擴充鼓鑄，益覺急不容緩矣。查吾國近年來國內各銀行，皆莫不贊同廢兩改元者，但外國銀行對此頗表不滿。觀其所持理由，不曰成色不齊，則曰造幣廠未能改良，其實不外欲保持其銀兩地位，以便操縱而已。十二年十一月，滬上銀根緊迫，銀行公會感銀兩銀元兩重準備之不便，提議每元按規元七二·四六三七一行使，而因錢業公會之反對，不克實行。十三年春，全國銀行公會第五屆聯合會，議決防止各廠銀元之濫鑄及成色之低減辦法數條，節錄如下：（一）勸告各地軍民長官及各地商會，應嚴禁鑄造違反幣制條例之銀元。（二）應請政府不得再准各地添設幣廠，及不得再准發給鑄模。並勸告各地軍民長官，禁止行使違反幣制條例之銀元。（三）應由政府飭令稅務處，遇有鑄造違反幣制條例銀元之幣廠，各地海關即禁止輸運生銀及其所鑄之銀元。（四）通告同業及外國銀行錢業公會商會，如遇有鑄造違反幣制條例之幣廠，無論何行，不得代購生銀及代售銀元。（五）應由各地公會及同業，隨時調查鑄造數目及揀選銀元，送滬公會檢驗成色，登報公告。（六）查出有為鑄造違反幣制條例之廠代購生銀及代售洋元者，應將人名行名登報宣布。（七）以後各省如再添設幣廠，在會各行公約，不為經購生銀及代售洋元，並勸告會外中外同業及商會共同協助云云。

各省舊鑄大小銀圓重量成色表（據天津造幣廠報告）

地名	年代	種類	每千分		每圓重量	庫平	庫平	備考
			純銀	銅並雜質	庫平	每枚含銀	每枚含銅	
廣東	光緒	一圓	九〇二、七〇〇	九七、三〇〇	〇、七二四五	〇、六五四〇	〇、〇七〇五	含金極微
		二角	八〇四、〇〇〇	一九六、〇〇〇	〇、一四三三	〇、一五二	〇、〇二八一	
		一角	七七〇、八三五	二二九、一六五	〇、〇七一五	〇、〇五五一	〇、〇一六四	
湖北	光緒	一圓	九〇三、七〇三	九六、二九七	〇、七二二六	〇、六五三〇	〇、〇六九六	含金極微
	宣統	一圓	九〇一、六九七	九八、三〇三	〇、七二六一	〇、六五四七	〇、〇七一四	
		半圓	八六三、七二〇	一三六、二八〇	〇、三五三五	〇、三〇五三	〇、〇四五二	
	光緒	二角	八二〇、〇八〇	一七九、九二〇	〇、一四一五	〇、一一六〇	〇、〇二五五	
		一角	八二一、〇八五	一七八、九一五	〇、〇六八四	〇、〇五六一	〇、〇一二三	

第二編　現代貨幣/第一部　硬幣
第一章　銀圓

續　表

地名	年代	種類	每千分		每圓重量	庫平	庫平	備考
			純銀	銅並雜質	庫平	每枚含銀	每枚含銅	
江南	光緒二十四年	一圓	九〇二、三二七	九七、六七三	〇、七二四六	〇、六五三八	〇、〇七〇五	微含金
	光緒二十八年	一圓	九〇二、七〇〇	九七、三〇〇	〇、七〇七四	〇、六三八六	〇、〇六八八	
		二角	八二一、三〇四	一七八、六九六	〇、一四二八	〇、一一七二	〇、〇二五六	
		一角	八二四、三二三	一七五、六七七	〇、〇七〇六	〇、〇五八二	〇、〇一二四	
北洋機器局	光緒二十四年	一圓	八九〇、六六四	一〇九、三三六	〇、七二八九	〇、六四九二	〇、〇七九七	含金極微
北洋	光緒三十三年	一圓	八九〇、〇〇〇	一一〇、〇〇〇	〇、七三九六	〇、六五八二	〇、〇八一四	微含金
	光緒二十五年	半圓	八四〇、八四五	一五九、一五五	〇、三六一五	〇、三〇四〇	〇、〇五七五	
	光緒三十三年	二角	八〇九、七二九	一九〇、二七一	〇、一四〇九	〇、一一四一	〇、〇二六八	
		一角	八一二、七四八	一八七、二五二	〇、〇七一五	〇、〇五八一	〇、〇一三四	
奉天機器局	光緒二十五年	一圓	八五六、五六二	一四三、四三八	〇、七二四七	〇、六二〇七	〇、一〇四〇	含金極微
奉天	光緒二十九年	一圓	八四四、五二六	一五五、四七四	〇、七〇五六	〇、五九五九	〇、一〇九七	
東三省	光緒三十三年	一圓	八九〇、〇六六	一〇九、九三四	〇、七一九九	〇、六四〇	〇、〇七九一	微含金

49

續　表

地名	年代	種類	每千分		每圓重量庫平	庫平每枚含銀	庫平每枚含銅	備考
			純銀	銅並雜質				
東三省	光緒三十三年	半圓	八九〇、〇六四	一〇九、九三六	〇、三六二五	〇、三二二六	〇、〇三九九	
		二角	八九〇、〇六四	一〇九、九三六	〇、一四六八	〇、一三〇七	〇、〇六一	
		一角	八九三、〇八八	一〇六、九一二	〇、〇六九三	〇、〇六一九	〇、〇〇七四	
吉林	光緒二十六年	一圓	八八四、〇五九	一一五、九四一	〇、六六八八	〇、六一七八	〇、〇八一〇	含金極微
	光緒三十一年	一圓	八九五、六七九	一〇四、三二一	〇、六九七七	〇、六二四九	〇、〇七二八	
		二角	八一〇、〇八一	一八九、九一九	〇、一四一四	〇、一一四五	〇、〇二六九	
		一角	八一七、七八一	一八二、二一九	〇、〇六九五	〇、〇五六八	〇、〇一二七	
四川	光緒	一圓	八九六、六八二	一〇三、三一八	〇、七一七九	〇、六四三七	〇、〇七四二	微含金
安徽	光緒二十四年	一圓	八九四、六七六	一〇五、三二四	〇、七二三九	〇、六四七七	〇、〇七六二	含金極微
造幣總廠	光緒	一圓	九〇四、五二七	九五、四七三	〇、七〇二九	〇、六五二一	〇、〇六八八	微含金
		二角	八〇四、六七一	一七五、三二九	〇、一四三三	〇、一一八二	〇、〇二五一	
		一角	八二五、六七六	一七四、三二四	〇、〇七〇二五	〇、〇五九九	〇、〇一二六	

第二編 現代貨幣/第一部 硬幣
第一章 銀圓

第二節 流入銀圓

　　明末海禁既開，葡萄牙、西班牙等各國人士，相繼東來，自是海外商人，乃有用銀以購我國之特產而還者。至清之乾嘉以後，始廣用銀元，以購我之貨物。乾隆九年，范廷楷奏稱："內地姦商，私帶制錢出海，與諸番交易，以數十文易番銀一元，獲利最重。返舶之時，或帶番餅，或帶洋貨。"嘉慶十九年上諭："近年以來，夷商偷運內地銀兩出洋，多至百數十萬，既將內地之足色銀兩，私運出洋，復運進低潮之洋錢。"蔣攸銛奏稱："洋錢進口，民間以其使用簡便，頗覺流通，每年夷船帶來之洋錢，或二三百萬元，或四五百萬元，亦有數十萬元者不等。"銀錢稱元，始見於此初我國商人，以其為物衡色齊等，便於交易，多樂用之，故不數數，徧行各口。

西班牙洋

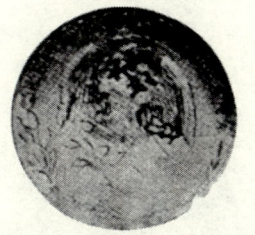

舊墨西哥洋

新墨西哥洋

美國洋

現代流入銀圓圖（其一）

秘魯洋

香港洋

第二編　現代貨幣/第一部　硬幣
第一章　銀圓

日本洋

安南洋

現代流入銀圓圖（其二）

　　至道光九年上諭，內有粵洋通市，番銀夷錢，行用日廣。聞有大髻、小髻、蓬頭、蝙蝠、雙柱、馬劍諸名等語。其時江、浙、閩、粵等省，皆暢行外國銀圓，以每七錢二分之洋銀，常換我生銀七八錢以上。廷臣有請禁之者，粵督鄧廷楨奏稱：洋錢流布已久，廣東謂之爛板。江浙則用光面。一旦驟行禁止，勢有不能。奏入，諭斥之。是時之外國銀元，乃大呂宋之佛頭銀元，俗稱本洋。嗣又有墨西哥之鷹洋踵行，其後英之香港銀元、法之安南銀元、美之貿易銀元及日本銀元等皆先後輸入，一時風行全國，已有不可阻遏之勢。至光緒末年，此類銀元，或由各本國幣制本位之改革，或實行停止鑄造，來源減絕，形勢遂為之一變。兼之國內各省自行設局鼓鑄，力謀抵制外幣，民國成立以來，幣制之整理，更積極進行。各種外國銀元，或被銷燬，或仍流出於海外者有之。按：自道光初年，以迄清末，約計將近百年，是為外幣在華之流通極盛時代。今則却如回光返照，告終之期，相距不遠矣。茲分述各種銀元之變遷及其興衰於后。

一、本洋　本洋為西班牙所鑄之銀幣，原名 Spanish Corolus Dollar，故又稱西班牙洋。西曆一五三五年至一八二一年間所鑄造之銀幣也，其成色較遜於英洋。千六百年左右，流入我國，為外國銀元來華之嚆矢。清之乾嘉以後，各通商口岸，頗有使用者，如安徽蕪湖一帶，市價尤高。^{每一銀元可抵他種銀元一元三四角不等}嗣後鷹洋流入之數日增，該項銀幣流通之效力，遂因之而減。光復以來，除蕪湖等地仍有少數流通外，他處市場，久已絕跡，其每元所含純銀量約千分之九百也。

二、鷹洋　鷹洋為墨西哥獨立後所鑄造之銀幣，因幣面花紋有鷹鳥而得名，原名 Mexican Dollar，普通稱之曰英洋，^{鷹誤作英}北省各地多稱正英。其成色較各種外幣為佳，外國銀幣輸入我國者，以此種為最多數。其通行最廣之區域，為吾國南部及中部地方，如上海一地，幾以此為主幣，為通貨授受之標準。^{上海外國銀行發行之紙幣，民國八年以前皆以此為兌換準備}其市價往往超越於國幣之上，北方各地多樂用人洋，故行市稍賤，反低落於國幣之下。自近年以來，輸出之數超過輸入，及國內之銷燬等，該項銀幣之流通數量，遂日形減少。更因民國八年，英龍洋^{國內各省所鑄之銀元因幣面花紋有龍，故通稱之曰龍洋}行市之統一，特種之愛好早已失去。其每元所含重量成色，均詳之於附表一❶。

三、人洋　人洋有呼站人，亦有名曰香洋，並有稱曰杖洋。此因幣面花紋有人持杖站立，而得種種之名稱也。此銀幣有二種：一由一八六六年迄一八六八年間，香港舊造幣局所鑄者。一由一八九五年以來，印度造幣局所鑄者是也。香港舊造幣局鑄造之銀幣，意在抵

---

❶ 即流入銀元重量成色表。——編者註

制鷹洋之輸入。因成色較低，行用均須貼水，旋即作廢。印度造幣局鑄造之銀幣，又名之曰英國貿易銀（English Trade Dollar）。其一面刻有華文"一元"二字，始專為我國貿易而設，重量成色與前在香港鑄造者無異。從前此幣之鑄造地，因隣近粵桂關係，兼之英人商業，在廣東省內頗占優勢，故粵省方面通行最盛。庚子以後，北方各地亦多用此銀圓，京津尤為通用之中樞。其市價大抵北高而南低，此亦由北省各地多樂用此洋之故也。其每元所含重量成色，均詳之於附表一。

四、龍洋　龍洋為日本鑄造之銀幣。因幣面刻有龍紋，故稱之曰龍洋，亦有稱龍番者。此幣在南方以閩省流通為最廣，贛湘二省，間亦通用。北方則以奉天、大連等地方多用之。按：該幣係為日本國內昔日通用之舊銀元，嗣因幣制改革，輸入我國之貨幣也。其重量成色亦詳之於附表一。

五、安南洋　乃法屬安南所鑄造之銀幣，原名Indo Chinese Piasta。其重量成色與香洋等。該幣在我國流通範圍甚為狹小，大抵與安南接壤之滇、桂兩省邊地多用之。

六、美國洋　係由美國運入來華之銀幣。原名American Trade Dollar，乃專為對外貿易而鑄造之貨幣也，旋因信用不足，未能盛行。舊時亦僅見於我國通商大埠，民國成立以來，則罕見之於市場矣。

除以上所述數種之外，更有玻利惟亞❶、智利、秘魯等各種銀圓。在清之咸豐以前，於吾國南部地方，頗能行使，但為數有限，流通時期亦極短也。此外各國鑄造之銀輔幣，即銀角或小洋輸入我國

---

❶ 即玻利維亞。——編者註

者，有香港、日本、安南等所鑄造之各種毫洋。惟其流通效力，則遠不逮大銀圓，且為數亦極微也。至於各國銀圓輸入之數目，究有若干，殊無詳細之統計可以稽考。茲根據海關報告書，將最近十餘年來各國銀幣之進出口情形，附表兩紙①，以資參考。

流入銀圓重量成色表（據天津造幣廠報告）

地名	年代	種類	每千分		每圓重量	庫平	庫平	備考
			純銀	銅並雜質	庫平	每枚含銀	每枚含銅	
墨西哥		一圓	九〇一、八二四	九八、一七六	〇、七二八四	〇、六五六九	〇、〇七一五	微含金
		一圓	九〇四、七〇六	九九、二九四	〇、七二二二	〇、六五三四	〇、〇六八八	
站人		一圓	九〇一、六九七	九八、三〇三	〇、七二一五	〇、六五〇六	〇、〇七〇九	
		一圓	八九九、四〇六	一〇〇、五九四	〇、七二二〇	〇、六四九四	〇、〇七二六	
香港	英皇相	一圓	八九四、四五〇	一〇五、五五〇	〇、七二四三	〇、六四七八	〇、〇七六四	
		二十仙	七九五、九六〇	二〇四、〇四〇	〇、一四三三	〇、一一四一	〇、〇二九二	
		十仙	七九八、九七五	二〇一、〇二五	〇、〇七一五	〇、〇五七一	〇、〇一四三	
日本	明治三十七年	一圓	八九七、四六五	一〇二、五三五	〇、七二一三	〇、六四七三	〇、〇七三九	

① 即流入銀元累年進口額數表與流入銀元累年出口額數表。——編者註

續　表

地名	年代	種類	每千分		每圓重量	庫平每枚含銀	庫平每枚含銅	備考
			純銀	銅並雜質	庫平			
日本	明治三十一年	五十錢	八〇三、一八〇	一九六、八二一	〇、三五八三	〇、二八七八	〇、〇七〇五	
	明治三十七年	二十錢	七九六、九六五	二〇三、〇三五	〇、一四五二	〇、一一五六	〇、〇二九四	
	明治三十二年	十錢	七九六、九六五	二〇三、〇三三	〇、〇七一六	〇、〇五七一	〇、〇一四五	

流入銀圓累年進口額數表（單位枚）

年次	國別	墨國銀圓	日本銀圓	香港銀圓	安南銀圓	西班牙銀圓
宣統	元年	五、八四六、二一七	二、〇八七、二七七	七三九、九一六	二六、二〇〇	一〇、九三〇
	二年	九、二一八、五三二	三、二二四、二一四	二、〇四九、八七九	三四八、六八五	—
	三年	五、五八八、一〇六	二、八四二、四一六	一六、二七八、七〇〇	一〇、五〇六、一五〇	二四、〇〇〇
民國	元年	四、一九四、六五七	三、二九三、一八八	一二、三〇三、三五八	三、五一四、六五七	四〇三、〇〇〇
	二年	三、八九三、七六四	二、八八四、五二三	二、四五一、二一七	五八四、六八九	—
	三年	四、五七〇、〇〇七	三、二五三、五八〇	九七一、八〇〇	四六、七七二	—
	四年	二、九三九、三六三	二、八〇四、〇四二	一、二五六、一九八	五九、七〇三	—
	五年	三、三九六、〇三四	二、九三七、七〇三	二二五、五一五	六一、五五〇	—
	六年	九七四、六二一	一、〇六五、〇〇四	一二四、三八九	五二三、九八八	—
	七年	一、四一七、七七七	八六二、四〇〇	五九、〇一〇	一、六〇六、六七三	—
	八年	八七八、六四〇	二五五、〇五〇	一七〇、三〇七	七一〇、七七六	—

續　表

年次		國別 墨國銀圓	日本銀圓	香港銀圓	安南銀圓	西班牙銀圓
民國	九年	一、三二三、六七四	二、一三〇、〇六六	四五、二五四	四四四、〇九〇	—
	一〇年	七一〇、七九〇	二六、三〇〇	一五、〇〇〇	八五、四七四	—
	一一年	一一八、八一〇	九、六〇〇	—	一七八、四七一	—
	一二年	二、六一六、二七四	七一、六〇〇	五七五、七四五	一二、〇二二	—
	一三年	七二七、八一〇	一七、〇〇〇	二〇六、二〇〇	二五、九九五	—

流入銀圓累年出口額數表（單位枚）

年次		國別 墨國銀圓	日本銀圓	香港銀圓	安南銀圓	西班牙銀圓
宣統	元年	六、三六四、二一〇	三、四五四、九九三	七九〇、〇八	二〇四、三九二	六〇六
	二年	六、八六四、三九〇	三、〇四五、八三〇	二八六、二〇〇	三三七、二八六	一、五五〇
	三年	六、七六三、六二二	一、四四六、一六〇	四〇〇、一〇〇	一八五、六三四	一、三五四
民國	元年	一、八九五、四九二	五、六三六、九四三	二、四八六、二一五	一六一、八五三	一、二八、三五〇
	二年	三、五二九、八一八	四、三六八、三七六	二、一四四、四七二	三〇七、四二七	一、八六一、五八〇
	三年	三、一一七、四二四	四、八六一、四三六	五、三四三、〇六四	八五八、一九五	—
	四年	一〇、三六六、七一三	三、五三九、一八八	一、八八一、〇五四	一、七三八、二九九	—
	五年	六、〇二九、五八一	三、二〇〇、六一七	一、二五三、五三一	二、五六七、〇〇四	—
	六年	六、九四三、八三六	八七一、六七八	一、二六一、六七八	一、五〇、四一五	—
	七年	九八二、八五三	七八〇、九五七	五五、五二七	四六四、四五三	—
	八年	五八〇、二四八	四四八、七三八	一七五、七六三	二、一三六、〇二四	—

第二編 現代貨幣/第一部 硬幣
第一章 銀圓

續　表

國別 年次	墨國銀圓	日本銀圓	香港銀圓	安南銀圓	西班牙銀圓
民國 九年	一、八八六、五〇五	七六五、八八三	九六、三四三	二、〇二二、八二四	一
民國 一〇年	六、四三四、一三二	二〇二、五六八	二八、八一三	一、二三〇、〇七一	一
民國 一一年	四、九七三、八一二	一九四、七八七	二二〇、三〇五	二、六二二、二七七	一
民國 一二年	一、七九九、二三一	一、〇二六、二一〇	二七六、八六九	一、一九七、二八五	一
民國 一三年	八六六、二四一	一六八、一九一	一〇、四八二	五五〇、九二三	一

59

第二章　銀角

第一節　舊銀輔幣

我國之舊銀輔幣，係在光緒十六年與大銀圓同時鑄造。最先開鑄者為廣東，其次湖北，繼乃推及他省。當時清廷對於銀輔幣之無確定辦法，其情形正與銅元等。光緒三十三年，雖有一度之奏定：大銀圓一元，折合小銀幣十角；小銀幣一角，折合十文之銅幣十枚。均以十進。然未見諸實行，故銀圓與輔幣之兌價，終依供求之相劑而定焉。且其成色分量，亦無一定之標準可憑，各省所鑄，頗有出入。據民國三年天津造幣總廠化驗報告，謂半元、二角、一角成色之最高者，首推東三省，最低者則為北洋之五角與二角及廣東之一角銀輔幣也。按：自各省設局以來，所鑄之銀輔幣，以粵省為最鉅，其中尤以二角為最夥。蓋其沿革情形，頗與他省廻有不同。宣統二年，度支部奏定幣制則例。舊銀輔幣，亦擬有處置辦法。嗣因國體改變，所有計畫，皆成畫餅矣。民國成立以來，各省仍繼續鑄造各種輔幣，形式更不一致。三年頒布國幣條例，新銀輔幣，仍依十進之制計算，而新舊之分，自此始矣。近年廣東、福建等各造幣局廠，仍鼓鑄舊式銀輔幣（即雙銀毫），聞其成色重量更不逮昔日所鑄者之佳矣。

附註：各省舊銀輔幣成色重量，另詳前章表[1]內。

---

[1] 即第二編第一章之"各省舊鑄大小銀元重量成色表"。——編者註

第二節　新銀輔幣

清代鑄造二角

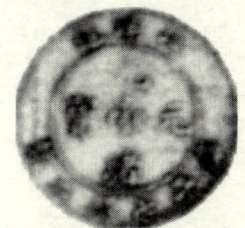

清代鑄造一角

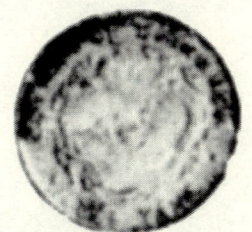

清代鑄造半角

清代鑄造五角

 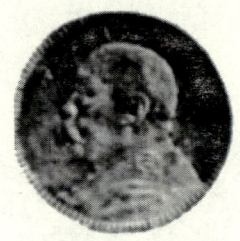

民國鑄造一角

民國鑄造二角

民國鑄造中圓

現代銀角圖

第二編　現代貨幣/第一部　硬幣
第二章　銀角

　　自《國幣條例》頒布後，財政當局以改革需款甚鉅，又值財政竭蹶之時，頗不欲迅速推行。至民國五年，中交兩行停兌。北方現銀缺乏，遂有建議實行鑄造銀輔幣，以濟現貨缺乏之窮，而收新銀輔幣推行之效者。當由部飭天津造幣廠準備續鑄銀輔幣，旋由津廠復呈。謂前奉部飭，依照國幣條例，預備續鑄新銀輔幣。當經擬定花紋形式，與一元新幣一致。成色公差，悉依國幣條例辦理。以二枚當一元者，曰中元；以五枚當一元者，曰二角；以十枚當一元者，曰一角。擬乘現在金融一大變更之時機，即將各種銀輔幣鑄發。從天津入手，逐漸試辦，以期普及。請部通行各部省，轉飭所屬，所有一切官款出入，一律遵照國幣條例辦理。位以十進，不得絲毫折扣。並示諭商民，俾知新銀輔幣完糧納稅，及一切公款出入、商業貿易，均極便利。並准隨時到國家及省立銀行兌換，悉遵條例辦理等語。當由部批准，先從天津試辦。並規定發行手續，專歸中交兩行負責辦理。商家請領，概不發給，即幣廠亦不得自由發行。復與兩行約定市面來兌，隨時按照法價兌給。如遇需要缺乏輔幣時，得以大洋隨時向幣廠兌換輔幣。如輔幣過多，得以輔幣向幣廠兌換大洋。且為慎重推行起見，分期分區次第發行。第一期在京兆、直隸；第二期在山東、山西、河南、江蘇、安徽、浙江、福建、廣東；第三期在陝西、甘肅、貴州、廣西、雲南；第四期在東三省、湖北、湖南、江西、四川、新疆、蒙古、西藏。第一期京兆、直隸兩處，自實行以來，商民稱便，漸次推及山東、河南等省。初時鑄數無多，銀行可持往造幣廠易取銀圓。十進之制，得以維持。嗣市面已漸敷用，而各造幣廠以其有利可圖，仍陸續鑄發，以致供過於求，商民交易，行使維艱。市場暗盤價格，由是日落。時交通部以事關本部收入，首先通令各路局自十二年八月十六

63

日起，實行輔幣貼水。郵政局繼之，北京銀行公會旋亦繼之，至此所謂新銀輔幣十進之制，全被破壞無餘矣。近有主張仍令恢復昔日十進之制，以全國家信用。然究竟能否實行，固未可預言耳。

第三章　銅圓

第一節　舊銅輔幣

清末銅價飛漲，制錢減鑄，各地頗呈錢荒之象。至光緒二十三年，江西道監察御史陳其璋，奏請鼓鑄大小銅圓三品：一品重四錢；中品半之，下品又半之。以補制錢之不足，而未見實行。迨及二十六年，兩廣總督李鴻章，見英仙士銅錢，質輕而值大，謀仿鑄之，奏請設局先行試鑄，是為中國鑄造銅圓之始。參照第四編第一章"廣東造幣廠沿革"

 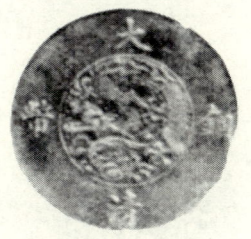

清代鑄造當十文（一分）

清代鑄造當二十文

清代鑄造廣東當十文

清代鑄造當一釐

清代鑄造北洋當十文

清代鑄造當五文

第二編 現代貨幣/第一部 硬幣
第三章 銅圓

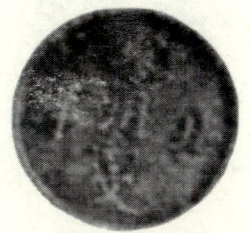 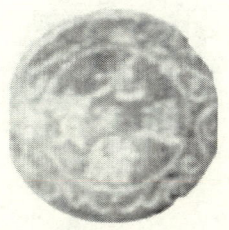

清代鑄造當一文

 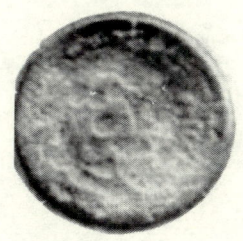

清代鑄造當二文

現代銅圓圖（其一）

民國鑄造當二十文

民國鑄造當十文

67

民國鑄造一分

 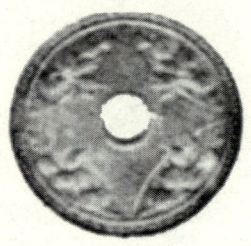

民國鑄造五釐

現代銅圓圖（其二）

　　二十七年以制錢缺少，不敷周轉，而銅圓行於廣東已具成效，乃諭令沿江沿海各省仿造，於是各省大鑄銅圓。銅圓既以代制錢之用，初出無多，頗博社會一般之歡迎，第行用日久，流弊隨之。二十九年七月，戶部奏稱各省仿鑄銅圓，宜妥定章程，務使有利無弊，方能與制錢相輔而行。并謂錢法之弊，其端有三：一在價值參差，收放未能一律，以致人不信行。二在偷減成色，輪廓或未精良，以致私鑄冒濫。三在奸商販運，銷路暢滯，聽其操縱，以致弊竇叢生。現在開辦伊始，亟宜先事防維，擬凡鑄造銅圓省分，行使章程，均令照錢上所鐫當五、當十、當二十各數，永遠遵守，無論銀價漲落，作抵制錢，不得稍有軒輊。凡錢糧稅課，向收制錢之款，均准作抵完納。放欵亦一律抵算。如有奸商把持，及不肖官吏，抑勒低昂其價，從重治罪。又謂黃銅圓工本較輕，難保不啟奸民銷毀制錢私鑄銅圓之弊，應令各省均仍鑄紅銅圓。當時各局所鑄大小略同，形式無異。文所異者，唯曰某省某省鑄造數字而已。重量成分之規定，當十者每枚重二錢，以紫銅九五、白鉛五分配合而成，然各省所鑄不無差異，如湖南、浙江之銅元，間有全黃銅者，可以推知矣此清廷防制銅圓流弊之大概情形也。惜未能深知貨幣原理、對於銅圓鑄數之限制，及銀銅間比價之確定，_{光緒二十八年十月，戶部奏銅元搭放官俸片內，規定銅元每百枚抵銀圓一枚，未見實行}與夫金融兌換機關之設置，應如何籌畫，毫未顧及。_{僅有規定奸商墨吏違法舞弊從重治罪}兼之各省督撫大吏，莫不藉銅圓餘利，以為興辦地方新政之用。初未嘗有整理幣制之意，是皆日後幣制紊亂之最大原因也。光緒三十一年七月二十二日，財政處戶部奏定天津銀錢總廠章程內，聲明先鑄大清銅幣四種，_{參照天津造幣廠沿革}然嗣後鑄行之銅元，實只二十文、十文兩種而已。同日又奏近年以來添鑄銅圓，因制錢短絀，民間樂於行用，而鑄造之餘利，又復甚鉅，是以各省爭先請鑄，紛紛不已。然以自相爭競之故，近來機器銅鉛價值業經見漲，銅圓價值亦經見落，若仍復自鑄自用，各立門戶，恐銅價益漲，錢價益賤。數年之後，新幣充滿，行銷不易，必至漸虧成本。且與各國新定商約，已有立定一律國幣之條，若任各省自為風氣，恐於劃一幣制之意，去之愈遠等語。並奏定整頓圜法章程十條，行知各省遵辦。茲節錄有關銅圓數條於下。

（一）銅幣成色。用九五紫銅、五釐白鉛，願用點銅錫一釐者聽。分量定准當二十者重庫平四錢，當十者重庫平二錢，當五者重庫平一錢，當二者重庫平四分。由戶部頒發祖模，均與總廠所鑄一律，惟於正面加鑄省名一字，以便查考。每次鑄出，均須呈送財政處戶部化驗，並由財政處戶部隨時遴派妥員前往稽查。如有不遵奏定章程者，即時令其停鑄，並限令將發出各元收回銷燬。

（二）鑄幣所以便民。若多鑄當十、當二十兩種，民間購買零星物件，不能分析，殊為不便。是以戶部總廠所定章程，有當五、當二兩種銅幣，以資補助。今擬定立限制，各省局每日所鑄銅圓，以十成計算，約鑄當十者五成；當五、當二者各二成；當二十者一成；其當二以下，則以舊有制錢搭配應用。

（三）鑄幣之數。必須酌劑盈虛，以民間需用之數核計，方能保其價值。若鑄造日多，價值日落，商民藏儲，必多虧折，是便民者轉而厲民。嗣後各省所鑄銅幣，應令該省所設官錢公估等局，酌量市面情形定價，隨發隨收，持之以信。按照所鑄當制錢數目，與制錢一律行用，不准市儈把持，出入減折；亦不准鑄局爭利，減價發行。至市面銅幣有餘，即應遵照部議停鑄。

（四）各省所鑄銅幣。應令先儘本省制錢短少之處發行，不得大宗販運出省，致令他省有充斥之患。若各省需用銅幣，則可備價至總廠領取。其邊遠省分，准交鄰省局廠代為鑄造，運回本省應用。

（五）各省已設之銅元局。即由該督撫將原購某國機器件數，內有印花機器若干部，共需價值若干，建造廠房價值若干，以及現在共用員若干，每日作工若干時，共出銅幣數目若干，限三個月咨報財政處戶部一次。嗣後應將購買銅鉛等料價，并一切局中經費各款若干，除淨實有贏餘若干，按年詳細造報一次，以憑比較考核。

（六）鑄幣乃國家特有之權，中外古今，均不准商民隨便鑄造。今商人見銅元利鉅，多生覬覦，往往請集商歀鑄造，名為報效銀若干萬兩，實欲侵奪國家固有之利，而分其少數以為報效，其心惟在餘利，何能顧及大局。若准其鑄造，必至爭競擾雜，其弊有不可勝言者。今各省官局，既不准添設分廠，更無轉准商辦之理。擬請飭下京外各衙門，凡有商民請鑄銅元者，一律議駁，並由財政處戶部隨時查訪。如有銀銅元局暗攙商民股本者，雖業經奏准之局，亦飭令登時停辦，以保利權。

（七）各省銅元局創設之初，鑄造不及，往往購買日本鑄就銅餅，一經印花，便可行使，看似便利，然外洋人工費用，皆貴於我，而造成銅餅運來，價值尚不甚昂貴，則其成色分量之不盡如法可知。況洋商販運之時，不免夾帶多枚，出售圖利，易啟奸人私鑄之端。現既擬將成色分量劃定一律，且各省設局已久，不至有趕造不及之虞，總以自行鎔銅鑄造為是。凡有販運造成銅餅，一律嚴禁入口，以防流弊。

是年十月財政處戶部又奏，各省督撫以籌款維艱，銅元餘利甚饒，亟思推廣運銷，故現在鑄數日增。此省競運出口，彼省嚴禁入口，則是銅元充斥，民用足敷情形，已可概見。若徒以籌歉之故，圖目前之利，勢必至紛紛趕鑄，減價發行。銅元愈多鑄而價愈落，錢價愈賤，物價必增，小民生計維艱，地方收款亦暗受虧折，公家賠累於上，商民交困於下，貽患後來，關係匪淺。若不於此時亟圖補救，必至不堪收拾，貽笑外人，更將何以自解？現在各省銅元，均已不虞缺乏，非趕為酌定限制，未易施補救之方。擬令江蘇、湖北、廣東等大省，每日造數，不得逾百萬。直隸、四川兩省，每日造數，不得逾六十萬。其餘各省，每日造數，不得逾三十萬。現未設廠，如山西、陝西等省，可由總廠撥給；貴州等省，可由四川等省協撥。其成色分量，須照奏定章程，不得稍有歧異。如不遵照奏章，將承辦人員嚴行參辦。又謂購買銅斤，須電知財政處戶部覈准，轉行飭知海關，方准進口。再按照奏定章程，令各省設立官錢公估等局，與戶部銀行，聯絡一氣，將銀銅各幣，定准價值，一律行用。庶銅元無充斥之患，價值亦無漲落之虞等語。同日遂有議駁閩粵兩省，請准銅元運銷出口一案。即大宗販運 又議復給事中王金鎔銅元宜流通行用摺內，謂原奏稱直隸州縣，不用南省銅元，實屬非是。三十三年十一月，直督楊士驤奏請禁各省銅元，彼此通行。且謂觀於河南一省，限制外省銅元，不准通行，該省銀價跌而物價平，可為明驗。部議駁之 浙江膏捐局，不准再繳銅元，更屬不成事體。嗣後倘有故意抑勒，倡為交官不用銅元之說，即從嚴參辦。同日又奏浙、閩兩省運大宗銅元分赴煙台、青島，請將浙撫、福州將軍交部議處。三十二年二月，財政處戶部奏，銅幣之行各省爭相鼓鑄，流弊日滋。謀所以整頓者，自以由戶部收回為正辦，惟就目下情形而論，收回之事，諸多窒礙。擬以先圖補救為亟，綜計約有八事：一禁止大宗販運，申明為防弊，非分畛域；二限制鼓鑄數目；三禁購銅餅；四購買銅斤，必先報部覈定；五官民紳商，一律行用；六行旅隨帶銅元出口進口，不逾二千枚者，概不查禁；七市面行使，此省地方，不得異視彼省銅元；八通查各省多寡有無，設法勻撥。一省之盈虛，由疆吏設法勻撥。各省之盈虛，由戶部酌核勻發。並謂奉行不善，及陽奉陰違者，嚴參重處。嗣後仍有鄂省請變通限制銅元鑄數，又有寧省請免限鑄銅元鑄數，及福州將軍請准閩關銅幣局免其歸併，均經先後議駁。又蘇州銅元廠，違章多鑄，當經勒令停止。同年七月，又奏歸併銅元局廠，分全國為九處。並謂山西、陝西等省，尚未通用銅元，制錢又甚缺少，現在均係攙用私錢，請責成尚未通用銅元省分，切實推廣行用。三十四年二月，度支部奏京外各處銅元益見其多，民間減折行使，^{初以當十為當九，後遂當八，再後落至當八半、當七，最後落至當制錢六文半}❶以致銀價日貴，物價愈昂，業經撥庫款銀五十萬兩，收買市面銅元，自未便仍舊鑄造。且現時總分各廠，正在籌鑄一文新錢，尅期開鑄，俾得迅速推行，以救銅元低折之弊。同日上諭，京外各廠，暫行停鑄銅元數月，俟價值稍平，察看市面情形，再行復鑄。當時惟川省以情形不同，首先電請免停，業允如所請。其餘各省，如江、鄂、湘、閩、浙、豫請就現存銅斤，繼續鑄造。津粵及東三省請將已購之銅，儘

---

❶ "八半"，疑為"七半"。——編者註

數鑄造。於是停鑄之旨，幾等於無效，而各省銅元價值之續落，依然如故也。宣統元年十月二十八日，度支部議復都察院代奏舉人張毓英等條陳銅元充斥請設法挽救摺內所陳，於當時銅元情形，頗為詳明。茲節錄如下，以資參考。

（一）原奏所稱停鑄銅元，將各廠機器，改撥別用，以絕後來續鑄地步一節。上年二月，度支部奏令各省停鑄銅元，嗣各督撫奏請俟餘銅鑄完，即行停鑄。現據津廠、江廠、鄂廠、湘廠、汴廠、閩廠，陸續鑄完，申報停鑄在案。此外粵廠、川廠餘銅，將次鑄罄，前擬購銅續鑄，均經部駁。滇廠開鑄伊始，本省尚不敷用，交通不便，亦難運銷外省，因未遽令停鑄。

（二）原奏所稱禁止私鑄，尤宜重懸賞格，緝獲外私一節。前年度支部議覆直督奏京津銅元紛雜，遵章查禁摺內，請飭各省督撫，實行查拿私鑄，各海關認真嚴緝各在案。現擬咨各督撫，廣設巡邏，重懸賞格，如有人拿解原贓者，分別給賞。並按照光緒三十一年前刑部遵議私鑄銀銅元治罪專條，切實懲辦。

（三）原奏所稱勻銷邊省，由度支部通查多寡，酌中撥運一節。查邊遠各省，風氣迥殊，新疆習用紅錢，甘肅習用制錢，奉天則習用銀毫。近據奉省清理財政局盤查司庫報告，該廠尚存銅元三四十萬枚，未能通用。今欲以腹地習用之銅元，投之邊境，非惟交通未便，運費維艱而既與習慣相懸，市面必不樂於通用。

（四）原奏所稱發給庫欵，定期收買，以一銀元祇換百枚為限一節。查抬高價格，以十進位，誠為要著。惟行之苟近操切，匪特損失國家財力，而銅元一時踴貴，或為狡商居奇，預蓄銅元，以俟貴售，為利既厚，偽造愈多，不為拔本塞源之計，但求削趾適屨之謀，恐滋流弊。

（五）原奏所稱官為通用，錢糧釐稅，均准暫收銅元一節。查銅元可以納賦，早為國家所許，惟必如原奏所云。地方官吏，省中司庫，一律收納銅元，恐於事理多礙。誠以各處丁漕釐稅，徵銀徵錢，慣例至為不一。且公家放款，向係銀兩，今若悉徵銅元，何以支放。至所稱丁漕三七搭用，而洋價抑短百數十文或至二百餘文。釐金房捐，不收銅元。洋價強作一千，竟抑短三百餘文。自係官吏舞弊，應由各督撫嚴飭所屬。徵收稅項，無論銀銅各元，須照市價折收，不得抑勒。至其治本方法，以速定幣制為歸宿一節。自屬要論云云。

同日又議復川滇邊務大臣請運銅元摺內，稱邊地遼闊，銅元不敷，尚須續鑄。現在沿江沿海各廠，均已申報停鑄在案。第藏衛情形迥別，應暫准川廠續鑄，專銷藏衛。內地各省，不得援以為例等語。按：自三十二年財政處戶部所議整頓八事，未嘗不洞見本源。其中限制鼓鑄一層，兩三年間，亦頗能嚴厲執行。惟對於通查各省多寡，設法勻撥一事，則始終未見實行也。二年四月十六日，度支部奏頒幣制則例，所定銅幣，共分四種。因恐與舊日所鑄銅元，容易混淆，特聲明另行增訂，其後迄未頒定。同日又奏籌擬處置舊鑄銅幣辦法，其大要如下。

<small>參照第五編第一章銅累年進出口額數表</small>

銅元一項，開鑄以來，鑄數值銀約一百兆以上。加以私鑄之來源不絕，錢票之濫發尤多，物價奇昂，官民交困。當此改革幣制，既不可遽禁其行用，復不可長任其流通。近之論者，約有二說。一則盡收舊銅元，換鑄新幣。一則補救舊銅元，使成十進。由前之說，利在壓低其價，而改鑄之費，始有所取償。由後之說，利在提高其價，而法定之值，始可以仰跂。二者皆有抑揚幣值擾動市情之患，擬折衷二說。在新幣發行伊始，舊銅元姑准民間照市價行

第二編 現代貨幣/第一部 硬幣
第三章 銅圓

用，惟用數無限，則錢盤習慣，終未由除，勢將阻碍新幣，是非分年酌定限制不可。應於新幣發行省分，由督撫出示，以某月日為新幣發行日期，即從是日起算，第一年銅元用數，每次以值銀幣三元為率。第二年銅元漸少，限制自當稍嚴，每次用數以值銀幣一元為率。用數既限，則社會之需要必少，是宜同時設法收回，酌以數成，改鑄二分及五釐銅幣。並選其當十文之精者數成，暫時作為一分輔幣，隨同新幣，以法價運銷內地。如此行之二三年，改鑄運銷，為數當復不少。其所留遺市面者，不過十之二三。屆時或宣布作為輔幣，或明示禁用期限之處，應體察市情，斟酌辦理云云。按上所述計畫，未及着手實行，而國體改革矣。民國建設後，各廠仍鑄舊式銅元。花紋表識，益呈駁雜，如四川銅幣，則有大漢字樣，軍政府字樣，其他各省，則有所謂開國紀念幣等名目。與清之大清銅幣，光緒、宣統元寶各種，尚能一律通行。惟其發行日多，價益低落。_{參照第五編第二章第二節 銀元與銅元比價變動表}至民國三年，財政部幣制局呈請分別情形，酌限鑄數。湖北錢票充斥，武昌分廠，每日擬暫限當十者一百萬枚。四川軍票，艱於兌現，成都分廠，本每日鑄七千串，擬暫照舊。惟該廠尚鑄當五十銅圓，應飭即停。南京、廣州擬暫限每日當十者五十萬枚，天津、奉天擬暫限當十者二十萬枚，雲南本祇日鑄當十者五萬餘枚，擬暫即以此數為限，嗣後察看市面情形，再為陸續核減，或竟停鑄。此外各銅元局，湖南一局，未能驟停。擬於裁撤以前，暫限每日不逾當十者五十萬枚。其餘在未停之一二月內，暫限每日不逾當十者二十萬枚等語。當經批令，准如所擬辦理，分別施行，惟未能生效，嗣因歐戰發生，銅價暴漲，各廠鑄數驟呈減少。故銀元與銅元之換價，數年之間，得以維持。七年以後，銅價復落。加以各省財政艱窘達於極點，莫不藉此以為點金之

75

術，籌款之唯一方法。自是各廠競相鼓鑄，莫知底止，所成之幣，既不遵照定例，故其重量成色，益趨惡劣。於是輕質銅元之名辭，遂發現於報紙，為世所詬病焉。更有湖南、湖北等省，偏重鑄造當二十銅元，以致當十銅元，日形減少。市場交易，單銅元與雙銅元價格，顯有差異。近年以來，鑄數愈多，價逾❶低落，國計民生，交受其害。上年中央政府有鑑於斯，曾由國務會議通過停鑄，而鑄者自鑄，且闢新廠以加鑄焉。此外川省所鑄之銅元，除普通所用之當十、當二十兩種，更鑄有二百文、一百文、五十文三種，質多為黃銅。五十文開鑄於民國元年，二百文、一百文則始自二年，其影響於國民生計，則更深且烈矣。

第二節　新銅輔幣

民國六年一月，天津造幣總廠以中元、二角、一角三種新銀輔幣推行漸廣，新銅輔幣自應一併續籌鑄行。且值各省錢荒，輔幣缺乏，尤認為推行新銅輔幣最良之時機，呈請於部，旋經批准，於是年二月開鑄。先行試辦一分及五厘兩種，成色分量均遵照《國幣條例》辦理。花紋形式，當規定陰面作方袱形，繞以嘉禾；陽面上鐫鑄造年分。其一分者，中有一分，並下列每一百枚當一元字樣。五厘者，中有五厘，並下列每二百枚當一元字樣。幣之中心，一律鑄有圓孔，以便與舊銅輔幣，易於區別。其發行手續，及其推行辦法，均與新銀輔幣相同。_{參照前章新銀輔幣}當由財部咨行各省一律行用，所有賦稅、厘捐及輪路、郵電等一切收入，悉遵國幣條例收受，毋得稍有折扣，等語。按：此項輔幣，係專由津廠鑄發，故頗能統一。惟自

---

❶ "逾"當為"愈"。——編者註

施行以來，因民間阻滯，推廣匪易；鑄造數目，亦屬無幾。加以中央近年以來，政見不一，未能賡續前進，以收美滿效果，此亦其中之一大原因也。

第四章　銀兩

第一節　用銀之由來及其形式

銀之用為貨幣，已於第一編中約略言之。吾國古代通稱之曰白金，其流通範圍，甚為狹小，或僅供諸侯聘享之禮及天子頒賜之用。《史記》：虞夏之幣，金為三品，或黃或白或赤，或錢或布或刀或龜貝。《通典》云：夏商以前，幣為三品，註：珠玉為上幣，黃金為中幣，白金為下幣。白金為銀。又古者皮幣，諸侯以聘享。金有三等：黃金為上，白金為中，赤金為下。至漢武帝元狩四年，嘗鑄白金貨幣三品。又王莽嘗鑄銀貨，重八兩，合千五百八十錢，均行之不久。魏晉以後，金日少而昂，幣始專用錢。六朝迄唐，交廣之域，以金銀為幣，然止限於一隅。唐代以銀為土貢，而不以為賦。宋景祐時，詔諸路歲輸緡錢，福建二廣易以銀，於是銀始得代錢。金至元三年，鑄銀名承安寶貨，重五十兩，公私同作見銀用，此以銀為幣之始。自明中葉，令各處稅糧得收納白金，而銀之用益廣。清初定銀七錢三之例，嗣後銀錢交納，仍各隨民便。雍正十一年，復以民間正賦概行交銀。經安徽巡撫徐本奏准，凡小戶零星及大戶尾欠錢糧，納銀時恐致稱收折耗，請令完納制錢，每銀一分，收錢十文，連耗羨在內。至乾隆元年，又以直隸所屬州縣，徵收錢糧，多有以錢作銀，民間交錢比納銀為數較重。特諭凡錢糧在一錢以上者，不必勒令交錢。在一錢以下者，仍照舊例，銀錢聽其自便云。至於形式，古代稱銀多稱為餅，《三國志》：魏嘉平五年，賜郭修子銀千餅。《水經注》：嶺南林水石室有銀，有奴竊其三餅歸，是也 亦有稱為鈑及笏及版者。所謂餅者，以其傾銀似餅 惟自宋以後，遂通稱銀為錠， 按：後世之稱錠者即古之稱鋌。《南史》梁廬陵威王續子應至內庫見金鋌。《唐書》太宗賜薛收黃金四十鋌。《南唐書》耿先生握雪為鋌，爇之成金。《五代史》：賈緯言桑維翰身後有銀八千鋌 此銀之為用及其形式變遷沿革之大略也。

第二節　銀錠之鑄造權及其分類

　　吾國銀錠之鑄造，歷代相沿，皆聽民便。非若銅錢，專屬之於國家事業也。故其純分成色、重量、大小，及名目稱謂，各隨其地，各因其用，而自成其一種之名稱、之重量、之成色。生長消滅，民自為之，幾與國家無所繫焉。雖至今日，銀元盛行於各地，以代銀兩之用。但在通商大埠，買賣交易，仍有以銀為標準者也。

 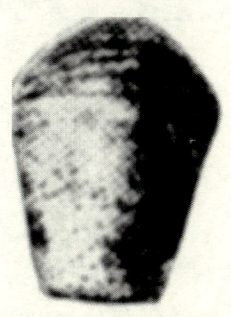

　　　　銀錠正面　　　　　　　銀錠側面

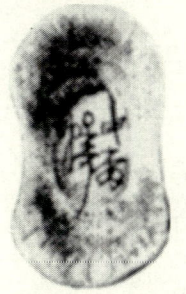

銀錠凹面❶

現代銀錠圖（其一，五分之二縮照）

---

❶ 上面之文字係記明重量五十兩零一分，申水二兩六錢也。

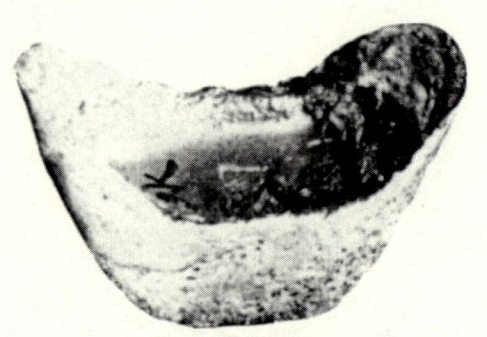

現代銀錠圖側面

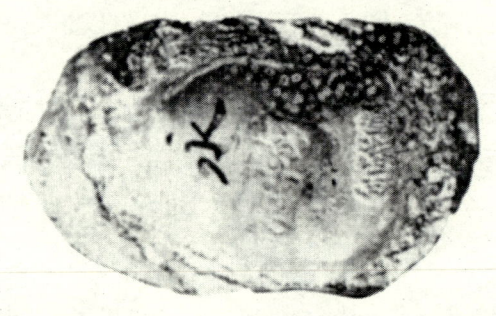

現代銀錠圖凹面

現代銀錠圖（其二，五分之三縮照）

夷考其種類，大別為三：（一）元寶銀重約五十兩，形似馬蹄，故又稱之曰馬蹄銀。其成色各地不同，在昔大貿易俱用之。（二）中錠重約十兩，形狀不一，但以類衡錘者，為最多。其為馬蹄形者，稱之曰小元寶。（三）小錁銀又稱小錠，形如饅頭，重量自三兩至五兩不等。此外尚有碎銀，為補助銀錠之用。此類碎銀，又稱之曰滴珠，及其他名稱者有之。史稱清康熙、乾隆年間，官私出入，皆用紋銀。而商民行使，則自十成至九成、八成、七成不等。交易時，僅按十成足紋，遞相核算。乾隆時，民間於紋銀外，尚有各種之名色。江南、浙江有元絲銀，湖廣、江西有鹽撒銀，陝西、甘肅有元鏪銀，廣西有北流銀，四川有土鏪、柳鏪及茴香銀，山西有西鏪及水絲銀，雲貴有石鏪及茶花銀。此外又有青絲、白絲、單傾、雙傾、方鏪、長鏪等，名色不一，授受繁瑣。交易之不便，於此為極。嘉道以還，名色尤多，及至末葉，外洋銀條流入，益加溷亂。其名目之複雜，更不堪枚舉。茲將各省最近通用之寶銀，根據調查所得，及載之於書籍者，舉其種類，列如下表。

各省寶銀名稱重量表

省名	地名	銀名	備攷
京兆	北京	十足銀	係公估局估定十兩重之錠銀，市上最為通用，作為十足行使。如實際化驗，尚不足純銀九九
		松江銀	當地通用作為九七六，實則九七二也
直隸	天津	化寶銀	此種銀兩成色作九九二，現無實銀，專屬轉賬之用
		白寶銀	為足色現寶，係本埠爐房所鎔化，市面通行之
		老鹽課銀	成色約在九九七之譜
	保定	新化銀	即府漕寶銀，係本地各爐房所鎔化之五十兩重錠銀，市上最為通行
	張家口	蔚州寶	係本地爐房所鎔化，每錠五十兩重，為本地最通用之高色銀
		滴珠銀	成色較蔚州寶為低
	榆關	松江銀	—
	祁縣	蔚州白寶	此間爐房只大德元一家藥商所來，現銀由該爐房傾成白寶，然後可行使市上，其成色約在九九五之譜
	石家莊	山西寶	此地通行山西運來之大寶
	邢台	週行銀	係本地銀爐所化，每錠重一兩三錢有零，通行市上，名為九九成色，實際僅九八二光景
山東	濟南	高白寶	市面通用之，實際化驗得純銀九九之譜
	烟台	曹估銀	係公估局估定寶銀（如足銀曹平五十兩估升色一兩二錢即為曹估銀五十一兩二錢），市上最通用之
	青島	公估足銀	係公估局估定五十兩重之錠銀，市上最為通用
	周村	單戳高邊足銀	當地最為通用

續 表

省名	地名	銀名	備攷
山東	濰縣	高寶銀	本地通用單戳寶銀，若三戳者，無論銀色高低，必須較單戳者退色
	濟寧	山東高邊凶寶	當地通用作為足色。次者，近來概不運用，該寶如運至津申，亦能批到二七
	膠縣	膠平足銀	凡係單戳之大寶，市上最為通用。雙戳概不行使
	惠民	白寶	亦名高邊寶，係本省各縣化寶。每錠重五十兩之砠，市面通用作為十足銀
		鹽課錠	亦本省所化，亦作十足銀用，惟成色不一，不如白寶易使
	臨清	十足銀	—
	掖縣	山東高邊銀	市上最為通用，如運至上海可批水二七
		十兩錠老鹽課	市上最為通用，如運至上海可批水二七
	滕縣	公議十足白寶	市面通用之日，有錢盤行市
	臨沂	山東高邊	每錠重五十兩，市上當足銀行使。考其實際成色，約得純銀九九光景
		錢糧小寶	係十兩重之小錠，與大寶搭用
	龍口	高寶銀	黃縣城爐房所溶化者，每錠重五十三四兩，市上最為通用。成色極高，市上作純銀使用
河南	開封	元寶銀	每錠重五十兩左右，市上最為通用。成色與北京公議十足相同
		淨面銀	即腰錠，每重五兩左右，在市上亦極通用。成色與元寶銀同
	周口	二八寶足銀	此寶係陳州府所屬各地交納地丁等欵，由本地爐房鎔化之寶。成色純足，本地通行之
	洛陽	庫寶	係解庫之官寶，有十兩、五十兩兩種，皆作十足色
		街市週行銀	係本地商號通用之銀，較庫寶每百兩差色八錢，此等銀祇適於本地商號往來行使
	信陽	足銀	各省所鑄足色銀，均適用之
	禹縣	足銀	大小足元寶及塊銀均可使用
	南陽	府平足銀	名為足色寶，稍次者亦能行使
	許縣	現銀	河南寶、上海寶及碎銀一律通用
	漯河	足色銀	係本地通用足銀
山西	太原	庫寶	又稱之曰鏡寶銀，專係上兌庫欵用，是山西最高成色
		週行足銀	係市面通用之銀，原定名曰足寶，實較庫寶每千兩低色五兩
	運城	足銀	係十足五十兩重之寶銀

第二編 現代貨幣/第一部 硬幣
第四章 銀兩

續 表

省名	地名	銀名	備攷
山西	運城	公估銀	係市上買賣通用銀兩，成色較足銀為次
	新絳	庫寶銀	無論何省者皆能通用
	大同	足色銀	係本埠傾化之大同寶，每錠五十兩，名為足色，實得純銀九九八之譜
江蘇	上海	二七寶銀	為本埠銀爐所鎔鑄或外埠來寶，以成色不同，經銀爐改鑄者，每寶重量為漕平五十兩左右，送由公估局批過方能通行。其成色高者每只可批升水二兩七錢五分，謂之為二七寶者，以此也。如成色較低，批升水二兩六錢五分者，亦能通用。苟成色不及二兩六錢五分者，即退回不批
	鎮江	公議足紋銀	係公估局批定二七寶，名曰金爐心。每錠重五十兩有零，市面最為通用
	蘇州	蘇它錠	係蘇州稅關鑄造，每只重洋例平五兩左右
	揚州	揚曹平銀	從前係由銀爐所化之寶，通行市上，名曰揚州新。自光復後，此種寶銀已經絕跡。且幷銀爐亦無，現成為一種過賬銀而已
浙江	杭州	元寶銀	係本地銀莊所鑄造，每錠重約五十兩內外
		小錠子	每錠自一兩至五兩不等
	湖州	十足寶銀	係上海所行用，每錠五十兩，重之二七寶銀
	紹興	紹寶紋	—
安徽	蕪湖	二七寶銀	—
湖北	漢口	公估二四寶銀	係一種五十兩重之大寶，如在上海，每寶可申水二兩八錢者，在漢祇申水四錢，扣去二兩四錢計算，故名為公估收寶銀。各省大元寶來漢，均須由公估局估定，如係碎銀小錠，均須重化才可通用
	武昌	武昌關錠	係由武昌關鑄造，洋例平五兩內外
		昌關子	亦係由武昌關鑄造，每只重洋例平三錢、五錢至一錢不等
	襄陽	老寶銀	—
	沙市	荊沙錠	即沙平九九銀，係一種五兩重元錠，名為九九，實際化驗僅九六成或九七成耳
	宜昌	漢潮	每錠重約五兩
		川錠	由蜀運來，每錠重量約十兩光景
湖南	長沙	用項銀	即公議十足銀，每錠重量約十兩左右。實際化驗僅得純銀九九八
		十足大寶銀	係十足大寶，每錠重約五十兩左右
	湘潭	市紋銀	—

83

續　表

省名	地名	銀名	備攷
湖南	常德	市紋銀	—
江西	南昌	鏡面	係由布政使司鑄造，每只重自六兩乃至十兩不等
		鹽封庫平銀	專係對於西岸權運局購買食鹽之用，如裝運上海，須照該處公估局批價為準，其餘交易均不適用
		二七東寶	—
		江西方寶	每錠重洋例平五十兩
	九江	二四曹紋	此項寶銀由公估局批定，成色高低均以此為標準
福建	福州	閩錠	每錠重約十兩左右
廣東	廣州	藩紋	—
		鹽紋	—
		關紋	—
廣西	桂林	足銀	—
		花銀	—
	梧州	花紋	—
雲南	雲南	公估銀	又稱解錠銀
	思茅	市銀	—
	元江	元江銀	—
	—	猛撒銀	—
貴州	貴陽	票銀	每錠重十兩，為黔省市上最通行者。其成色名為與川錠同，實則與北京公十足成色相等
		巧水銀	市上交易適用之，其色高下不一，自九五六至九四五為止
		羅羅銀	銀色自九八至九九五，銀兩交易作為輔助之用
四川	重慶	足色票銀	即九七平十兩重足色錠銀，舊者稱為老票銀，新傾者稱為新票銀
	成都	川票色銀	重十兩左右之圓錠，成色高低不一，以九九七八為普通週行成色
	瀘州	川白錠	係十足銀，每錠重五十兩左右，川省最為通用，成色高下不一，計分新票、老票兩種
		新票銀	新鑄之槽即為新票，成色純足
		老票銀	舊鑄之槽即為老票，成色較次，渝成相習為例，每千兩須貼色二兩，如瀘埠則一樣行使
	萬縣	十兩錠票色銀	經公估局估定即作為十足，於市面最為通用
	自流井	銀兩	每錠重十兩，川中向無公估局。銀色即稍有高低，市上亦一律通用

續 表

省名	地名	銀名	備攷
陝西	西安	十足銀	係公估局估定十足,每錠重五兩左右,目下成色不一。惟永興慶傾化者成色稍高,市面最為通用
	三原	足色銀	係能完納地丁錢糧者,每錠約重五兩左右,有西安省永興慶・六字戳記,及三原王成四字者為最足色
		街市週行銀	此種銀兩較足色,祇有九五六成色,且有九二三者,而市上買賣均通用此銀
甘肅	蘭州	足紋銀	—
	涼州	饑安銀	—
新疆	迪化	足紋銀	—
奉天	營口	現寶銀	係本地各銀爐所傾化者,每錠重五十三兩左右,成色約九九二之譜,市面通用之
	瀋陽	錦寶銀	—
	安東	鎮寶銀	此寶係本埠爐房所傾化者,每錠重五十三兩五錢,市面交易均用此銀,惟銀色極低
	遼源	現銀	營口現寶、吉林大翅寶及寬城大翅寶均通用之
吉林	吉林	大翅寶銀	重五十三兩五錢為一錠,化驗得純銀九九二
	長春	大翅寶銀	每錠重量為五十三兩五錢,原作九九二成色,近來化驗實際純銀不過九八成而已
黑龍江	黑龍江	大翅寶銀	錢業公所公議九九二色,每錠重五十三兩五錢。本地最為通行,惟實際化驗尚不足此成色耳
察哈爾	豐鎮	蔚州寶足銀	所謂蔚州寶,並非真蔚州所鎔化之寶也,現都是張家口所鎔化者。寶面刻有蔚州某某字號字樣,成色當十足行使

據上表揭其重要者,已不下百餘種之多。若細別之,無慮數百種,蓋因地而生,隨貨而轉,隨俗而變,尤難得有詳確之標準也。

第三節　各地通用成色標準寶銀及其純分成色計算法

銀錠之實況,既已畧如前述,而成色純分之差異,則又各有區別。同一銀錠也,以其成色之高下,價值遂不相一致焉,故有二四寶、二五寶、二六寶種種之分。又各地通用之寶，雖在一處，甚至有數種之多。然為授受上之標準者，實際上亦不過一二種而已。_{各地通用成色標準寶銀詳附表二}且此種寶銀之成色，係舉何者以為根據，則從來通用所稱者，曰紋銀，自當以紋銀為基礎矣。然紋銀五十兩，復加申水三兩，是每兩貼水六分，當為九九四之純銀矣。若加水二兩四錢者，謂之二四寶。加水二兩五錢者，謂之二五寶，餘均類推。雖然每五十兩加水三兩，則紋銀百零六兩，所含之純分，應有九四三·四之譜。而實際分柝①之，其為百兩以內之所加，抑百兩以外之所加。若內加則所含之純分少，外加則所合之純分多，欲得確實標準，亦殊困難。茲據最近銀爐所定成色，及印度造幣廠化驗之結果，與其內加外加之數，列為附表二。

各地通用成色標準寶銀表

省名	地名	標準寶銀	備考
京兆	北京	十足寶	名為純銀，實則九九二，故可稱之曰二六寶
直隸	天津	化寶	成色九九二，與北京同，故亦可稱之曰二六寶
山東	濟南	二四寶	—
	芝罘	二六寶	—
河南	開封	二八寶	名為二八寶，實則二四寶也
山西	太原	二四寶	—
陝西	西安	二四寶	—
江蘇	上海	九八規銀	—
	鎮江	二七寶	市上往來多用二四寶，但外省滙兌則均用二七寶
	南京	二七寶	—
	蘇州	二八寶	—
浙江	杭州	二七寶	二八寶亦通用
	寧波	二九寶	—
安徽	安慶	二八寶	二四寶亦通用
	蕪湖	二七寶	—
湖北	漢口	二四寶	—
	宜昌	二四寶	—

① "柝"當爲"析"。——編者註

續　表

省名	地名	標準寶銀	備考
湖北	沙市	二四寶	—
湖南	長沙	二四寶	又二四寶，九九八兌
湖南	常德	二四寶	—
湖南	湘潭	二四寶	又二四寶，九九五兌
湖南	岳州	二四寶	又二四寶，九九五兌
江西	九江	二四寶	—
江西	南昌	二四寶	—
貴州	貴陽	二四寶	—
四川	重慶	二四寶	—
四川	成都	二四寶	—
奉天	營口	二六寶	—
吉林	吉林	二六寶	—
黑龍江	龍江	二六寶	—

各種寶銀純分成色比較表

寶名	每百兩申水成數	內加成色	外加成色	最近銀爐所定成色	印度造幣廠試驗之結果
紋寶	—	九四〇、〇	九四三、四〇	九三二、〇	九三五、三七四
二四寶	四、八〇	九八八、〇	九八八、一四	九八〇、〇	九八〇、二七二
二四五寶	四、九〇	九八九、〇	九八九、一二	九八一、〇	九八一、二
二五寶	五、〇〇	九九〇、〇	九九〇、一〇	九八二、〇	九八二、一
二五五寶	五、一〇	九九一、〇	九九一、〇八	九八三、〇	九八三、〇八
二六寶	五、二〇	九九二、〇	九九二、〇六	九八四、〇	九八四、〇一
二六五寶	五、三〇	九九三、〇	九九三、〇五	九八五、〇	九八四、九五
二七寶	五、四〇	九九四、〇	九九四、〇四	九八六、〇	九八五、八八
二七五寶	五、五〇	九九五、〇	九九五、〇三	九八七、〇	九八六、八〇
二八寶	五、六〇	九九六、〇	九九六、〇二	九八八、〇	九八七、七五

續 表

寶名	每百兩申水成數	內加成色	外加成色	最近銀爐所定成色	印度造幣廠試驗之結果
二八五寶	五、七〇	九九七、〇〇	九九七、〇一	九八九、〇〇	九八八、六九
二九寶	五、八〇	九九八、〇〇	九九八、〇〇	九九〇、〇〇	九八九、六〇
二九五寶	五、九〇	九九九、〇〇	九九九、〇〇	九九一、五〇	九九〇、五六
足銀	六、〇〇	一〇〇〇、〇〇	一〇〇〇、〇〇	九九二、〇	九九一、五〇
純銀	—	—	—	—	一〇〇〇、〇〇

第四節　銀錠之鼓鑄及其鑑定機關

第一項　銀爐

　　銀爐又稱之曰爐房，以鑄造元寶銀為本業，有官設與私設之分。官設者，多附屬於藩庫關局及官銀錢號等機關內；私設者，以地域而別。在吾國北部地方，則多帶兼營銀錢業性質；南部地方，則此項營業為銀錢業者營業之一種，而不另設獨立機關也。蓋其發達情形，各有不同，故不可同日而語也。昔日吾國北部地方，如天津、奉天等處，當銀行未有之前，市面行使生銀時代，爐房營業，頗占有特殊勢力。除兼營存款、滙兌、放賬等項外，在各地無公估局地方，保證事務亦兼任之，並有發行流通票據，以代現銀錠者。若營口市面通用之過爐銀，則全埠金融，均操之於爐房。_{參照次節爐銀}至於南方之銀爐，大都係錢業共同組織之機關，與北方爐房，具有獨立性質者，迥有別矣。

　　銀爐之鑄造元寶，其經營方法有二：一由自購生銀，改鑄後轉賣於市場，以應銀號或錢莊之需。一受錢莊、銀號及商店之囑託，以生銀等改鑄，受其定例之鑄造費，而後者尤為通行，故無須巨資，即可設立。漢口銀爐，資本大者，不過一二萬兩。上海之銀爐，多者五千左右，少者三四千兩而已。故須聯絡銀錢業者以為後援，於營業方面，方足有進展之望也。

前清定章，銀爐之開業，須先經戶部之許可，發給部照，以為憑執，方能開業。每一地方，銀爐均有一定之額數，不得任意增設，例如北京祇許二十六家為限。但前清晚年，法令漸弛，私設銀爐，比比皆是，官亦不加以干涉，故有私爐之稱。凡銀爐鑄造之寶銀，負有無限之責任，即其相續人，亦不能免連帶之關係。故銀錠外部，均刊有鑄造所在地之爐名，特為標幟。在設有公估局之地方，非經公估局之鑑定保証，不能行使。無公估局地方，則皆由銀爐對於所鑄之銀錠，自負其保証之責任也。茲將上海銀爐業，詳記於下，藉資參考。上海銀爐，大半受銀行、錢莊之委託，鑄造市面通用之元寶銀，故其規模甚小。其由錢莊委託鑄造之銀，錢莊則預計交付之數，合上海成色元寶，當得若干，與銀爐約定之後，隔一日銀爐即以鑄成之元寶，交回錢莊。若由銀行委託者，銀行合計大條與上海元寶之比較數，以大條交與銀爐，銀爐出一本票，交於銀行，作為銀爐對於銀行之欠欸。其手續等於拆票，信用較厚之銀爐出一本票已足。信用稍次者，須有銀爐三家，連環作保，鑄成元寶，即送交於銀行。凡由銀行委託以客路來寶改鑄者，其手續亦同。凡鑄出之元寶均須先送公估局批定後，方可送交銀行或錢莊，惟其如是，故銀爐營業無須擁有鉅額之資本也。銀爐營業所賴以獲利之途、厥有四端：（一）元寶改鑄。如長江之江西、湖南、四川，北方之天津、東三省等處，時有元寶來滬，錢莊即以送至銀爐改鑄。大率外路元寶，均係老寶，內含金質甚富，銀爐改鑄之時，即將純金提出，以提金之利，歸之銀爐。其金色最高者，往往每元寶一只可獲利五錢左右。從前銀爐，每年獲利甚鉅。現因外路元寶，來滬日少，而營業因以日衰，此為近年來銀爐營業不振之最大原因也。（二）銀條改鑄。若美國之金山條，歐州之紅毛條皆較上海夷場新元寶之成色為高，且金山條成色較之紅毛條尤高。上海銀爐即以此鑄造通用之元寶，在昔亦大可獲利，但邇來市面計算銀條價值頗極精微，故亦無利可圖，大致僅敷熔本而已。（三）花洋改鑄。如安徽蕪湖之本洋，廣東香港之英洋均係從前老洋，價值甚高。近年以來，用途日減，市價漸低。且成色較之市面通用銀元為高，並內含有金質，尚可提取。自外路元寶減少以後，銀爐營業，端賴此以為挹注也。（四）花小洋改鑄。自近年以來，花洋日少，改鑄花洋，殊難獲利。銀爐乃以各地運送來滬之各種小洋，鎔鑄成寶，取其微利，嗣因各家競爭熱烈，獲利殊為有限也。從前銀爐營業，每年盈餘多至二三萬，近則不過數千左右，其他或以兼營金銀投機業，而有所獲，大小不等。凡新開爐房，須揀選殷實商號十餘家，出具保結，至公估局核準，方能開鑪鎔鑄。不然公估局有驅逐勒閉之權，此為統一銀色起見，勢有不得不然者也。

第二項　公估局

　　公估局之職務以鑑定銀錠成色，秤定銀錠重量，而確保其價格為主要業務者也。在其設立之前，須經官廳准許，並由當地錢業公所認可，如此方可成立。且每地多以一局為限，即有設立二局以上者，要亦係屬分設，並一度成立，大都繼續多年，不常變動，亦有由當地銀錢業共同組織者。北方公估局較少，此項營業，大都即由爐房自兼。但在通都大埠，亦有設立此局者焉。又凡有公估局地方，無論本地或他地之銀爐所鑄新錠，必先經該局驗視證明，否則不易授受。即受之者，亦必須經公估局之保證，方能收受無疑也。惟當今日銀元、紙幣通行市面，銀錠不常鎔鑄。且國家另設有造幣廠及化驗所各專門機關，公估局似已漸形虛設矣。然在昔日使用生銀時代，此項機關誠有必要。蓋我國銀錠，自由鑄造，銀之成分、錠之重量，各有參差高下不等。又秤量鑑別，亦係一種專門技術，非人人所能咸知。且抑揚高下之間，所差甚巨，關係亦大。使無公共之信用機關，以為之保證，自難免時起爭論之端。

　　按：公估局之內部組織，約分管秤與看色二種。管秤悉以砝碼為衡；看色則純本諸個人經驗閱歷，不藉科學方法，或假手於機械。凡遇銀錠先視外部之銀色，及全部之重量，以斷定其有無雜質含蓄在內。蓋常有灌鉛和錫等行為，以相矇混。如對於銀錠，真偽尚莫能辨者，則錐擊其要害，以覘內部是否確實。再聽其聲浪，以斷其真贗。自經公估局批明蓋印之銀錠，如有發現不實之處，即當如數賠償所有者之損失。再公估時所用之手續，係先由一人將元寶之中央凹部，用濕布拭淨，交與管秤者秤量，高聲連呼其重量，交與其次之一人，將所呼之重量，以墨筆記入凹部。於是看色者，以其眼力判斷其成色之優劣，然後根據所在地之平色標準，比較而增減之。增則申水，減則耗水。既得其申耗數目之多寡，亦記入於中央凹部，並蓋印以為證，而銀錠即可流通市場矣。茲將上海公估局情形，略記於下。上海公估局，共計有三：一在城內，一在南市，一在北市，均為安徽徽州汪氏所經營，無論何局鑑定之銀錠，皆可通用。其與外國銀行聯絡，保證元寶之成色重量品位者，乃為北市之專業。因上海開港，北市即告成立，故其收入亦較城內及南市公估局為獨豐。其批水費，每錠二分四釐。上海每年來往寶銀甚多，是以公估局，歷年獲利甚厚。

第五節　各種重要平式

銀錠成色之差異，既若上述矣。雖然複雜情況，猶不止是。成色之外，又有平砝之差，其紛亂狀況，尤不易得其端緒。同一銀兩也，因其平砝之大小，而輕重之間，遂生種種差別。商賈往來，滙兌之際，折算煩難，不便滋多。今試將其種類大別為庫平、關平、漕平、市平四種，分述如下。

第一項　庫平

庫平為全國納稅之標準，徵收各項租稅所通用之平。然中央政府之庫平，與地方政府之庫平，其大小復異。又一省之庫平，與他省之庫平，亦各參差不齊。^(如各省之藩庫平、道庫平及鹽庫平等)大抵中央政府納稅收入之平大，支出之平小，故無確實一定之標準。據《馬關條約》所定中央政府庫平一兩為五七五·八二格蘭（Grain），即三七三·一二五六格蘭姆（Gramme）。然部庫平雖因條約規定有一定之標準，而各省庫平，又因其各地而異，如廣東庫平為最大，計得五八三·三格蘭；甯波庫平為最小，僅得五六九·一格蘭矣。民國七年八月，幣制局所發表幣制節略，內載庫平與各地通用平比較表，為地四十八處，為平六十五種，列之如下，藉資參考。

庫平與各地通用平比較表

省名	地名	平名		庫平兩千兩與各地通用銀兩之比率
京兆	北京	庫平	〇	一
		京公砝平	小	三四、七五
		京平	小	六〇、八一二
		市平	小	五七、九一七
直隸	天津	行平	小	三二、八二
		運庫平	小	〇、九〇三
		公砝平	小	三七、六五六
	保定	保平	小	一三、六一五
		保市平	小	九、六五
	張家口	口錢平	大	三、五九
山東	濟南	濟平	小	一、五四四
	煙台	曹平	小	四四、四九
	青島	膠平	小	三一、二
	周村	村錢平	大	五、二三
河南	開封	二六汴平	小	二四、一三
	漯河	漯平	小	一〇、六二

續　表

省名	地名	平名		庫平兩千兩與各地通用銀兩之比率
河南	彰德	彰平	小	一二、五五
	周家口	口南平	小	一六、四一
山西	太原	省大平	○	一
		紅封平	○	一
	歸化	城錢平	小	三、四
	太谷	谷公平	小	二七、五
	運城	涇布平	小	一六、二
陝西	西安	陝議平	小	三九、五七
江蘇	南京	藩庫平	○	一
		陵曹平	小	二四、六八
	上海	申公砝平	小	二○、二七
	揚州	曹平	小	二○、○八
	蘇州	曹平	小	一八、三一
	鎮江	曹平	小	一七、七二
浙江	杭州	司庫平	○	一
		市庫平	大	一○
安徽	安慶	曹平	小	二○、二七
湖北	漢口	估平	小	三六、六八
	宜昌	宜平	小	六一、六一
	沙市	沙市平	小	三四、七五
湖南	長沙	藩庫平	○	一
		長平	小	三七、六四
	湘潭	湘平	小	四○、七二
	常德	常德平	小	二一、○九
江西	南昌	庫平	小	一
		八平	小	二七、一三
	九江	曹平	小	二○、二七
		估平	小	一七、九二
福建	福州	城新議平	小	二九、九二四
		台新議平	小	二七、○三
		洋平	大	五、○七八
	廈門	市平	小	八、○○
廣東	廣州	九九七司馬平	大	一、五
	汕頭	直平	小	二二
雲南	雲南府	滇平	小	四○、六
四川	成都	川平	小	三八、六一
	重慶	渝錢平	小	四○、五一
		沙平	小	三四、七五三

續表

省名	地名	平名		庫平兩千兩與各地通用銀兩之比率
吉林	吉林	吉平	小	三九
	長春	寬平	小	四二、四
奉天	奉天	瀋平	小	三六、一
	錦州	錦平	小	一八、〇五
	營口	營平	小	三四、二七
	安東	鎮平	小	二三、六五
黑龍江	龍江	江平	小	三三、六九
烏里雅蘇台	—	烏市平	小	一四、四八
庫倫	—	市庫平	小	一五、三七一
		茶平	小	二〇、二七

附註：表中〇形係與庫平相等之符號。

第二項　關平

自與各國通商後，進出口稅之徵收，因無一定之標準平，中外商人頗感其痛苦。於是乎有關平之設，其規定於協約內者，計有咸豐八年天津英約第二十三欵，載稱稅課銀兩，由英商交官設銀號或紋銀或洋錢，按照道光二十三年，在廣東所定各樣成色交納等語。同年《中英通商章程善後條約》第九款，又訂明向例英商完納稅餉，每百兩交銀一兩二錢，作為傾鎔之費，嗣後裁撤云云，是為關銀制度之所由起。嗣後吾國與各國發生借貸關係，亦多用此平以為準則焉。至其標準重量，較之中央部庫平尤大，計每兩重約五八一・四七格蘭，即三七六・八格蘭姆也。茲據海關規定關平與各口通用銀兩之比率，另列一表如下。

海關平與各口通用銀兩比較表

省名	口名	平名	寶名	海關平百兩與各口通用銀兩之比率
直隸	天津	津行平	化寶銀	一〇五、〇〇〇
		津公砝平	二四寶	一〇五、五五〇

續　表

省名	口名	平名	寶名	海關平百兩與各口通用銀兩之比率
直隸	天津	津錢平	化寶銀	一〇五、八七六
	大沽	—	—	一〇一、〇〇〇
山東	煙臺	煙漕平	一六寶	一〇六、四〇〇
		洋例平	一六寶	一〇四、四〇〇
	青島	膠州平	—	一〇五、〇〇〇
奉天	營口	營平	錦寶銀	一〇八、五〇〇
江蘇	蘇州	漕平	二八寶	一〇三、八〇〇
	鎮江	估平	二七寶	一〇四、一六〇
		估平	二四寶	一〇四、七八〇
	南京	漕平	二七寶	一〇四、六八一
安徽	蕪湖	估平	二七寶	一〇三、七七〇
		估平	二五寶	一〇四、一七〇
江西	九江	漕平	二五寶	一〇四、一六〇
		同	二四寶	一〇四、三六〇
		同	二四寶九八兌	一〇六、二九〇
湖北	漢口	洋例平	二四寶九八兌	一〇八、七五〇
		一	二四寶	一〇七、三〇〇
		一	二五寶	一〇六、一六〇
		一	二六寶	一〇五、九一〇
		一	二七寶	一〇五、七四〇
		一	二八寶	一〇五、五六〇
		一	純銀	一〇五、一四〇
	宜昌	宜昌平	二四寶	一〇九、六五〇
湖南	嶽州	省平	二四寶	一〇六、七八〇
	長沙	長錢平	二四寶	一〇六、七八〇
四川	重慶	渝錢平	票色銀	一〇七、二九〇
		九七平	票色銀	一〇七、〇九〇
浙江	寧波	江平	—	一〇五、八三〇
	溫州	—	—	墨銀一五二、元
		—	—	一〇三、〇〇〇
福建	福州	新議平	—	一一三、九四三
		洋例平	—	一一〇、三〇三
	廈門	市平	—	一〇一、七五〇
廣東	廣州	海關銀號支用	—	一〇八、四六〇
		同收入用	—	一〇七、九〇〇
		錢莊用	—	一〇九、六〇〇
	汕頭	市平	—	一一一、四五〇

續 表

省名	口名	平名	寶名	海關平百兩與各口通用銀兩之比率
廣東	汕頭	—	—	墨銀一五二、七元
		庫平	—	一一五、八九七
	瓊州	瓊平	—	一一三、七六三
	北海	—	—	一一〇、五七二
	三水	—	—	墨銀一〇五、七三元
	拱北	—	—	同一五五、五六元
廣西	梧州	九九二平	—	一一三、〇〇〇
	龍州	—	—	墨銀一六一、二元
雲南	蒙自	—	—	一〇二、九〇〇
	思茅	—	—	一〇二、九〇〇
	騰越	—	—	一〇五、〇〇〇

又各關所謂關銀，名目雖同，平色仍不一致，故各關關庫銀之比率，亦不盡相同。據前清度支部舊案，各口關平銀與庫平銀之比率，有如下表。

各口關平銀與庫平銀比較表

省名	關名	關平銀百兩與庫平銀之比率	備考
廣東	粵海關	一〇〇、八四〇	—
	潮海關	一〇〇、八四〇	—
	瓊海關	一〇〇、八四〇	—
江蘇	江海關	一〇一、六四三	—
	蘇州關	一〇一、六四三	—
	鎮江關	一〇一、六四三	—
	金陵關	一〇一、六四三	—
湖南	岳州關	一〇一、六四三	—
	長沙關	一〇二、四〇一五	—
廣西	梧州關	一〇一、六四三	—
	鎮南關	一一二、三二二	—
	南寧關	一〇一、六四三	—
安徽	蕪湖關	一〇一、七三五	—
浙江	浙海關	一〇一、六四二三	銀號以一百一兩一錢一分申合
	杭州關	一〇一、六四二三	
	甌海關	一〇一、六四三	—
雲南	蒙自關	一〇一、八八八	—

續 表

省名	關名	關平銀百兩與庫平銀之比率	備考
雲南	思茅關	一〇一、六〇〇	—
	騰越關	一〇一、九四二	—
湖北	江漢關	一〇二、二〇五三六	—
	宜昌關	一〇二、二〇五三	—
	沙市關	一〇二、二〇五	—
江西	九江關	一〇一、三〇〇	—
福建	閩海關	一〇一、一〇〇	總稅司申一百零一兩六錢四分
	廈門關	一〇一、一〇〇	總稅司申一百零一兩六錢四分
四川	重慶關	一〇一、六四三	—
山東	東海關	一〇一、六四〇	—
直隸	津海關	一〇一、六四三	—
奉天	山海關	一〇四、七八〇三	—
	安東關	一〇五、五七〇	內除銀號經費外，餘一百零四兩七錢九分一厘六毫
吉林	哈爾濱關	一〇一、六四〇	—
	琿春關	一〇一、六四三	—

第三項　漕平

　　昔日江蘇、浙江、安徽、江西、湖北、湖南等省，漕糧皆徵收米石，嗣因事務繁重，窒礙滋多，於是乎乃改徵漕銀，以替漕糧，因是有漕平之設。民間亦互相為用，遂為一般通行之平砝焉。然其標準重量，則又各因其地而異，即同一地方，其秤量亦不能得其一定也。茲據印度造幣局試驗之結果，上海漕平每兩重量為五六五‧六九七格蘭。千八百九十五年，據海關調查，與印度造幣局試驗所得之結果，略有出入，每兩重量為五六五‧六三七五格蘭；而日本大阪造幣局之試驗，則每兩為五六五‧七三格蘭。惟普通計算，則均用五六五‧七格蘭為標準也。按：該漕平與各地使用為最多，即上海九八規銀之計算，亦係根據此平為推算之基礎，其與他平大小之比率，可從次表內比較而得焉。

第四項　市平

　　該平為各市場通用之稱，各地各樣，名目紛繁，莫可究詰。雖老於錢業者，終身不能盡舉，如漢口一隅，在昔日各種平砝盛行時代，各業各幫平制互異，名目至十餘種之多，其複雜情況，由此可知矣。雖至今日，各重要市場，銀兩之通用，仍未絕除。且在各市平中，自昔以來，最通用者，當推公砝平、公估平、錢平及廣東之司馬平等。此外由特殊之原因而發達者，則為上海之九八規銀，漢口之洋例銀等是也。茲將此項平砝之意義及其由來，分述於後。

一、**公砝平**　其意義官定之公法平也。北京、上海、天津等地方多用之，又簡稱之曰砝平，在清代全國滙兌最為通行，票號與錢莊多用此平為滙兌價格計算之標準。

二、**公估平**　又簡稱之曰估平，由秤定銀錠之公估局所產生之平也，漢口等地方，甚為通行。又公估局所用之平，實際上仍多選擇該地方最通用之平砝，而不另設特種之平砝者居多，例如上海公估局之用漕平，天津公估局之用行平是也。

三、**錢平**　乃錢業者間通用之平。該業在商場中，頗具有相當之勢力及信用，且與其他各業有往來密切之關係。例如賬項及結算等多用此平為計算標準，以免其他平砝折扣之煩，故多數地方有錢平之名存在焉。

四、**司碼平**　即官平之義，又名之曰司平，廣東省內最為通行，其他各平之差率，常以此平為標準。例如汕頭之直平，較之司碼平每千兩小三兩，遂稱直平為九九七平也。歐人初至東亞，與中國通商，以廣東為最早，司碼平之名，在十六世紀時代，即已知之。嗣後西人測定他種平砝之大小，亦多用此平以為標準，如廣東平每百兩等於上海漕平一百零二兩半是也。

五、九八規銀　又簡稱之曰規銀，或規元，為上海唯一通用之記帳虛銀兩，右碑無論華洋交易及滙兑行市，均以此為計算標準，故在商場中頗具有偉大之勢力。當今廢兩改元最盛時代，仍未能解決之難題，即此虛銀兩應如何剷除是也。其計算方法，係以現寶一個之重量，加以升水，以九八除之，所得之數，即為規銀。詳言之，紋銀之標準成色為九三五·三七四（根據印度造幣廠化驗所得之結果）滬埠通用二七寶銀之成色常較此為高，即含有純銀千分之九八六、八，比較標準銀高百分之五又半也。因是現寶每只重漕平五十兩，加升水二兩七錢五，即變為五十二兩七錢五之標準銀，（參照本章第三節各地通用成色標準寶銀及其純分成色計算法）再以九八除之，即得五十三兩八錢二分六厘強之規元銀矣。考規元之由來，或謂昔日牛莊豆商與滬地豆行交易甚繁，年終急於北歸，減折收價，嗣後豆行交易，據以為例，遂成習慣。租界開闢之後，商業發達，交易計算方法，仍採用此銀為一般計算標準，故今各地與上海交易猶有稱豆規銀者，即此意也。（或謂當以紋銀之成色為標準，與漕平比較，其平每百兩相差五兩五錢，其色為九八（即每百兩相差二兩），故又稱九八規元。其實並無現銀，惟因市票與現銀相差過鉅，故有此低折。云云）

六、爐銀　係營口鑄造現寶之爐房，附有三個月期限，為付給之一種對人或對物之簿據信用也。詳言之，該埠自通商以後，交易漸繁，制錢不敷應用，始兼用營銀（九九二之營平現貨）而當地各商，平日陸續收入之零星銀塊，不便運往外埠購貨，及由外埠運營之現寶，因平色之不同，未能在本埠通用。故各商恒將零星及外來銀塊，請鑄造元寶之銀爐，改鑄營銀。但因請鑄者多，非經相當時日，不能鑄就，而商家又須銀交易，恒感不便，於是為便利商家計，於收銀過秤以後，將鑄寶之銀兩中，扣去銀質虧耗（即加色）及手續費等，折成營寶分兩，先給營寶憑條一紙於商家，俾商家可憑條在市上交易，如需現寶，亦可憑條照付。故此種寶銀之憑條，即為現銀之收據，必須有請求鑄銀者，始得使用。厥後商務漸繁，商家以銀爐憑條之簡捷，而轉覺現銀之授受為不便，輒與各銀爐開立往來戶，有銀即存入銀爐，即無銀亦得依信用而請求立戶發條，至是各銀爐始漸立於調劑金融之地位。凡一交易及現銀借貸，儘依口頭通知銀爐，彼此記一收付帳，而交易即了。而當日所謂鑄造現寶之工錢，乃內扣於持現銀之易條者，至是復以加色之名，而轉嫁於持條之易現寶者。此即吾人所稱為爐銀，而外人稱謂過帳銀之所由起也。光緒九年，由當地各銀爐同業，創立公議會，決議每年以三月、六月、九月、十二月一日（陰曆）為結賬期，至期對於往來戶，作一決算，此即所謂卯期是也。自後十年間，爐銀為營埠唯一代用貨幣，其市上信用亦甚佳。至光緒二十一年，中日戰事開始，營埠銀根緊急，每屆卯期，均未開卯。二十六年又值拳匪之亂，亦陷同一悲境。當時牛莊市政，由華俄、正金二行支店共同維持，正金銀行竟強迫俄民政廳，令各銀爐厲行決算，藉資結束。嗣至清光緒三十年，日俄戰事既起，營埠金融，一時又甚紊亂。日軍占領營埠後，一面濫發軍用手票，一面迫令各銀爐一律清卯。至光緒三十二年十一月十五日（陽曆），日本軍政府嚴諭各銀爐限令自陰曆十二月一日起，三個月內，依小銀元八十元，一律清算，以圖根本取銷。各銀爐以短速期內，斷難照辦，且爐銀關係各商，勢必累及全市，要求展期，而影響所及，各商已迭見倒閉。日軍不得已乃允延至翌年六月一日，一律清算。一時營埠銀爐，破產過半。辛亥鼎革後，營埠銀根異常緊急。民國元年冬，遂由各銀爐公組爐公社，議定章程，互相維持。自是而後，爐銀信用稍固。民國七年，營埠西義順勢將破產，由官商出而維持，發行爐銀債票五百萬元，而爐銀信用，遂益見薄弱。最近雖有維持辦法，而爐銀信用，一時終難恢復云

又爐銀種類，依其性質，可別為三，即過爐銀、過爐現銀及過卯銀是也。（一）過爐銀之性質，已詳於前茲不贅述。（二）過爐現銀者，當過爐銀屆卯期，不支取現銀，約為歸入下屆卯期，而得加計本卯之卯色，與現寶銀同一價格記帳。例如到卯之爐銀為十錠，即五百三十五兩，本屆卯色為二兩，則轉入下屆之帳，即為五百五十五兩，稱為過爐現銀。然此所謂現銀，仍係帳面上之現銀，將來交換現寶之際，仍須有相當之貼水。（三）過卯銀亦稱為卯銀，其性質與過爐銀相反，係到卯以前所使用也。當使用爐銀之際，手中無爐銀可以應付，不得已乃豫約以過爐銀之相當加色，而

發行過卯銀。迨到卯以後，即與通常爐銀同。故當使用之際，必須為二重之加色。例如過爐銀對現寶加色二兩，則於二兩之外，而卯銀之對爐銀，尚須加色二兩內外。實際上在銀爐有存銀者，常賣其頂卯銀而買過卯銀；在銀爐有透支者，則賣其過卯銀而買頂卯銀。至其加色，則依卯期遠近及需供之程度為低昂。按過卯銀與過爐現銀二者，均用於銀根吃緊之時，為應付一時之窮者也。

七、洋例平　係一種對內對外漢口商場中最通行之虛名稱銀兩，並無砝碼銀色。查自漢鎮開關商埠後，外商要求漢埠各商，援上海規元之例，以估平寶銀^{參照本章第二節各省寶銀名稱重量表}九百八十兩，升成洋例千兩以為標準。因其不甚諳悉內地習慣，而漢埠商家亦遂相沿成習，成此一種假定劃一銀兩。從前本埠各地平色，已逐漸消滅，概以洋例為主體矣。_{或謂外人定為九八兌者，因漢口各幫向洋行買貨以毛銀兌交，彼此爭論，遂議定進出一律以九八扣兌估寶，故洋例銀一千兩，小估寶色二十兩，合估平寶九百八十兩云云}

八、行化平　此平在天津商場中最為通行，猶上海之規元、漢口之洋例也，作九九二成色，需現時得照公估局所估之白寶按估碼使用，高則每錠升四錢，次則二三錢不等。

第六節　各種平砝相互大小推算法

　　平砝之數，據中國銀行所調查者，已有百數十種之多，其未經調查者，尚未在內。其間孰大孰小，因限於篇幅，固未能一一列表比較。但可假用其中已知某數較某數大或小之各數，而間接推知未知孰大孰小之各數也。今特設一例如後。

　　申公砝平千兩應等於漢口洋例銀若干

　　申公砝平每千兩　　漢口估平一千零一七兩

　　漢口洋例每千兩　　漢口估平九百八十兩

即申公砝平每千兩　漢口洋例銀一千零三十七兩七錢五分強

$$1000 \times \frac{1017}{980} = 1037.75$$

此外因成色之差，而有申水或去水等手續，其計算更繁重於前。其例如下。

北京公砝足銀百兩應等於上海九八規銀若干

申公砝每千兩　京公砝一千零一十五兩

申漕平每千兩　申公砝一千零零二兩

即京公砝每百兩　申漕平九十八兩三錢二分強

$$京公砝100 \times \frac{1000}{1015} \times \frac{1000}{1002} = 申漕平98.32$$

$$申水5.5 \times \frac{98.32}{100} \quad \frac{+5.408}{103.728}$$

$$103.728 \times \frac{100}{98} = \underline{105.845}$$

北京公砝足銀百兩等於上海九八規銀一百零五兩八錢四分五厘弱。

又吾國舊習，平砝間之大小，其些微之差，往往不甚注意。例如上海漕平每百兩，較之漢口漕平大五錢；又亦謂之漢口漕平每百兩較之上海漕平小五錢也可。若精權計算其大小，其數應如下列：

$$100\times\left(1+\frac{0.5}{100}\right)=100.5 \text{ 又 } 100\times\left(1+\frac{0.5}{100.5}\right)=100.497$$

但常簡稱之曰

申漕100＝漢漕100.5

又

漢漕100＝申漕99.5

而免其計算之勞也。

再者因平砝過多,無劃一之標準平,可以為之替代,其間匯兌計算之困難,無待贅述。故除各市場間,有直接匯兌行市者外,其間不能發生有直接關係者,勢必採用間接匯兌方法,其情形正若今日世界各國以倫敦、紐約為全球金融中心,凡各國間不能發生有直接關係者,必先憑此等地方行市,而轉匯其目的地也。我國今日幣制,尚未統一,恐亦不能免此例外也。今試設匯兌之一例如下,以資參考。

匯北京京公砝銀千兩照下開行市在漢應支估平估寶若干

漢口申票每規元千兩　洋例九百七十兩

京申票每京公砝千兩　規元一千零五十一兩

以京公砝一千兩計規元一千零五十一兩為本位,以漢申票行市九百七十兩乘之,得洋例一千零十九兩四錢七分,以九八乘之,合估平估寶九百九十九兩零八分。

$$1000\times\frac{1051}{1000}\times\frac{970}{1000}\times\frac{980}{1000}=\underline{999.08}$$

又銀元匯兌方法若何,特設一例於後,以明我國銀兩之存在,其匯兌計算方法之重疊,及其銀價漲落關係,所得之數,時有或多或少之弊也。

滙上海銀元一千元照下開行市在漢應交銀元若干

漢口申票每規元千兩　洋例九百七十兩

漢口銀元每元銀價　洋例七錢零二釐

上海銀元每元銀價　規元七錢二分六釐

以上海銀元一千元計規元七百二十六兩為本位，以漢申票九百七十兩乘之，得洋例七百零四兩二錢二分，以漢口銀元行市七錢零二釐除之，計合漢口銀元一千零零三元一角六分。

$$1000 \times 0.726 \times \frac{970}{1000} \div 0.702 = \underline{1003.16}$$

茲根據中國銀行所調查各地通用平砝名稱及其相互比較大小，特設一細明表如下。

各種平砝相互比較表

省名	地名	各種平砝相互比較率				匯欸關係地點
		平砝名稱	比較數目	與他平砝名稱	比較數目	
京兆	北京	京公砝平	一、〇一五、〇〇	申公砝平	一、〇〇〇、〇〇	天津、上海等處均有直接行市，餘均間接
		三六庫平	一、〇〇〇、〇〇	京公砝平	一、〇三六、〇〇	
		二七京平	一、〇〇〇、〇〇	京公砝平	九七三、〇〇	
		二六京平	一、〇〇〇、〇〇	京公砝平	九七四、〇〇	
		（三四庫平）	一、〇〇〇、〇〇	京公砝平	九五三、五四	
		（六厘京市平）	一、〇〇〇、〇〇	京公砝平	九九四、〇〇	
		（七厘京市平）	一、〇〇〇、〇〇	京公砝平	九九三、〇〇	

續 表

省名	地名	各種平砝相互比較率				匯兌關係地點
		平砝名稱	比較數目	與他平砝名稱	比較數目	
直隸	天津	行平	九九八、〇〇	京公砝平	一、〇〇〇、〇〇	除上海、北京、營口有直接行市外，餘均間接
			一、〇一三、〇〇	申公砝平	一、〇〇〇、〇〇	
		津公砝平	一、〇〇〇、〇〇	行平	九九五、〇〇	
		庫平	一、〇〇〇、〇〇	行平	一、〇三二、二〇	
		運庫平	一、〇〇〇、〇〇	行平	一、〇三三、三〇	
		（議砝平）	一、〇〇〇、〇〇	行平	九九三、二〇	
		（西公砝平）	一、〇〇〇、〇〇	行平	九九四、四〇	
		（關平）	一、〇〇〇、〇〇	行平	一、〇五〇、〇〇	
		（錢平）	一、〇〇〇、〇〇	行平	九九二、〇〇	
	保定	保市平	一、〇〇〇、〇〇	京公砝平	一、〇二三、〇〇	京、滬等處匯兌均聽天津行市
				申公砝平	一、〇〇八、〇〇	
		潘庫平	一、〇〇〇、〇〇	保市平	一、〇一二、〇〇	
	張家口	口錢平	九六〇、〇〇	京公砝平	一、〇〇〇、〇〇	京津申庫有直接行市歸化匯兌不多，行市隨時定之，恰克圖須聽庫倫行市轉合
			一、〇〇〇、〇〇	申公砝平	一、〇一五、〇〇	
		（庫茶平）	一、〇〇〇、〇〇	口錢平	九七五、〇〇	
	祁縣	藥市平	一、〇〇〇、〇〇	天津行化	一、〇〇二、〇〇	天津有直接行市
	邢台	順平	一、〇〇〇、〇〇	京公砝平	一、〇一六、〇〇	一
		順庫平	一、〇〇〇、〇〇	順平	一、〇一三、〇〇	

續　表

省名	地名	各種平砝相互比較率				匯兌關係地點
		平砝名稱	比較數目	與他平砝名稱	比較數目	
山東	濟南	濟平	九八〇、〇〇	京公砝平	一、〇〇〇、〇〇	除上海、青島可直接外，餘均間接
			一、〇〇〇、〇〇	申公砝平	一、〇〇五、〇〇	
		庫平	一、〇〇〇、〇〇	濟平	一、〇一六、〇〇	
	煙台	曹平估銀	一、〇一〇、〇〇	京公砝平	一、〇〇〇、〇〇	上海為直接匯兌地點，其餘天津、北京、濟南、漢口等處均聽上海行市
				九八規元	一、〇四五、〇〇	
		四七六庫平	一、〇〇〇、〇〇	曹估	一、〇四七、六〇	
	青島	膠平	一、〇〇〇、〇〇	京公砝平	一、〇〇四、〇〇	上海、濟南有直接行市
	周村	村錢平	九五九、〇〇	京公砝平	一、〇〇〇、〇〇	除上海有直接行市外，餘均間接
		村庫平	一、〇一二	村錢平		
		（市平）	一、〇〇〇、〇〇	村庫平	九八七、〇〇	
		（毛店平）	一、〇〇〇、〇〇	村庫平	九八四、〇〇	
		（絲店平）	一、〇〇〇、〇〇	村庫平	九八三、〇〇	
	濰縣	濰市平	一、〇〇〇、〇〇	京公砝平	一、〇二〇、四〇	除上海、青島可直接外，餘均間接
	濟寧	寧平	九七二、〇〇	京公砝平	一、〇〇〇、〇〇	除上海、濟南可直接外，餘均間接
			九八七、〇〇	申公砝平	一、〇〇〇、〇〇	
		一六庫平	一、〇〇〇、〇〇	寧平	一、〇一八、〇〇	
	膠州	膠平	一、〇〇〇、〇〇	京公砝平	一、〇〇四、〇〇	除上海、濟南有直接行市外，餘均間接
			一、〇一〇、〇〇	申公砝平	一、〇〇〇、〇〇	

續　表

省名	地名	各種平砝相互比較率				匯欸關係地點
		平砝名稱	比較數目	與他平砝名稱	比較數目	
山東	惠民	惠市平	一、〇〇〇、〇〇	京公砝平	一、〇四一、六〇	—
				申公砝平	一、〇二六、六〇	
		庫平	一、〇〇五、六〇	惠市平	一、〇〇〇、〇〇	
	臨清	臨平	一、〇一二、〇〇	京公砝平	一、〇〇〇、〇〇	除天津、濟南可直接外，餘均間接
	掖縣	掖平	九七三、〇〇	申公砝平	一、〇〇〇、〇〇	上海有直接行市
	滕縣	滕庫平	一、〇〇〇、〇〇	京公砝平	一、〇四〇、〇〇	申、濟、津、鎮四處均屬直接關係
				申公砝平	一、〇二五、〇〇	
	臨沂	沂平	一、〇〇〇、〇〇	京公砝平	一、〇三三、〇〇	除上海有直接行市外，餘均間接
			—	申公砝平	一、〇一八、〇〇	
		庫平	一、〇〇〇、〇〇	沂平	一、〇三、〇〇	
	龍口	黃平	一、〇〇〇、〇〇	京公砝平	九五八、〇〇	濟南、煙台日有直接行市，如上海滙欸此間，商家習慣在龍❶賣出煙台滙票，再在煙台收進上海滙票
				申公砝平	九四三、〇〇	
		庫平	一、〇〇〇、〇〇	黃平	一、〇八二、〇〇	
		海關平	一、〇〇〇、〇〇	黃平	一、一〇五、〇〇	
		常關平	一、〇〇〇、〇〇	黃平	一、〇八二、〇〇	

---

❶　"龍"當爲"龍口"。——編者註

續表

省名	地名	各種平砝相互比較率				匯欵關係地點
		平砝名稱	比較數目	與他平砝名稱	比較數目	
河南	開封	汴平	一、〇〇〇、〇〇	京公砝平	一、〇一一、〇〇	—
				九八規元	一、〇七三、五〇	
		汴行平	一、〇〇〇、〇〇	汴平	一、〇二六、〇〇	—
		二六庫平	一、〇〇〇、〇〇	汴平	一、〇二六、〇〇	
		二二庫平	一、〇〇〇、〇〇	汴平	一、〇二二、〇〇	
	周口	口南平	一、〇〇〇、〇〇	京公砝平	一、〇一九、〇九	京、津、申、漢有直接行市
		（口北平）	一、〇〇〇、〇〇	口南平	一、〇〇一、八〇	
	洛陽	洛平	九六二、〇〇	京公砝平	一、〇〇〇、〇〇	北京、漢口、上海、天津、開封均有直接行市
	信陽	申平	九六五、〇〇	京公砝平	一、〇〇〇、〇〇	
	禹縣	禹市平	一、〇〇〇、〇〇	京公砝平	一、〇二九、〇〇	—
		禹會平	一、〇一五、〇〇	禹市平	一、〇〇〇、〇〇	
	南陽	府平	一、〇〇〇、〇〇	京公砝平	一、〇二五、〇〇	本地匯欵以申、漢兩處為大宗
				申公砝平	一、〇一〇、〇〇	
	許縣	許平	一、〇〇〇、〇〇	天津行平	一、〇二六、〇〇	除申、漢有直接行市外，餘均間接
				申公砝平	一、〇一二、〇〇	
	漯河	漯河平	一、〇〇〇、〇〇	京公砝平	一、〇二五、〇〇	除京、津、漢、汴有直接行市外，餘均間接
	道口	道錢平	一、〇〇〇、〇〇	京公砝平	一、〇二四、一四	—

續 表

省名	地名	各種平砝相互比較率				匯兌關係地點
		平砝名稱	比較數目	與他平砝名稱	比較數目	
山西	太原	庫平	一、〇〇〇、〇〇	京公砝平	一、一三六、〇〇	除京、津、申、漢、汴有直接行市外，餘均間接
				申公砝平	一、〇二〇、七〇	
		街市平	一、〇〇〇、〇〇	庫平	九九〇、〇〇	
		紅封平	一、〇〇〇、〇〇	庫平	一、〇〇〇、〇〇	
		省大平	一、〇〇〇、〇〇	庫平	一、〇〇〇、〇〇	
		（司庫平）	一、〇〇〇、〇〇	庫平	一、〇〇八、〇〇	
		（老湘平）	一、〇〇〇、〇〇	庫平	九六〇、〇〇	
		（新湘平）	一、〇〇〇、〇〇	庫平	九四〇、〇〇	
	運城	庫平	一、〇〇〇、〇〇	京公砝平	一、〇三六、〇〇	京、津、申、漢、汴等處均有直接行市
				九八規元	一、〇九六、〇〇	
		涇布平	一、〇一六、二〇	庫平	一、〇〇〇、〇〇	
		運市平	一、〇一〇、〇〇	庫平	一、〇〇〇、〇〇	
	新絳	公議平	一、〇〇〇、〇〇	京公砝平	一、〇一七、〇〇	除申、津、漢、汴等處有直接行市外，餘均間接
		涇布平	九九九、〇〇	公議平	一、〇〇〇、〇〇	
		羊皮平	一、〇〇四、〇〇	公議平	一、〇〇〇、〇〇	
		牛皮平	一、〇一三、〇〇	公議平	一、〇〇〇、〇〇	
		雜貨平	一、〇〇一、六〇	公議平	一、〇〇〇、〇〇	
		金珠平	一、〇〇六、〇〇	公議平	一、〇〇〇、〇〇	

續　表

省名	地名	各種平砝相互比較率				匯兌關係地點
		平砝名稱	比較數目	與他平砝名稱	比較數目	
山西	大同	同平	九七二、〇〇	京公砝平	一、〇〇〇、〇〇	京、津、申三處日開直接行市
			一、〇〇〇、〇〇	申公砝平	一、〇一四、〇〇	
陝西	西安	陝議平	一、〇〇四、〇〇	京公砝平	一、〇〇〇、〇〇	北京、上海、漢口三處均有直接行市
		四兩庫平	一、〇〇〇、〇〇	陝議平	一、〇〇四、〇〇	
		涇布平	一、〇〇〇、〇〇	陝議平	一、〇二五、六〇	
		漢中平	一、〇〇〇、〇〇	陝議平	一、〇〇七、〇〇	
	三原	涇布平	九七九、〇〇	京公砝平	一、〇〇〇、〇〇	除北京、漢口、天津、上海、西安等處可直接外餘均須聽由各該處行市轉計
			一、〇〇〇、〇〇	九八規元	一、〇七八、九七	
		省議平	一、〇〇〇、〇〇	涇布平	九七四、〇〇	
江蘇	上海	庫平	一、〇〇〇、〇〇	九八規元	一、〇九六、〇〇	凡屬商埠省會均有直接行市
		漕平	一、〇〇〇、〇〇	公估平	一、〇〇〇、〇〇	
		關平	一、〇〇〇、〇〇	九八規元	一、一一四、〇〇	
		申公砝平	一、〇〇〇、〇〇	京公砝平	一、〇一五、〇〇	
		公估平	一、〇〇〇、〇〇	申公砝平	一、〇〇二、〇〇	
		九八規元	一、〇七三、五〇	申公砝平	一、〇〇〇、〇〇	
	鎮江	二七鎮平（即五三漕平）	一、〇〇〇、〇〇	京公砝平	一、〇一五、四〇	除上海、漢口有直接行市外，餘均間接
				申公砝平	一、〇〇〇、〇四〇	
		二四鎮平	一、〇〇六、〇四	二七鎮平	一、〇〇〇、〇〇	

續 表

省名	地名	各種平砝相互比較率				匯欸關係地點
		平砝名稱	比較數目	與他平砝名稱	比較數目	
江蘇	鎮江	（五一鎮平）	一、○○ 二、○○	二七鎮平	一、○○ ○、○○	
		（五二鎮平）	一、○○ 一、○○	二七鎮平		
	揚州	揚曹平	一、○○ ○、○○	京公砝平	一、○一 二、六○	—
		鹽庫平	一、○○ ○、○○	揚曹平	一、○二 三、四○	
	清江浦	二五浦平	九九六、○五	京公砝平	一、○○ ○、○○	—
浙江	杭州	司庫平	一、○○ ○、○○	京公砝平	一、○三 六、○○	上海、寧波、蘇州、紹興均有直接行市，其餘各處均須由上海轉
				九八規元	一、○九 六、○○	
		市庫平	九九○、○○	司庫平	一、○○ ○、○○	
		杭平	一、○○ ○、○○	市庫平	九四○、○○	
		（漕平）	一、○○ ○、○○	市庫平	九七○、○○	
	湖州	漕平	一、○○ ○、○○	京公砝平	一、○一 五、二九	除上海可直接外，餘者須聽上海行市
		（庫平）	一、○○ ○、○○	漕平	一、○二 ○、四○	
	寧波	江平	—	—	—	
	紹興	紹寶紋平	—	—	—	除杭、甯波有直接行市外，餘均間接
安徽	蕪湖	蕪漕平	一、○○ ○、○○	京公砝平	一、○一 五、○○	除上海、漢口、鎮江有直接行市外，餘均間接
				申公砝平	一、○○ ○、○○	
湖北	漢口	估平	一、○一 七、○○	申公砝平	一、○○ ○、○○	上海、重慶、長沙、沙市等處均

111

续 表

省名	地名	各种平砝相互比较率				汇兑关系地点
		平砝名称	比较数目	与他平砝名称	比较数目	
湖北	汉口		一、〇〇 二、〇〇	京公砝平	一、〇〇 〇、〇〇	有直接开盘行市，余者听上海行市计算
		四四库平	一、〇〇 〇、〇〇	估平	一、〇四 四、〇〇	
		九八平九八兑	一、〇〇 〇、〇〇	估平	九七四、〇〇	
		盐库平	一、〇〇 〇、〇〇	估平	一、〇五 〇、〇〇	
		洋例银	一、〇〇 〇、〇〇	估平	九八〇、〇〇	
		（九八五平它纹）	—		—	
	沙市	沙平	一、〇〇 〇、〇〇	汉口估平	一、〇〇 二、〇〇	汉口、上海、重庆三处有直接行市
	宜昌	宜平	一、〇〇 〇、〇〇	京公砝平	九七二、〇〇	汉口、沙市有直接行市
		洋例	九九四、〇〇	宜平	一、〇〇 〇、〇〇	
湖南	长沙	长沙钱平	一、〇〇 二、〇〇	京公砝平	一、〇〇 〇、〇〇	—
			一、〇一 七、〇〇	申公砝平	一、〇〇 〇、〇〇	
		（三九库平）	一、〇〇 〇、〇〇	长沙钱平	一、〇三 九、〇〇	
		（四两库平）	一、〇〇 〇、〇〇	长沙钱平	一、〇四 〇、〇〇	
		（四二库平）	一、〇〇 〇、〇〇	长沙钱平	一、〇四 二、〇〇	除上海、汉口有直接行市外，余均间接
		（新湘平）	一、〇〇 〇、〇〇	长沙钱平	一、〇〇 〇、〇〇	
		（老湘平）	九九八、〇〇	长沙钱平	一、〇〇 〇、〇〇	
四川	重庆	九七平	一、〇〇 四、〇〇	京公砝平	一、〇〇 〇、〇〇	上海、汉口、沙市、成都、自流井、万县均属直接关系，余均间接
			一、〇一 九、〇〇	申公砝平	一、〇〇 〇、〇〇	

續 表

省名	地名	各種平砝相互比較率				匯欸關係地點
		平砝名稱	比較數目	與他平砝名稱	比較數目	
四川	重慶	錢平	一、〇〇〇、〇〇	九七平	九九八、〇〇	
		沙平	一、〇〇〇、〇〇	九七平	一、〇〇四、〇〇	
		關平	一、〇〇〇、〇〇	九七平	一、〇七〇、七五	
		（鹽平）	一、〇〇〇、〇〇	九七平	九九六、五〇	
		（廣貨平）	一、〇〇〇、〇〇	九七平	九九九、二〇	
		（貨平）	一、〇〇〇、〇〇	九七平	九九七、二〇	
		（常平）	一、〇〇〇、〇〇	九七平	一、〇二〇、一〇	
	成都	九七川平	一、〇〇四、〇〇	京公砝平	一、〇〇〇、〇〇	重慶、沙市、宜昌、瀘州、自流井等處均屬直接開盤
			一、〇一九、〇〇	申公砝平	一、〇〇〇、〇〇	
		川庫平	一、〇〇〇、〇〇	九七川平	一、〇四〇、四〇	
		鹽庫平	一、〇〇〇、〇〇	九七川平	一、〇四二、〇〇	
		渝錢平	一、〇〇〇、〇〇	九七川平	九九八、〇〇	
	瀘州	九七平	一、〇〇四、〇〇	京公砝平	一、〇〇〇、〇〇	重慶、成都、自流井、五通橋、萬縣等處均有直接行市
			一、〇一九、〇〇	申公砝平	一、〇〇〇、〇〇	
	萬縣	川九七平	一、〇〇四、〇〇	京公砝平	一、〇〇〇、〇〇	漢口、沙市、宜昌、重慶、成都等處均有直接行市
			一、〇〇〇、〇〇	申公砝平	九八一、〇〇	
		新沙平	一、〇〇〇、〇〇	川九七平	一、〇〇三、五〇	
		庫平	一、〇〇〇、〇〇	川九七平	一、〇四二、〇〇	

續　表

省名	地名	各種平砝相互比較率				匯兑關係地點
		平砝名稱	比較數目	與他平砝名稱	比較數目	
四川	自流井	九七平	一、〇〇 四、〇〇	京公砝平	一、〇〇 〇、〇〇	重慶有直接行市，其他須聽重慶行市轉計之
			一、〇一 九、〇〇	申公砝平	一、〇〇 〇、〇〇	
江西	南昌	九三八平	一、〇〇 〇、〇〇	京公砝平	一、〇〇 六、〇〇	除上海、漢口有直接行市外，餘均間接
			一、〇〇 九、〇〇	申公砝平	一、〇〇 〇、〇〇	
		庫平		九三八平	一、〇三 〇、〇〇	
福建	福州	台新議平	一、〇〇 〇、〇〇	京公砝平	一、〇〇 八、〇〇	除上海、香港有直接行市外，餘均間接
				申公砝平	九九三、〇〇	
		台二四庫平	一、〇〇 〇、〇〇	台新議平	一、〇二 四、〇〇	
		台二二庫平	一、〇〇 〇、〇〇	台新議平	一、〇二 二、〇〇	
		七一七洋平	一、〇〇 〇、〇〇	台新議平	一、〇三 三、〇〇	
		七四一六平	一、〇〇 〇、〇〇	台新議平	一、〇三 四、四〇	
		（城新議平）	一、〇〇 三、〇〇	台新議平	一、〇〇 〇、〇〇	
		（城二七庫平）	—	—	—	
		（台二五庫平）	—	—	—	
		（城二八庫平）	—	—	—	
廣東	廣州	九九七司馬平	九六五、五〇	京公砝平	一、〇〇 〇、〇〇	上海、香港係直接，餘均由上海間接
			九八〇、〇〇	申公砝平	一、〇〇 〇、〇〇	
		九九四平	一、〇〇 三、〇〇	九九七司馬平	一、〇〇 〇、〇〇	

第二編 現代貨幣/第一部 硬幣
第四章 銀兩

續 表

省名	地名	各種平砝相互比較率				匯欵關係地點
		平砝名稱	比較數目	與他平砝名稱	比較數目	
廣東	廣州	庫平	九九八、五〇	九九七司馬平	一、〇〇〇、〇〇	
	汕頭	九九三五直平	九七〇、〇八	京公砝平	一、〇〇〇、〇〇	上海、香港有直接行市
			九八四、六三	申公砝平	一、〇〇〇、〇〇	
	江門	九九八司馬平	—	—	—	省城、香港等均有直接關係
貴州	貴陽	公估平	一、〇〇〇、〇〇	京公砝平	一、〇〇八、〇〇	重慶、漢口均直接開盤
				申公砝平	九九三、〇〇	
		貴平	一、〇〇〇、〇〇	公估平	九九三、〇〇	
奉天	營口	營平	九九九、五〇	京公砝平	一、〇〇〇、〇〇	上海、天津、錦州、烟台、奉天等處均有直接行市
			一、〇〇〇、〇〇	申公砝平	九八五、七二	
		庫平	一、〇〇〇、〇〇	營平	一、〇三五、五〇	
		爐銀	一錠	奉票	七十五元至八十一元	
	瀋陽	瀋平	一、〇〇一、五〇	京公砝平	一、〇〇〇、〇〇	除上海有直接行市外，餘均間接
			一、〇一六、五〇	申公砝平	一、〇〇〇、〇〇	
		庫平	一、〇〇〇、〇〇	瀋平	一、〇四〇、〇〇	
	安東	鎮平	一、〇〇〇、〇〇	京公砝平	一、〇一一、五〇	除上海、烟台、天津有直接行市外，餘均間接
			一、〇一三、五〇	申公砝平	一、〇〇〇、〇〇	
		關平	一、〇〇〇、〇〇	鎮平	一、〇八五、〇〇	
	遼源	瀋平	一、〇〇〇、〇〇	營口營平	九九八、〇〇	惟營口有直接行市

115

續　表

省名	地名	各種平砝相互比較率				匯欵關係地點
		平砝名稱	比較數目	與他平砝名稱	比較數目	
吉林	吉林	吉市平	一、〇〇〇、〇〇	京公砝平	九九五、五〇	惟上海有直接行市
				申公砝平	九八〇、八〇	
	長春	寬平	一〇〇六、四〇	京公砝平	一、〇〇〇、〇〇	除上海有直接行市外，餘均間接
			一、〇二一、四〇	申公砝平	一、〇〇	
黑龍江	黑龍江	江市平	一、〇〇〇、〇〇	京公砝平	一、〇〇四、〇〇	哈爾濱、長春、奉天三處雖可直接收交，然祇限於小洋、羌帖兩種，其他均無行市
			一、〇一一、二〇	申公砝平	一、〇〇	
		（三二庫平）	一、〇〇〇、〇〇	江市平	一、〇三二、〇〇	
察哈爾	豐鎮	豐市平	一、〇〇〇、〇〇	京公砝平	一、〇三三、〇〇	與外埠均無開盤行市

備考：表中各種平砝名稱上下附有括弧者為不甚通行平砝。

上表所列平砝種類百七十餘種，然尚多遺漏。如雲南、甘肅、廣西、新疆四省，全付缺如。其他各省或自銀元通行後，所用平色，早歸消滅者有之；或尚未調查完全者有之。若全數列入，吾恐當倍於此數也。

第五章　制錢

本章記述之主旨，在補誌第一編歷代泉幣沿革中所未叙各項。但在清以前，其制多不詳，茲從略。清以後，其情形亦極複雜，爰撮其要者數端，分述於下。

第一節　制錢之成分

清初，制錢之成分，無詳確之規定。至康熙二十三年，始定銅六鉛四配合鑄造，自是銅錢之品質，逐漸劃一。雍正五年，改為銅鉛各半。至乾隆時，因改鑄青錢，定為紫銅五十、白鉛四一・五、黑鉛六・五、點錫二。嘉慶時，則用紫銅五二、白鉛四一・五、黑鉛六・五。然各省所鑄，亦非盡依此制，其間自難免各有參差不齊，加以各地私鑄充斥，其品質之紛亂，則更難枚舉矣。

第二節　制錢之鑄額

順治初年，大約年鑄總額為二百萬緡。至十七年，以鑄數過多，減至二十八萬緡。嗣後數十年間，每年鑄造總額，皆在三四十萬緡。至雍正五年，始復增至七十餘萬緡，九年百餘萬緡。嘉慶五年，全國鑄造總額為二百零五萬緡。道光十一年，部定各省鑄數，仍照舊日規定。咸同以後，銅價飛漲，各省開爐鼓鑄數目，莫由稽考。茲將清代累年鑄造額，列表如下，藉資參考。

清朝歷代累年鑄造額表[1]（單位個）

年代		鑄造額
順治	元年	七一、六六三、九〇〇
	二年	四四三、七五一、七六〇
	三年	六二四、八二三、九六〇
	四年	一、三三三、三八四、一九四
	五年	一、四四九、四九四、一九四
	六年	一、六八二、四二四、二〇〇
	七年	二、〇九七、六三二、八五〇
	八年	二、五二一、六六三、七四〇
	九年	二、四八八、五四四、四六〇
	一二年	二、四一三、八七八、〇八〇
	一七年	二八〇、三九四、二八〇
	一八年	二九一、五八四、六〇〇
康熙	五年	二九五、八七九、八〇〇
	一〇年	二九〇、四七五、八三〇
	一五年	二三一、三六五、三六〇
	二〇年	二三一、三九八、六〇〇
	二五年	二八九、九三六、七〇〇
	三〇年	二八九、九二五、四〇〇
	三五年	二三七、〇六三、〇五〇
	四〇年	二三八、〇六五、八〇〇
	四五年	三三八、〇七五、八〇〇
	五〇年	三七四、九三三、四〇〇
	五六年	三九九、一六七、三〇〇
	六〇年	四三七、三二五、八〇〇
雍正	元年	四九九、二〇〇
	四年	六七五、一六〇
	五年	七二三、五二八、〇〇〇
	六年	七四六、三〇四、〇〇〇
	八年	七五七、八六五、〇〇〇
	九年	一、〇四八、七五九、六六〇

[1] 本表僅列了清初至雍正年間鑄造數額。——編者註

嘉慶五年戶部制定各省每年鑄造額表（單位串）

省別	鑄造額
北京	八九九、八五六
直隸	六〇、六六六
江蘇	一一一、八〇四
江西	四一、九二八
浙江	一二九、六〇〇
湖北	八四、〇〇〇
陝西	八七、三六〇
陝西附加	四三、二〇四
四川	一七九、二五九
四川附加	一四、八六八
廣西	二四、〇〇〇
雲南	九四、八六〇
雲南附加	八四、九二四
貴州	九四、八六〇
山西	一七、四七二
湖南	四七、八八〇
伊犂	一、一二二
廣東	三四、五六〇
合計	二、〇五二、二一九

　　各省銅錢鑄造之多寡，皆準地方需要之強弱，以為比例。全國銅錢之大半，多制之於北京，而各省則浙江以須使用於茶與絲絹之貿易，江蘇以須供給安徽，四川以人口多而農業盛，湖北以茶業甚旺，陝西以有甘肅之尾閭，故其所制銅錢為數較多；廣東貿易雖大，而所用者多銀元，故不若各省鑄錢之多。

第三節　制錢之計算法

　　制錢之一般計算法，均係採用十進之制。例如，銅錢一個謂之一文；百個謂之一百文；千個謂之一串，或謂之一貫，又或謂之一吊，吊以上則有十、百、千、萬吊等名目。然社會往往不依此計算，而別為之制。如直隸一帶，以一百文謂之一吊；東三省方面，以一百六十文謂之一吊。其餘各地，則有所謂五百文為一吊、四百八十文為一吊等，各隨其地而異，隨俗而變，而無確定之標準可言也。茲將全國各地制錢每吊枚數及名稱，列表於下。

全國各地制錢每吊枚數及名稱表

九九八文作一吊行使謂之九九八錢		南邊
九九七文	九九七錢	安徽屯溪
九九六文	九九六錢	長沙、岳州
九九五文	九九五錢	江西清江
九九四文	九九四錢	山西
九九〇文	九九錢	
九八六文	九八六錢	安徽歙縣
九八四文	九八四錢	重慶
九八〇文	九八錢	長江一帶最為通行
九七四文	九七四錢	九江、蕪湖
九七〇文	九七錢	湖北
九六〇文	九六錢	豐鎮
九五〇文	九五錢	南昌
九〇〇文	九扣錢	宜春
八八〇文	八八錢	豐鎮之西北地方
八二〇文	八二錢	太原
七二〇文	七二錢	龍駒寨
七〇〇文	七扣錢	陝西
五〇〇文	中錢	直隸、山東、吉林
四九四文		長春
四八〇文		
三三〇文		直隸懷來
三二〇文		張家口
一六〇文	小錢	東三省
一〇〇文	小錢	京兆、直隸
一〇〇〇文	滿錢	

第四節　制錢之種類

　　制錢原定為官鑄，私鑄或私毀者，皆以重罪論。然實則私鑄者，仍不絕也。咸同以後，此風尤熾。加以官鑄之錢，有古錢今錢之別。今錢之中，又有各朝之錢，輕重不等。以致市面行使，紛亂已極。吾人所知者，官鑄有樣錢、制錢（北京官局鑄出之錢）、白錢（各省官局鑄出之錢）（色稍帶白）等各種，皆形大色美。私鑄則有所謂沙壳、風皮、魚眼、老砂板、毛錢、灰板、鵝眼、水浮等名目，蓋皆薄而小，雜以土、砂、銅、鉛、錫而鑄造者也。人皆夾此小錢於制錢中以充用，而錢之市價。錢之名稱，亦因此私錢混夾之多少，而大分別，曰大錢（盡制錢也）、曰清錢、曰毛錢（同上種）、曰一九錢（千中夾百個私錢）、曰二八錢（千中制錢九百私錢一百）、曰三七錢（千中私錢二百）、曰四六錢、曰對開錢、曰到四六錢（皆視私錢之多少而別者也）、曰卡錢（悉制錢納稅厘之用者也）、曰典錢、曰冲頭（大錢當舖中所用者）、曰衣牌（百中私錢五六個）、曰醬錢（衣服店用）、曰紅錢（醬油商用）、曰青菓錢（皆大錢）、曰當頭砲（形其兩頭尖小也）（每串兩頭夾小錢兩三個）以上所舉者，固不各地盡同。然其紊亂之甚，可想而知矣。

第五節　制錢之銷滅

　　自清末創鑄銅元以代制錢，民間便之。而當局亦以銅元鑄費不及制錢之昂，有利可圖，乃令各省大鑄銅元。於是制錢用者益少，民間多有收買而鎔燬之者。至民國二三年時，制錢之重量較好者，如順治、康熙、雍正、乾隆錢等，交通便利之區，已不可多見。市面所流通者，唯有道光、同治、光緒之私鑄小錢及沙錢等數種。民國四年以後，銅價暴漲，銷燬之風尤熾。迨及今日，則除油鹽雜貨等小商店中，用以找尾數，及窮鄉僻壤之區，仍有少數通行外，幾無有用之者矣。

第六章　金幣

第一節　用金之由來

虞夏商之幣，金為三品：或黃、或白、或赤。又以其至之難，名之曰中幣。周制黃金寸重一斤。□□□，❶則以鎰計。《孟子》：王餽兼金一百，於宋餽七十鎰，於薛餽五十鎰。《文獻通考‧錢幣制》：秦兼天下，幣為二等：黃金鎰名為上幣，注□□□謹□周制以斤□。❷黃金每斤直錢萬。武帝曾定幣為三等，以金為上幣。王莽❸慕周制，母子相權，黃金幣亦一斤直錢萬，是時賞賜動言黃金萬千斤，漢文帝賜周勃至五千斤；宣帝賜霍光至七千斤；而武帝以公主妻欒大，至齎金萬斤；衛青出塞，斬捕首虜之士，受賜黃金二十餘萬斤；梁孝王薨，藏府餘黃金四十餘萬斤；館陶公主近牵董偃令，中府曰：董君所發一日金滿百斤，錢滿百萬，帛滿千匹，乃白之王莽。禁列侯以下，不得挾黃金輸御府至直。至其將敗，省中黃金萬斤者為一匱，尚有六十匱，黃門鈞盾藏府中尚方處，處各有數匱。而《後漢‧光武紀》言：王莽末，天下旱蝗，黃金一斤，易粟一斛，是民間亦未嘗無黃金也。董卓死，塢中有金二三萬斤，銀八九萬斤。昭烈得益州，賜諸葛亮、法正、關羽、張飛金各五百斤，銀千斤。《南齊書‧蕭穎冑傳》：長沙寺僧業富沃，鑄黃金為龍，數千兩埋土中、歷相傳付，稱為下方黃鐵，莫有見者，穎冑起兵，乃取此龍，以充軍實。《梁書武‧陵王紀傳》：黃金一斤為餅，百餅為篋，至有百篋，銀五倍之。自此以後，則罕見於史。《尚書疏》：漢魏贖罪，皆用黃金。後魏以金難得，令金一兩，收絹十匹，今律乃贖銅漢金之富溢，萬國罕比。蓋承周世，大開金礦，產金多溢，故有此也。六朝至唐宋明，乃反退化，以銅錢為主幣，而助之以絹。金銀為器飾，不以為幣，遂至于今。蓋礦不多開，而六朝隋唐間，金又大糜于佛像裝飾。夫金之產額既艱而少，又不開採，而虛糜之。金之乏盡而價昂，自然之數也。

---

❶ 蓋言周朝後時期。——編者註
❷ 蓋言西漢時期黃金制度。——編者註
❸ "莽"，當爲"莽"。——編者註

第二節　金幣之鑄造

　　自十九世紀中葉以後，各國競採金本位制以來，吾國亦深知此制度為世界潮流所趨，莫可逆抗，非急先採用，恐不足以彌補其間之損失。惟苦無善策，以渡此銀本位而達於金本位也。民國成立以來，雖屢屢欲試，終未見實行者，誠恐其失敗耳。又在吾國近年來，鑄成之金幣，雖不為一般社會所通用，然足為歷史上所紀念者，亦不乏其例也。清光緒丙午、丁未年間，有金幣計重一兩。民國成立以來，袁氏洪憲年間，曾鑄十圓金幣，又有自五元起至二十元止三種。民國八年間，滇督唐繼堯亦曾鑄之，有五元、十元兩種。當十元者重二錢餘，大如二角小銀圓；當五元者半之，一面鐫唐氏像，一面鑄國旗軍旗，並有擁護共和紀念金幣及當幾元字樣。十二年，曹氏當選總統，亦鑄有金質紀念幣，每枚重量庫平四錢二分，成色金九銅一，陽面鑄有曹氏像，陰面刊有憲法成立紀念六字云云。

第二部　紙幣

　　吾國之紙幣，如宋之交子會，元之交鈔、寶鈔，明之大明寶鈔，清順治之鈔貫，暨咸豐時之寶錢，凡此皆國家紙幣也。咸豐時又有銀錢鈔票，於京城內外招商設立官銀錢號，以為收放匯兌之機關，則其性質，遂類似銀行券矣。逮光緒中葉，各外國銀行，先後設立於通商大埠，發行鈔票。我國市場，始見有銀行券之踪跡。一般商民感其信用健全，攜取輕便，羣相樂用，故市場流行極為暢達。當時朝野上下，鑒於發行紙幣之利益，及慨乎利權之旁落，亟思所以挽回之法，於光緒二十三年，遂由中國通商銀行之開辦，援照各外國銀行辦法，發行鈔票，是為吾國近代銀行發行兌換券之嚆矢。迨光緒三十一年，戶部銀行設立，發行戶部銀行鈔票。而各省所設之官銀錢局，亦各自發行銀兩銀錢等票，通行市面。自是我國有發行鈔票之銀錢行號，逐漸增加矣。查現今銀行兌換券之發行，綜計可分為六大類：一為中央銀行發行之兌換券，則例特許發行者。二為特種銀行，經政府特許發行兌換券，規定於該銀行條例內者。三為普通商業銀行，經財政部核准有案，准許發行兌換券者。四為一般地方銀行，經財政部先後核准有發行兌換券權者。五為中外合辦銀行，經政府特許發行兌換券者。六為在華各外國銀行。所發行之兌換券，茲將上述次序，逐一述明於后。

第七章　中央銀行發行之鈔券

第一節　戶部銀行

　　清光緒三十年春正月，財政處戶部奏請由部試辦銀行，略謂此次鑄造銀幣宗旨，在整齊幣制，廣為推行，收回向用生銀，漸次改鑄，以及行用紙幣，鑄造金磅。此中轉運關鍵，自以部庫之出納為本源，而尤須設有銀行，為之操縱維持，始能暢行無阻等語。旋又奏稱外國發行紙幣，為國家銀行獨得之權，誠信素孚，故入其國境，市中所見，無非銀行之紙幣，商民信用勝於金銀現幣，取其輕賫便易。中國官商，平素情性隔閡，且因從前之鈔票，近年之昭信股票，辦理不善，失信於民，更不敢與官交易。銀行甫設，又勢難遽禁商號出票。官中行用紙幣，恐一時未能取信商民，必須極力設法，昭示大信等語。並擬訂章程三十二條，得旨依議。茲節錄有關紙幣之各條於下。

　　第二十條　本行擬印紙幣，分庫平銀一百兩、五十兩、十兩、五兩、一兩五種，通行銀圓票亦如之。此外因便商民起見，亦可出市面通用平色及百兩以上銀兩等票，以及各種票據。

　　第二十一條　本行分設省分，即為本行權力所及之處。凡本行紙幣，公私出入欸項，均准一律通用；應繳一切庫款官款，均准以此紙幣照繳，或全用或搭用，與現銀無異。各該省如有解部款項，並准一體解兌。如有官吏商民人等，故意挑剔折扣者，京師稟知財政處戶部，外省稟知該省督撫，從嚴參辦。

第二十二條　戶部出入款項，均可由本行辦理。凡有可以票幣收發者，均須用本行紙幣，其他商號之票，不得攙用。

第二十三條　有持本行紙幣，至總行分行兌換現銀者，均即登時兌給，不得稍有遲延。凡紙幣通行各省，兌換數目，均照滙豐等銀行折算章程辦理。

以上各條，關於紙幣之規定，頗多疏闊。至光緒三十一年三月，戶部奏議覆給事中彭述請行鈔票片內，對於發行紙幣情形，所陳各辦法，極為詳明。茲節錄知下：略謂理財之道，求其事易而效速者，惟行鈔票為最宜。今戶部議設銀行，銀行之利，全恃鈔票流通。應由戶部製備鈔票，定期行用，酌給銀行若干。嗣後部庫及內務府各衙門，一切出納，除未積成兩之奇零用銀無幾外，均用鈔票。領票者可隨時向銀行換銀，交款者必先時向銀行易票，周轉流通，商民自然樂用。在銀行以商家辦事，平色稍有不公。人皆可以爭論，不至受官吏之欺壓。在部庫則收放皆票，事歸簡易，堂司可親自點驗，吏胥無從上下其手。至於經久無弊，則在出票必有限制。西人言計學者，以儲銀得票之二成為足敷兌換。惟中國當民信未孚之日，未可遽涉虛浮，必須開辦之初，估計庫款實儲若干，製票即如其數。俟票已暢行，再酌量漸增，多於現儲之銀一倍二倍而止，仍隨時考察市面銀根之盈絀而衰益之。其民間之私票，不必遽禁，俟官票通行，即無私票，亦足以資周轉，自應量加限制，可仿印花稅之法，凡商民出私票者，必黏印花，課以值百抽幾之稅。惟製票應由戶部慎選工匠，嚴密監造。聞各省在外洋製票及印花，頗有偽造，不可不防等因。光緒三十一年二月十八日奉旨戶部議奏欽此，由軍機處鈔交前來，臣等查銀行為財政之樞紐，而紙幣又為銀行之樞紐。各國銀行之設，平時發行紙幣，收集金銀現欵。遇有緩急，則本其紙幣之信用，為國家發行公債票。而復以所集現欸，首先認購，以為商民之倡。大致銀行通例，按照紙幣數目，至少須儲現欸十分之三，其餘即以所購公債票，及各項產業為抵，是以帑項可得周轉之益，而兌換亦無匱乏之虞。臣部上年三月間，奏定試辦銀行章程，本有發行紙幣之條。今該給事中請行鈔票，核其所陳辦法，如一切出納均用鈔票，領票者可向銀行換銀。交欸者先向銀行易票，及估計庫欸實儲，製票酌量漸增，至多於現銀一倍二倍而止等語，均與臣部擬議者大略相同，自應存之以備參攷。至所擬由臣部自行製票一節，臣等亦經議辦。惟購買機器，選募工匠，非遲之年餘，不能集事。銀行急須開設，勢難久待。查北洋官報局，備有印刷機器，所印票紙，頗極精良。且係中國官局，與向外洋定製不同。現已飭該銀行總辦等。與該局妥訂合同，俾先製備應用，俟臣部購機設廠後，再行自製，以期迅速而便通行等語。本日奉旨依議。

三十一年七月，奏明在京師、天津、上海三處，先行開辦。於是年九月，先在北京發行鈔票。三十四年正月，度支部奏改戶部銀行為大清銀行，試辦章程因是遂廢。是年七月初一日，總分各行一律更換大清銀行之名稱。是年六月，呈報度支部文內謂，至行使之銀票銀元票，前經印齊，市面行用甚多，一時未能印出新票，擬暫准照舊行使，一使新票鑄齊，再行逐漸收回，以期劃一而昭信用等語，此為戶部銀行發行鈔券之經過情形也。

第二節　大清銀行

光緒三十四年度支部奏定大清銀行則例二十四條，內第五條載大清銀行有代國家發行紙幣之權，但須遵守兌換紙幣則例。則例未頒以前，准暫發行市面通用銀票等語。宣統元年七月，規定現行詳細章程四十條。內第三十三條載，除仍照試辦章程，暫行庫平銀兩票，通用銀元票外，並可出市面通用平色銀兩票。三十四條載，本行鈔票，公私出入，一律通用。三十六條載，凡持本行票來行兌現者，登時兌給，不得稍有遲延。其有持此行之票，至彼行兌換者，幣制未經劃一以前，均須按當日行市兌給等語。至二年五月，度支部奏定兌換紙幣則例。發行兌換，統歸大清銀行管理，以圖紙幣之統一。旋以國體改變，終未見諸實行也。

第一項　紙幣之種類

大清銀行根據有發行紙幣之權，發行各種鈔票。其種類大別為三：（一）銀兩票，（二）銀圓票，（三）錢票，是也。又以當時幣制紛紜不一，銀兩之平色、銀圓之種類，各地方至不相同，大清銀行之紙幣，遂亦隨總分行所在地之習慣而變通之，其銀圓票註明某處通用銀圓數字於其上者，即係某處通用之大銀圓。營口、奉天、長春、太原等處，習用小銀圓，以角計算，而營口、奉天、長春、太原等總分行之銀圓票，即註明若干角或小毫數字。福州、廈門等處，習用番銀，而福州分行之銀圓票，即註明每圓照番銀七錢兌換數字。廣東習用毫銀，而廣州分行之銀圓票，即註明直平七兌洋數字。至於銀兩票為某行發行者，亦即註明某行所在地之平色，以區別之。是故總辦事務處，特於所備各紙幣之外，另製一種空白之票，名曰特字票。凡各行偶有特別新樣，不能行用印成紙幣之處，即以此特字票填寫發行。合總分各行而計之，種類之多，乃達百數。至於錢票，則北京阜通、東南兩號成立之後，即已發行。濟南分行亦發行錢票，以濟錢荒。其他各行，未有發行錢票者。

第二項　紙幣之印造

初光緒三十二年四月，大清銀行委託商務印書館印造紙幣。商務印書館乃選匠至北京總行印造，總行亦派員監查。冬十月印成銀兩票、銀圓票各若干。而銀圓票惟印一圓、五圓、十圓三種，自是各行發行之紙幣皆取給焉。宣統元年，委託美國紙幣公司印造鋼板銀圓票一百萬張，分為一圓、五圓、十圓、五十圓、百圓五種，合為銀圓一千萬圓。三年三月呈准度支部，以美印銀圓票料細工精，既難磨毀，又不便於作偽，乃加每圓付十角之章於其上，均由營口、奉天、長春等分行發行。其先三分行發行之小銀圓票，係以特字票填寫者，即由三分行以美印銀圓票易之。是年復委託美國紙幣公司印造銀圓票若干，其數未詳，而大清銀行亦未行使也。

第三項　紙幣之推行

光緒三十二年秋八月，總辦張允言呈請度支部，飭庫出入款項搭用大清銀行紙幣，以為北京推行之倡。度支部允之，其文曰：

（上略）竊查奏定銀行章程第二十二條，內載戶部出入款項，均可由本行辦理。凡有可用票幣收發者，均須用本行紙幣，其他商號之票，不得攙用云云。誠以中央銀行為戶部出納之樞紐，而發行紙幣為銀行應有之特權。所以東西各國，戶部之與銀行，有息息相關，互相維繫之理。現在我行初開，正在試辦發行通用銀兩票銀元票之時，商民漸知信用銀行程度，略有萌芽。當此之時，全賴大部維持保護，銀行方有發達之日。嗣後凡遇銀行解部款項，及部庫發放款項之時，應請飭知大庫，准其搭放本行紙幣，以符奏章，則部

款更可流通，銀行信用，愈為昭著，於國家財政，不無裨益。（下略）

又三十四年四月，監督張允言復請度支部推行紙幣於各省。度支部亦允之，其文曰：

（上略）竊銀行於光緒三十二年四月間，呈明遵照奏章第二十二條，印造銀兩並通用銀圓票，以收利權等因，業蒙批示在案。又查奏定章程第二十一條，本行分設省分，即為本行權利所及之處。凡本行紙幣，公私款項，均准一律通用。應繳一切庫款官款，均准以此紙幣照繳，或全用或搭用，與現銀無異。各省如有解部款項，並准一體解兌。如有官吏商民人等，故意挑剔折扣者，京師准其禀部，外省禀知該督撫，從嚴參辦等因。現在本行所印一圓、五圓、十圓銀圓票，近來各省次第發行，頗能信用。查幣制尚未議定，本行印行之銀圓各票，原不過暫行通用，取便商民。惟奏章既有本行銀兩等票，公私款項均准通用一條。且各省官銀錢號所出各票，皆可以之兌交官款，則國家銀行之票，自不應有所歧視，仰懇鈞部奏明咨行已設有分行省分，通飭曉諭。凡有以本行銀兩、銀圓等票，交納稅釐、錢糧、各項官款者，驗明無偽，均可照章一體收用。該處如有應滙部款，亦可持往該處分行，照章收受解部，以符原奏，而利推行。（下略）

第四項　紙幣之兌換

大清銀行之紙幣，其為某行發行者，即在某行兌換現銀。雖與票面之數無所出入，顧其紙幣既隨各行所在地之習慣而有不同。故凡持甲行紙幣至乙行兌換現銀者，乙行必按當時匯水市價而伸縮之，否則不予兌換，此大清銀行之常例也。營口、奉天、長春三分行，立有互相兌換紙幣之約，凡持營口分行發行之銀圓票，至奉天或長春兩分行兌換者，不收匯水，即予現銀。其持奉天或長春分行發行之銀圓票，至營口分行兌換者亦如之，此則大清銀行之變例也。

宣統二年五月十六日，度支部奏定兌換紙幣則例。發行兌換，統歸大清銀行管理，以圖紙幣之統一，但未果行。茲節錄其摺奏及則例十九條於下。

（上略）發行紙幣，固屬國家特權，而政府要不可自為經理。近世東西各國，大都委之中央銀行，獨司其事，誠以紙幣關繫重要。倘發行之機關不一，勢必漫無限制，充斥市面，物價因之奇昂，商務遂以不振，貽害於國計民生，何堪設想。現擬將此項紙幣，一切兌換發行之事，統歸大清銀行管理。無論何項官商行號，概不准擅自發行，必使紙票於紛紜雜出之時，而立收集權中央之效，此其要義一也。紙幣發行總數，查東西各國，除法、美兩國外，大率無法律明文預定發行數目，誠恐事變無常，需要之範圍亦有所伸縮。中國事同一律，其在平時，自應以準備數目為發行數目，一遇銀根奇緊，需要較多，即由銀行體察市情，酌量增發。其應如何明示限制之處，屆時由部核定，以資遵守，必使銀行任接濟市面之責，而仍不准有任意濫發之弊，此其要義二也。紙幣之流通，全恃兌換以維信用，倘聽其肆意發行，毫無準備，萬一變生不測，市面恐慌，兌現者紛至沓來，危險殊難言狀。查各國紙幣條例，規定綦詳，而於準備金尤為最嚴之監察。中國發行紙幣，事屬創圖，萬不可稍涉空虛，致失國家信用。現擬於現欵準備以外，概以有價証券作為担保，必使銀行於孳生利息之中，而仍不失保全信用之道，此其要義三也。發行機關，既以委之銀行，則酌收稅銀，亦屬國家應得之利益。惟收稅之法，考諸各國，不外發行稅餘利稅二種，揆之中國情勢，民力旣瘠，利率復昂。倘更按發行數以徵稅銀，則銀行必以借貸為難，恐不免於農工商業多所阻碍。應請於紙幣發行之次年起，視銀行所得餘利，按年徵收若干，並以稅率分作三期遞進，必使銀行於稅額增長之時，而仍不覺義務負擔之重，此其要義四也。（下略）

兌換紙幣則例

一、兌換紙幣，照《大清銀行則例》第五條，由大清銀行發行，名為大清銀行兌換券，可在大清銀行照數兌換國幣。

二、紙幣之種類為一圓、五圓、十圓、百圓四種，其各種發行數目，及以後添加種類，應由大清銀行呈請度支部核准。

三、大清銀行，應照發行紙幣數目，常時存儲五成現欵，以備兌換。其餘亦須有確實之有價証券為準備。

前項所稱現欵，除國幣外，得存儲生金銀與現時通用之別項金銀錢，以作準備。惟總值不得過現欵準備之半，當公債票為各項有價証券尚未發達之時，大清銀行照發行紙幣數目，存儲五成現欵外，其餘五成準備，得合有價証券及資本公積併算。

大清銀行除紙幣準備金外，應按照來往存欵，與二月以下之短期存欵數目，另存二成半現銀，以為支付準備。

四、大清銀行應在總分行內，另行分科，專辦紙幣準備金與幣制事宜。

五、凡官欵出入，及一切商民交易，紙幣應與國幣一律行使，不得有貼水折減情事，違者按國幣則例第二十三條從嚴處治。

六、凡遇市面緊迫，大清銀行得於第三條發行額以外，添發紙幣。惟必須呈明度支部核准，并照額外發行數目，按年納稅百分之六，或由度支部臨時酌定稅率。如遇市面紙幣過於需要之數，應飭大清銀行酌量收回。

七、凡持有紙幣者，得向大清銀行總行或分行於營業時刻內，隨時兌換。但在分行分號兌換大宗紙幣，其準備金須由總行或附近之大分行運到者，得計程酌展兌換之期。大清銀行總行在北京。大分行一在天津，一在上海，一在漢口，一在廣州，一在成都，一在奉天。

新幣尚未鑄造足用時，或在新幣未經流通之處，有以紙幣向大清銀行兌換現款者，該行得照國幣則例第十三條，以國幣一圓五角合庫平足銀一兩，再合該處通用銀圓銀兩付給。

八、新幣發行之際，凡持通行銀圓銀兩兌換紙幣者，應照國幣則例第十三條，折合國幣，即照國幣數付給紙幣。

九、大清銀行，應每日將收發、存留、流通各項紙幣數目，及準備金數目，製為簡表，並於每星期、每月、每季、每年編製各種平均總表，呈報度支部查核。並將每星期六日流通紙幣總數及準備金數目，刊登官報。

十、大清銀行監理官，得監察銀行發行紙幣事項，應隨時檢查各項出入帳簿表冊及準備現金等項，開單呈報度支部查核。

十一、紙幣行用雖小有破裂，或破裂數片，合成尚可辨認，或泥污水濕，字書、號碼、數目、花紋尚可辨認，而其正中圓數字樣全存。四角圓數字樣，損去一個，及左右圖章，左右號碼，四個中損去一個者，由大清銀行驗明，即照全數兌換。又正中圓數字樣損去一半，而四角圓數字樣、左右圖章、左右號碼全存者，亦應照全數兌換。

十二、紙幣行用，或縱、或橫、或斜損去半幅，而正中圓數字樣尚存一半，四角圓數字樣仍存兩個，左右圖章、左右號碼俱各存一個者，應照半數兌換。

十三、紙幣行用，如四角圓數、左右圖章、左右號碼全存，而正中之圓數字樣不可認者，或正中圓數字樣全存，而四角圓數字樣、左右圖章、左右號碼不可認者，應不予兌換。

十四、偽造、變造紙幣或仿造紙幣所用特別紙張者，俱以偽造國幣論，依刑律從嚴懲治。凡紙幣行偽案情，俱以故意論。如欲辨白，須由被告人取具確實證據。

十五、凡行用紙幣者，不准故意污損紙幣，及註寫各種文字符號於上。

十六、紙幣因行使以致污染毀損，難以通用，持向大清銀行交換者，不取印刷紙料費。

十七、大清銀行既管理發行紙幣事項，應於發行後，從次年正月始，每年將總餘利，除去常年官利六厘外，按成數分三期納稅。以發行年分後五年為第一期，每年繳納七厘。第六年起為第二期，每年繳納二成。至公積與資本相等時，為第三期，每年繳納三成。

十八、凡紙幣之收發、交換及銷號等項，另訂詳細章程辦理。

十九、本則例俟發行紙幣後，如有應行增改之處，當由度支部隨時斟酌情形，奏明辦理。

第五項　政府對於紙幣之監督

光緒三十四年十二月，度支部奏請稽查全國紙幣。詔可之。宣統元年正月，即先令大清銀行呈報紙幣情形。二月監督張允言具文呈覆如下。

（上略）前奉鈞劄，以本部銀行將來有發行紙幣之特權，屆時當另訂專章，以資遵守。現時總分各行所發通用銀錢票，與尋常官商所發無異，應首先遵照奏案，將發出紙票總數若干，準備金數目若干，限本月內一律報部。嗣後按月開報之期，不得遲至次月初十以後，以便稽查。阜通、東南二號，有無發行銀圓銀兩票情事，一併查覆等因。查本行經協理合同，內載凡行用銀錢票，至少須存備抵現款五成，其餘就本地短期生息，無論多寡，不能提作他用等語。此項合同底稿，曾經呈明，是於票存準備，本極注重。且上年業將各行每旬庫存及發行紙幣確數，分別開單送交監理官備查。現復遵照通知各行，按旬多開清單一份，以備送部。惟各行距京遠近不一，如庫倫、重慶等處，尤為邊遠，恐寄到較遲，屆時當隨到隨送。（中略）至阜通、東南兩號，向未發行銀圓票，雖曾出有填寫之銀兩票，實因京中各錢鋪無不開寫此項銀票。該兩號旣同係錢鋪性質，自不能不隨同照辦，以資周轉。但所發之票，亦係照章按五成準備，以示限制，仍當時時監察，以昭慎重。（下略）

第六項　紙幣發行之數目

大清銀行紙幣，雖分銀兩票、銀圓票、錢票三種，而各分行歷年發行數目之報告，僅列銀兩、銀圓兩種。而於濟南分行及北京阜通、東南兩號，發行之錢票，則概未列入。茲將總分各行發行各種銀兩銀圓票之數，列為附表一❶。

---

❶ 即紙幣發行數目比較表。——編者註

第七項　紙幣發行之準備

光緒三十四年十一月，監督張允言，呈請度支部，擬向造幣廠隨時附鑄銀圓，以為發行紙幣之準備。度支部允之，其文曰：

（上略）查銀圓鈔票，現經發行使用，即須多購銀圓以為準備。惟刻下銀圓價值正漲，且買大宗，頗不易得，難免抬價居奇，有碍市面。前經商請北洋、湖北兩分廠代造，亦正為難。現在各行銀圓票用出漸多，亟宜預為籌備。擬請鈞部准向造幣總廠，仿照各省分廠代商附鑄銀圓章程，隨時定鑄通用銀圓若干，俾資應付鈔票之用。（下略）

宣統元年九月，總辦事務處通告各行，應按定章以五成現銀為紙幣發行數目之準備。其通告之文如下：

（上略）本行發行銀票，向須有五成準備現金存庫，本為穩固起見，轉瞬推行紙幣，尤須恪守定章，始昭信用。乃各行所填準備金表，其合格者固不止一處，而準備或不足額，或以現銀存各家爐房，即作為準備金者，亦不僅一行，殊與定章不合。現值市面奇緊，尤應思患預防，嗣後各行庫存，務須按照紙幣流行市面數目，以五成現銀存庫以資兌現。

此外商號銀票、鈔票、據條及爐房浮存銀兩，均不得作為準備，特此專達，即祈查照辦理。（下略）

三年閏六月，國幣科釐訂準備金數目表格式，通告各行，依樣填入。并附說明三事。茲錄通告之文說明於后。

本行現當力求整頓之際，所有舊發銀兩、銀圓等票，將來即係紙幣基礎，必須實行準備，惟持信用，方足以利通行。查閱各行，每月所造發行準備數目表，其中多有誤會意義，不合格式之處，當此改章伊始，不能不切實聲明。今由總行塡列格式，幷將重要各節，逐一說明，函達尊處。凡我同人，其共勉旃。

（一）紙幣之準備，所以備外間兌現之用，理應存儲行中，不輕提用。與營業各款，隨時出入者顯有不同，而各行列表所塡準備金，即係是日庫存數目，委係誤會準備金本意。查部定則例，本行發出紙幣，必備五成現款。今暫時通用鈔票，非紙幣可比。本行信用昭著，亦難盡抱成規，暫不限五成之數。惟應另提一欵，作為準備，不得以庫存數目列入。至準備之數，應按已經流通各票估定若干，暫由尊處斟酌辦理。

（二）鈔票準備，除現欵外，原有證券準備之一法。此項證券，即指公債票、股票等而言。至於本行已發未發各票，及他行鈔票，不得作為準備。查閱各行所造表內，多以銀圓銀兩等票及特票等項，列入準備金，不無誤會之處。嗣後各行，以證券為準備，應選可靠之債票、股票及票據等項。通用鈔票不在其列。

（三）各行領去銀元銀兩等票，或尚未發行，或存在庫中，或流通市面，或已經註銷，查究現在情形，不過如此。而所造之表，其中庫存、註銷、流通三項數目切實塡註，如有他項情形，所領各票尚在三項以外者，亦請於備考格內，詳晰聲叙，以便查考。

顧以宣統三年閏六月以前各行每年總結報冊觀之，雖間亦有準備名目，然大率以現銀之存庫數，即視為準備之數焉。茲將總分各行，每年總結現銀存庫數目，列為附表二，以便與總結之紙幣發行數目，互為對照。

第二編　現代貨幣／第二部　紙幣
第七章　中央銀行發行之鈔券

紙幣發行數目比較表

行別	種類＼年次	光緒三十一年	光緒三十二年	光緒三十三年	光緒三十四年	宣統元年	宣統二年	宣統三年閏六月底
北京總行	銀兩	厘五三七、二九四、五八〇	厘一、四八三、五五九、九四〇	厘二、六二一、九六六、一四八	厘一、四一五、二四五、五六一	厘二、四三六、八三六、〇一〇	厘一、四六七、〇〇六、六八〇	厘二、八六七、二五七、七五一
北京總行	銀元	一	二三、九六〇、八一〇	七三、八四九、三二四	一二三、一九五、九四五	二九三、四七五、四六〇	四三九、一七八、六七〇	四五八、二九四、二八六
天津分行	銀兩	一	五八、八八七、八八二、八〇	一六〇、一三〇、一一六	五、四七一、九四二	五、〇八五、三三〇	一三、五九四、五六〇	二一、五六三、二五〇
天津分行	銀元	一	一	一	五八、九四三、六九四	七一、四八五、六二〇	六二、七八八、八九〇	五五、〇五七、〇六〇
上海分行	銀兩	一	一	一	一	一	一	一
上海分行	銀元	一	一	一	一一、七、三五八、五七六	一七八、三八五、〇三五	七四五、〇五九、三〇七	七五、五一一、八六一四

139

續　表

行別	年次\種類	光緒三十一年	光緒三十二年	光緒三十三年	光緒三十四年	宣統元年	宣統二年	宣統三年閏六月底
漢口分行	銀兩	—	—	—	—	—	一〇、二三五、六七〇	—
漢口分行	銀元	—	—	—	二七二、三七二、四一四	二九九、四〇六、八九六	三四四、六八九、六五五	四六二、九六五、五二七
濟南分行	銀兩	—	—	三八、九三三、四四五	四四、二二一、一九一	一八二、二一六、三三八	二八五、一〇六、〇六三	三七五、七二〇、二八五
濟南分行	銀元	—	—	—	—	四二、五七八、七四〇	一七四、三四三、四〇六	一九六、三九〇、六三〇
張家口分行	銀兩	—	—	—	三一、三一二	二、〇四六、四六五	一五、二一五、五〇五	二四、二八九、五二五
張家口分行	銀元	—	—	—	三、八九七、二九三	一四、二八四、六六七	二九、一二八、六八八	二九、九四五、四一四

第二編　現代貨幣/第二部　紙幣

第七章　中央銀行發行之鈔券

續　表

行別	年次＼種類	光緒三十一年	光緒三十二年	光緒三十三年	光緒三十四年	宣統元年	宣統二年	宣統三年閏六月底
奉天分行	銀兩	—	—	六二、一三〇、六八四	八六、五八五、四二一	七七、九五六、六三〇	四二、八六五、六一〇	四二、五七四、〇四六〇
奉天分行	銀元	—	—	四〇、〇〇一、二八二	一、〇九二、一九七、〇六一	一、二七四、四二六、七〇	二八一、八四三、五六〇	一二九、九八二、六五〇
營口分行	銀兩	—	—	—	八三、〇一三、〇七一	八四、三七二、〇九〇	八四、〇一七、三八〇	八四、〇二四、〇七五
營口分行	銀元	—	—	—	一三四、二五二、二〇八	四九、八八八、四八〇	三一五、七四九、六三〇	四六十八、五〇〇、七〇五

續　表

行別	年次\種類	光緒三十一年	光緒三十二年	光緒三十三年	光緒三十四年	宣統元年	宣統二年	宣統三年閏六月底
庫倫分行	銀兩	—	—	—	—	一四、七三五	二、九八五	九八、四六四一
	銀元	—	—	—	六四二、四〇五、五六二	九〇九、四一八、九〇六	九四四、〇四三、五九五	一、七一五、八四二、〇一〇
重慶分行	銀兩	—	—	—	—	三六、二四三、七六〇	二八、六〇四、六二〇	三三、二七一、一三七
	銀元	—	—	—	—	三四、〇七三、〇六〇	一八、六九〇、一五〇	二三、九九八、六二三
南昌分行	銀兩	—	—	—	—	一〇一、三五一三	七、四五九、二八六	一四、九一八、七五九
	銀元	—	—	—	—	—	—	—

第二編　現代貨幣/第二部　紙幣

第七章　中央銀行發行之鈔券

續　表

行別	年次\種類	光緒三十一年	光緒三十二年	光緒三十三年	光緒三十四年	宣統元年	宣統二年	宣統三年閏六月底
杭州分行	銀兩	一	一	一	一	一	一	一
杭州分行	銀元	一	一	一	一	八四、四五九、四六〇	一八二、四三二、四三〇	一八二、四三二、四三〇
開封分行	銀兩	一	一	一	一	二〇三、九九六、二九〇	五二四、四〇一、二二〇	四七〇、九三五、九六〇
開封分行	銀元	一	一	一	一	一四、九六九、九〇〇	一四、八九四、四九〇	一四、八八三、七二〇
太原分行	銀兩	一	一	一	一	一	七三、〇〇〇、〇〇〇	一四六、一〇四、四二〇
太原分行	銀元	一	一	一	一	一	七六、六九一、一〇〇	一三〇、八八九、二〇〇

143

續表

行別	種類＼年次	光緒三十一年	光緒三十二年	光緒三十三年	光緒三十四年	宣統元年	宣統二年	宣統三年閏六月底
福州分行	銀兩	—	—	—	—	—	五四、七一四、八九三	四九、六五三、九七二
福州分行	銀元	—	—	—	—	五六、四〇九、九六二	三七、六〇六、四一六	三〇、四一六、二五一
長春分行	銀兩	—	—	—	—	五、六三五、五五四	二、一六〇、七九四	一三、二二二、六二二
長春分行	銀元	—	—	—	—	五〇、六七三、二四	一、二六三、〇四六、六三	一、六五一、九七〇、一六
廣州分行	銀兩	—	—	—	—	五、五九二、六八八	二五、一〇八、六五六	五六、一六〇、一七九七
廣州分行	銀元	—	—	—	—	五四、五九八、六五七	二四、六三八、九五八三	三八、二四五、九九〇

第二編 現代貨幣／第二部 紙幣
第七章 中央銀行發行之鈔券

續　表

行別	年次＼種類	光緒三十一年	光緒三十二年	光緒三十三年	光緒三十四年	宣統元年	宣統二年	宣統三年閏六月底
蕪湖分行	銀兩	—	—	—	—	—	—	—
	銀元	—	—	—	—	—	三四、九二一、五六八	四六、六五二、五三〇
長沙分行	銀兩	—	—	—	—	—	二八八、三三四、九四〇	三五五、七〇七、四一一
	銀元	—	—	—	—	—	一九、八五六、五九一	三三、八〇二、六九五
西安分行	銀兩	—	—	—	—	—	—	一七三、〇七八、八九二
	銀元	—	—	—	—	—	—	—

145

中華幣制史（上）

續　表

行別	種類＼年次	光緒三十一年	光緒三十二年	光緒三十三年	光緒三十四年	宣統元年	宣統二年	宣統三年閏六月底
雲南分行	銀兩	—	—	—	—	—	—	一四、九〇一、二四二
雲南分行	銀元	—	—	—	—	—	—	三二、四五二、五六六
江寧分行	銀兩	—	—	—	—	—	—	二、三九〇、七二一
江寧分行	銀元	—	—	—	—	—	—	—
合計	銀兩	五五七、二九四、五八〇	一、五四二、四三八、二二〇	二、八三一、六〇三、九三三	一、六三二、八五〇、三一八	三、〇四一、〇〇九、四五三	三、四二一、九一六、八六一	五、四三八、九一〇、七五九
合計	銀元	—	二三、九六〇、八一〇	一三、八五〇、六〇六	二、四四四、六二二、七五三	四、八四〇、八七一、一五七	八、七〇〇、五一一、〇五五	一二、四五九、九〇七、八九八

第二編　現代貨幣／第二部　紙幣
第七章　中央銀行發行之鈔券

現銀存庫數目表

款目 年次 行別	現銀存庫數目						
	光緒三十一年	光緒三十二年	光緒三十三年	光緒三十四年	宣統元年	宣統二年	宣統三年閏六月底
北京總行	厘 一四、三七九、二七〇	厘 一〇、五〇五、一九〇	厘 一、一七六、一六八、一一八	厘 六八、一八一、一六〇	厘 二三、〇九一、二一六〇	厘 一、七五二、〇〇七九	厘 三二、三三三、二三八〇三
天津分行	一七一、〇七六、一八〇	一九五、九八五、四二〇	二一九、三三九、九六	五六〇、六二〇、四九二	四六六、七一〇、四八〇	四六〇、三四八、八三	一九八、四五八、六六〇
上海分行	七六七、六一〇	八、二六九、五三九	二一、九五五、六四〇	五二、五一九、八四七	九八一、二九〇、二一四	一、六〇六、三三九〇、五八八九	九〇、五四二、五四〇
漢口分行	一	一九、〇五七、六三六	六四、一九二、九一〇	二九三、〇六八、六四六	三六四、一〇、一二五〇	四八五、八二七、五〇〇	九五九、〇七二、二六〇
濟南分行	一	一	二〇二、一七六、五六六	二一三、四六〇、一四八	三八五、六三四、三〇二	二九九、〇六二、六一九	七〇五、一六〇、〇五〇
張家口分行	一	一	一、七九九、〇五〇	一〇、〇一、五、二一二	一九、七三一、五七六	二一、五五四、七八八	二七、三一五、一六二
奉天分行	一	一	五、七九〇、五四四	三一、八六〇、五九七	六七九、二七三、六二〇	七〇九、六八四、二四〇	一、一七七、二一〇、三七〇

147

續 表

款目＼年次＼行別	現銀存庫數目						
	光緒三十一年	光緒三十二年	光緒三十三年	光緒三十四年	宣統元年	宣統二年	宣統三年閏六月底
營口分行	—	—	—	六八八、六七二、七一六	四九三、二一七、三六〇	一八二、七八一、一三〇	三九六、七〇二、九三六
庫倫分行	—	—	—	一八六、九七三、九七二	四三四、七二九、六六二	四四九、五七七、五二六	三〇五、四三二、二七六
重慶分行	—	—	—	二、二七三、六七六	一三四、三八七、四二〇	三五一、九〇七、五八〇	一〇一、九〇七、四六一
南昌分行	—	—	—	—	三八、五五五、四四九	二一一、二一〇、〇九六	七、五四一、九六〇
杭州分行	—	—	—	—	三四三、一八七、二三八	二〇三、四六七、三四〇	三〇一、二〇八、四九〇
開封分行	—	—	—	—	二八〇、九八七、二五〇	六六〇、一七三、二五〇	三五九、六一三、九二〇
太原分行	—	—	—	—	—	一三五、二一四、九三〇	一三九、三四五、七三〇
福州分行	—	—	—	—	一五六、五一五、〇六五	二七七、六〇八、三九一	二八二、八八五、一四六

續 表

款目　年次　行別	現銀存庫數目						
	光緒三十一年	光緒三十二年	光緒三十三年	光緒三十四年	宣統元年	宣統二年	宣統三年閏六月底
長春分行	—	—	—	—	五八三、五二六、六〇七	一、七〇三、三一五、八六三	一、六三四、四九七、六六〇
廣州分行	—	—	—	—	四八四、一五七、二九七	六九七、五五一、二四八	五三〇、九五一、七一四
蕪湖分行	—	—	—	—	—	二〇六、四五二、三四六	四七、七二四、三一六
長沙分行	—	—	—	—	—	三五五、〇四六、〇〇〇	三九八、四三六、一一一
西安分行	—	—	—	—	—	—	一二九、七五五、四九九
雲南分行	—	—	—	—	—	—	五七六、二七一、七八三
江甯分行	—	—	—	—	—	—	一一二、一七四、九〇七
合計	五八六、二二三、〇六〇	八五三、八一七、七八五	一、六九一、四七六、八二四	三、〇四四、三七三、四七二	七、九四六、三〇五、九五〇	一二、四〇九、一二九、三五六	一六、一七〇、五三二、七五五

149

第三節　中國銀行

第一項　兌換券發行之由來

　　清宣統三年冬，各地大清銀行，因受戰事之影響，相繼停業。當南京臨時政府之時，上海分行首先改為中國銀行。民國元年，各處均改為中國銀行，然未有規定之法律。元年十二月，財政部以中央政府所設之中國銀行，已經籌備組織，次第設立，應請在紙幣則例未公布以前，即以該銀行所發之兌換券，暫時通行全國。特由政府申令各部暨各省都督民政長，於已設該銀行兌換所之處，所有公私出納，應准一律通行等語。次年一月，財政部擬訂中國銀行兌換券暫行章程五條，呈請大總統鑒核。其原文，略謂一國經濟之流通，全恃銀行紙幣為其樞紐。自去秋以來，金融機關一切停滯，公私出納皆以現金，遂至周轉無方，商民交困，非有大宗鈔幣流行國內，不足以救濟恐慌。現在中央政府，既設有中國銀行，應將該銀行所發之兌換券，所有官款出納，商民交易，均准一律行用。並由該銀行多儲準備金，以供兌換，多設兌換所，以便取攜。總期信用漸孚，藉以維持市面，一俟紙幣則例，經參議院議決頒布之後，再照新章辦理，等語。於二年一月五日，批准施行，其章程於后。

中國銀行換券暫行章程

　　一、中國銀行兌換券，由中國銀行及中國銀行指定之代理處一律發行。

　　二、凡下開各項用途，一律通用此項兌換券。

甲　完納各省地丁錢糧鹽金關稅。

乙　購買中國鐵路輪船郵政等票，及交納電報費。

丙　發放官俸軍餉。

丁　一切官款出納及商民交易。

三、此項兌換券，按照券內地名，由中國銀行隨時兌現。

四、凡兌換券內印有兩處地名者，在此兩處，皆可通行兌現，不取滙費。

五、此項兌換券，如有拒不收受及折扣貼水等情，從嚴取締。

第二項　兌換券未能迅速推廣之原因

　　按自民國二年四月公布之中國銀行則例，內第十二條載稱，中國銀行發行兌換券，但須遵守兌換券則例。則例未施行以前，得依照財政部規定暫行章程辦理。此項則例公布後，對於推廣鈔票，未嘗不竭智盡能，力求進步。然截至民國四年底止，發行全額，不過三千八百餘萬元。雖較前清大清銀行發票最多之時，已增一倍，以我國幅員之廣，人民之衆，比諸歐美各國之中央銀行，實未能望其項背。細察當時兌換券未能迅速推廣之原因，曾由財政部於民國四年十一月縷晰陳明。茲節錄如下：（一）各省紙幣太濫，供過於求也。考鈔票之流通，有天然之限度，必待市面需要，方能逐漸推行。自辛亥以來，各省官銀錢號，濫發紙幣，數累鉅萬，雖迭奉明令，嚴禁增發，並由本部分別省分，設法收回，然財力不足，全數收回者，僅廣東、浙江兩省；其餘如吉林、黑龍江、江西，僅收一小部分；如四川、貴州，正在開始收換；湖南、廣西尚未着手，統計各省官票，尚有一萬三千餘萬元。其他私立銀行及外國銀行，所發紙幣為數亦復不貲。惡幣既充塞市廛，良貨即無從發展，此中國銀行兌換券未能迅速推廣之原因一也。（二）國庫未能統一，無法操縱也。查各國國家經費，均用中央銀行紙幣，而中央銀行代理金庫，復能於收欵時，吸取現金，出欵時支付鈔票。現在我國金庫，已歸中國銀行接管者，計惟中央與直、魯、浙、閩、皖、甯、晉、吉等省，其他省分，或以地方交通不便，金庫驟難遍設，或以濫票整理未完，金庫礙難接收。其最困難者，則以各省預算收支不能適合，若銀行接收金庫，不得不墊支款項，而墊欵過多，必致竭蹶。所以各該金庫，或仍由本省銀號兼管，或暫歸其他機關代理，事權不一，牽制尤多，欲求如外國銀行藉金庫之支付，廣鈔票之用途者，其勢有所不能，此中國銀行兌換券未能迅速推廣之原因二也。（三）幣制未能劃一，阻礙橫生也。鈔票為銀圓之代表，必須全國通用銀圓，始能乘勢推行鈔票。現在各省貨幣，複雜異常，未能劃一。福建習用日洋、站人，東三省通行羌貼、老頭票、正金鈔票。西北各省行使銀兩之習慣未除，偏僻地方習用制錢之風氣未改。銀圓本位，既未成立，銀圓鈔票自難於通行。即專論銀圓一項，國幣外幣，種類不同；南洋北洋，價格互異。甚至滬寧密邇，彼此無可通融。川鄂毗連，滙兌均須貼水。銀幣既不統一，鈔票自難流通，此中國銀行兌換券不能迅速推廣之原因三也。以上三端，實為阻礙兌換券之最大原因。救弊補偏，必須從此着手。本部悉心考察，務期逐一改良，庶能漸收成效。對於收回紙幣，有已定辦法。現正實行者，如黑龍江官帖，准以官銀號及廣信公司所得贏餘，分年收換。貴州紙票，則由中國銀行借欵一百五十萬元，陸續收燬。四川軍票已奉批准，由該省自發銀圓票五百萬元，按五折兌收，一面於官公各產，及隨糧特捐，籌足五百萬圓，以為現金準備。有現擬辦法，將次第施行者。如陝西則擬變賣官產，撥欵收回；江西則擬息借欵項，次第收換；湖南則擬以礦產餘利，劃成充用；湖北、吉林則已派員調查，籌議辦法。濫幣如果廓清，鈔票自能推廣。對於整理國庫，則銀行力量，與各省度支，必須雙方兼顧。在完全接辦者，固宜切實進行，即牽制多端者，亦經分途協議，總期循序漸進，一律接收。庶國庫之制度既可統一，而鈔票之發行，亦能推廣。至劃一貨幣，現正切實進行。各省之雜項洋圓，已飭造幣廠收買若干，先行試驗，再擬收回改鑄辦法。並咨飭各省巡按使財政廳，妥據推行新幣辦法，已有端倪。陝西向用銀兩銅錢，現由中國銀行，陸續運銀交廠，換鑄新幣，並由部電達該省巡按使財政廳，妥議賦稅改收銀元辦法。廣東向用小洋，現已由粵廠鑄發一元新幣，設法推行。河南、山東，向用銀兩、銅元制錢，現由中交兩行陸續運輸新幣，市面已見行用。其餘腹省內地，均須次第照辦。一二年後，幣制完全統一，則替代銀幣之兌換券，自能通行全國，數目增多。惟金融情形，關係信用，循序漸進，則日計不足，月計有餘，揠苗助長，恐匪徒無益，抑且有害。本部根據此理，黽勉從事，雖目前未遽成功，而將來或能奏效。所願政策一致，俾得積極進行等語。此為財政部對於劃一幣制推廣中國銀行兌換券之辦法也。旋奉批令，謂所陳中國銀行兌換券進行方法，均尚切當，鈔票信用，不外厚儲準備，多鑄銀元，方能逐漸推廣。應由該部隨時體察情形，督飭該銀行，循序程功，切實辦理等語。

第三項　兌換券之種類

中國銀行發行之兌換券，概而言之，可分為二大類，即銀圓票與銅圓票是也。銀圓票有一元、五元、十元、二十元等各種。惟因各地通用之銀圓，互有不同。該行之兌換券，遂亦隨各分行所在地之習俗而變通之。^{參照本章第二節第一項紙幣之種類}但自國幣鑄發以來，該行鈔券為應付市面之需要及統一銀幣起見，即發行有票面印明兌付國幣字樣之鈔券也。銅圓票由該行所發行者，有北京、河南、南京、江西、張家口等各分行。然自七年以後，亦有逐漸歸併於各地平市官錢局發行者焉。

第四項　兌換券發行額

據該行歷年營業報告，其鈔券發行額，頗有逐年增加之勢，惟自民五停兌以後，則不免稍受影響。在當時發券總額共約一萬萬元，其間停兌券，計七千百餘萬元；兌現券，祇三千二百餘萬元。歷年整理，逐漸收回。至十二年底，發行總額共八千萬餘元，內惟廣東停兌券五百餘萬元，因特殊關係，尚未整理；暨京鈔未換公債，尚餘二十餘萬元；又渝券五十餘萬元，尚未收回外，餘皆兌現券，云云。此該行發券情形之大略也。茲將該行累年兌換券發行數目，列為附表一，及各分行發行數目，列為附表二。

中國銀行累年發行兌換券額數表（單位圓）

年別		兌換券流通數
民國	元年	一、〇六一、六三六
	二年	五、〇二〇、九九五
	三年	一六、三九八、一七八
	四年	三八、四四九、二二八
	五年	四六、四三七、二三四
	六年	七二、九八四、三〇七
	七年	五二、一七〇、二九九
	八年	六一、六八〇、〇八八
	九年	六六、八八四、一〇三
	一〇年	六二、四九三、三四〇

第二編 現代貨幣/第二部 紙幣
第七章 中央銀行發行之鈔券

續 表

年別		兌換券流通數
民國	一一年	七七、七六六、〇二九
	一二年	八〇、九八六、七一二
	一三年	八九、九七八、五八一

中國銀行各分行發行兌換券額數表（單位圓）

分行名稱＼年次	民國六年	民國八年	民國九年	民國十年
北京分行	三二、〇八九、〇五九	一三、三七〇、〇〇〇	三、七四四、四一四	五三〇、〇〇〇
天津分行	八八一、四三三	三、七一〇、〇〇〇	五、六〇五、八二三	二、三七〇、〇〇〇
上海分行	五、〇七八、四七九	七、〇一〇、〇〇〇	一二、二三四、五五三	二一、八三〇、〇〇〇
南京分行	一、八一六、二一六	二、三一〇、〇〇〇	三、二五一、五五六	—
浙江分行	一、七一六、八八二	一、八七七、〇〇〇	二、八一一、八六一	—
漢口分行	九二九、一八三	二、六二〇、〇〇〇	三、〇九五、二九九	三、四九〇、〇〇〇
山東分行	一、二五一、八九五	二、五〇〇、〇〇〇	二、七八〇、八八五	三、〇二〇、〇〇〇
河南分行	一九七、五六七	一二〇、〇〇〇	一二一、三七七	一八〇、〇〇〇
東三省分行 奉天分行	一四、五八二、九四〇	七、四六〇、〇〇〇 六、六八〇、〇〇〇	七、四六三、一五〇 七、〇七七、二三七	三、二八〇、〇〇〇 六、三〇〇、〇〇〇
福建分行	五五五、四七九	一、五二〇、〇〇〇	二、六四二、四五八	三、七〇〇、〇〇〇
廣東分行 香港分行	四、九八〇、〇九一	四、三四〇、〇〇〇	五、七〇一、五六四	五、三三〇、〇〇〇
山西分行	二四一、〇八二	四六〇、〇〇〇	二〇四、五〇〇	一八〇、〇〇〇
重慶分行	五、九二四、九六六	四、二五〇、〇〇〇	一、四九一、七一三	六九〇、〇〇〇

155

續　表

分行名稱＼年次	民國六年	民國八年	民國九年	民國十年
貴州分行	四五四、五五三	八五〇、〇〇〇	一、〇一四、四六一	一、五二〇、〇〇〇
陝西分行	二七、〇〇〇	一〇、〇〇〇	一三、八八三	一〇、〇〇〇
江西分行	七六三、八三二	九六〇、〇〇〇	一、六三一、三一九	一、七六〇、〇〇〇
安徽分行	二一五、九五三	四一〇、〇〇〇	六七二、〇八二	五四〇、〇〇〇
湖南分行	三四、三三二	一六〇、〇〇〇	二一九、九七四	—
歸綏分行	一〇六、五三〇	九八〇、〇〇〇	一、六〇四、一三四	一、一五〇、〇〇〇
張家口分行	四一、〇〇〇			
庫倫分行	四、五〇〇			

第五項　貨幣交換所之設置

　　民國四年五月，財政部為推行貨幣及增設貨幣交換機關，於中國銀行內，特設貨幣交換所，其目的在推廣法定貨幣及紙幣之兌換等事。擬有章程二十條，於四年五月二日批准施行。^{條例附後}至是年十月，財政部呈稱，自該貨幣總所成立以來，規畫全局，設立分所，於推行貨幣事宜，辦理不遺餘力，規模既立，推廣自易。查本部前呈，有俟舊幣整理漸趨軌道，新幣統一可望有成，則此項交換機關之應否存留，自可隨時酌辦等語。現在該總所籌備事宜，漸已就緒，於京兆、直隸、山東等地方，業經設立分支各所，此外各省可逐漸推設。擬即由中國銀行各分行號兼辦，按事程功，較易為方，經費亦省，所有貨幣交換所事宜，應即歸併中國銀行辦理。即於該行專設一處，酌留熟手，責成正副總裁，認眞督率經理，似於力求撙節之中，仍寓督促進行之意等語。當經批准，由財政部轉行遵照辦理。

中國銀行貨幣交換所暫行條例

第一條　本所由財政部呈明專設，定名曰中國銀行貨幣交換所。

第二條　本所以推廣法定貨幣，流通各地金融，維持商業，調劑民生為主旨。

第三條　本所業務之範圍如下。

供給各地公款收支及商民完糧納稅一切需用之法定貨幣；兌換本所流通之紙幣；撥滙公私欵項或存入；中外金銀錢幣之交易；其他業務經財政總長特准，亦可兼辦。

第四條　總所設於本銀行內（現暫以籌辦處為總所）。省會、縣城鎮地方酌設分所支所或委託代理店，以經理之。

第五條　凡本銀行未設立之地方，各分支所，得代理金庫。

第六條　本所取三級制。總所直轄分所。分所直轄支所與代理店。代理店又聽支所之支配，隨時施其考察。

第七條　本所得按各地情形，定各支所為常設、暫設二種。暫設者於一定時期內，將所辦之事完竣，即行裁撤。

第八條　總所設專員一人，由財政部呈請簡任，會同本行總裁辦理一切。另設經理正副各一人；分所設管理正副各一人，支所設管事一人。辦事員視事繁簡酌定之。

第九條　總所經理，分所管理。由總所會辦商同總裁，選任管事及辦事員，由所轄機關委派，先事報明總所。

第十條　本所以銀元為本位，遇有他項流通貨幣，概按當地每日定價折算。

第十一條　每日兌換價格，一律按市平均規定，由本所懸牌公示之。

第十二條　市面兌換貨幣，遇有超過定價，或暴縮時，本所得隨時調劑之。

第十三條　本所因有供給運輸關係，得依財政上之便宜，由財政部行知各造幣廠，規定特別條件。

第十四條　本所紙幣之推行，各分支所代理店資產之保護，以及取締私發票券，禁止私運現金，嚴懲偽造貨幣等事，均由財政部咨行各省巡按使，並飭各省財政廳，列入各縣知事及各徵收官吏之考成。

第十五條　本所所設各處分所、支所、代理店及往來運送現金票券等事，應由財政部咨明各主管衙門，責成所在地方及沿途軍隊、巡警鐵路巡警，一律保護。

第十六條　本所各分支所，運送現金及票券，應按本銀行現行辦法，分別減免運費。

第十七條　本所關於締結合同重大事項，先期陳明財政總長。

第十八條　本所各分支所業務規程及代理店締結之法，均另訂詳章，由財政總長核准行之。

第十九條　總所每屆年度時，將各分支所業務情形，彙製總表，報告財政部。

第二十條　此項暫行條例，得隨時修正，陳明財政總長，轉呈大總統批准施行。

第六項　銀錢兩業領用中行兌換券之經過

一、銀行領用中行兌換券之始末　民國以來，政府對於紙幣，力主統一主義。故除公布取締紙幣條例外，又由中行規定領用兌換券制度，其目的在原有發券各銀行得領用中行兌換券。查當時中行對於銀行同業領券方法，凡領用中行兌換券者，須具備現金七成，公債三成，向中行領取十成鈔票。但實際上此種規定，亦多未能一律。如民國四年，浙江興業銀行與中國銀行訂立特約，收回前所自發之紙幣，領用中國銀行兌換券代為發行，係現金五成，公債票照額面二成五，期票二成五，而中行對於興業所提供之現金，尚須付給利息。其兌換券總額定為三百萬元，特約有效期間定為四十二年。其後中孚及浙江實業，亦訂有同樣之契約。自是其他銀行，亦有與中行訂定領用兌換券契約者也。茲將各銀行領用中行兌換券累年額數表，列之於下。

各銀行累年領用中行兌換券額數表（單位圓）

年次＼行名	民國四年	民國五年	民國六年	民國七年	民國八年	民國九年	民國十年	民國十一年	民國十二年
浙江興業銀行	一、二五〇、〇〇〇	一、九〇〇、〇〇〇	二、一五〇、〇〇〇	三、〇三〇、〇〇〇	三、三五〇、〇〇〇	三、六五〇、〇〇〇	三、六五〇、〇〇〇	三、六五〇、〇〇〇	三、六五〇、〇〇〇
浙江實業銀行	一、四四八、七〇〇	七六〇、〇三二	一、五四六、三九二	一、五四二、八八一	一、五四二、八八六	一、七二二、四二六	一、七〇二、四二六	二、〇〇一、一四五	二、〇〇一、一四五
中孚銀行	—	—	一〇〇、〇〇〇	五八〇、〇〇〇	八五〇、〇〇〇	八五〇、〇〇〇	八五〇、〇〇〇	八〇〇、〇〇〇	八〇〇、〇〇〇

續表

年次＼行名	民國四年	民國五年	民國六年	民國七年	民國八年	民國九年	民國十年	民國十一年	民國十二年
東陸銀行	—	—	—	—	—	—	—	三〇〇、〇〇〇	四〇〇、〇〇〇
五族商業銀行	—	—	—	—	—	—	—	一〇〇、〇〇〇	三〇〇、〇〇〇
永亨銀行	—	—	—	—	—	九九、九七〇	—	—	二二九、九七〇
中國棉業銀行	—	—	—	—	—	—	—	—	二〇〇、〇〇〇
通易信託公司	—	—	—	—	—	—	—	—	二二〇、〇〇〇
上海商業儲蓄銀行	—	—	—	—	—	五〇、〇〇〇	—	—	—
山東工商銀行	—	—	—	—	—	—	—	四〇〇、〇〇〇	—

二、錢業領用中行兌換券之始末　民國十二年十一月間，滬市發生銀兩銀圓恐慌，以致籌碼不敷周轉。其時滬埠各錢莊，因援照銀行領用中行鈔票之例，擬向中行領用鈔票未果。遲至十三年春，錢莊復聯合要求，經幾次磋商，雙方協議，並由錢莊自開條件，中經

行同意後，始陸續訂立領用鈔票合同。查此次與中行訂立領用鈔票合同之錢莊，有領足總額，每莊以五十萬元為限度者；有領足總額，以二十五萬元為限度者。凡在領足總額限度以內，得隨時分批向中行陸續領用上海地名之五元券及十元券。又如各該莊向中行領用鈔票原額外，倘有不敷各該莊之用，各該莊可再商向中行續領鈔票，但其數不得超過原額之外。惟續行領用鈔票之保證品及條件，仍悉照原合同辦理。此外如中孚、永亨兩銀行，原即領用中行鈔票，此次亦改照此項新定辦法矣。按：此次中行擬定新領券總額為一千五百萬元，陸續發行。領券者不問其為銀行、錢莊，其保證金均係一律辦理。目前領用者十六家，計總額一百七十二萬五千元。茲錄上海某錢莊向上海中國銀行領用鈔票合同於下。

上海某錢莊向上海中國銀行領用鈔票合同

（一）某錢莊得分批向中行領用上海地名五元十元鈔票，以領足總額若干萬元為度。

（二）某錢莊領用鈔票，應備現金六成，整理案內中央政府公債票三成（須按時價折合，市價上落，隨時增減）。或上海房產道契（須經中行認可估價照七折核計，估價如有漲落，亦可隨時增減），交付中行為保證金，其六成現金，不計利息，某錢莊不得隨時動用。某錢莊並應自備現金一成，以補足此項領券之保證金。對於此一成現金，應由某錢莊出具中行抬頭即期莊票一紙，交中行保管。此項莊票，每屆陰曆正月間，掉換當年即期莊票。所有保證公債或道契及莊票，由某錢莊應具正式通知書，敘明公債號碼或道契號碼，由中行給予正式收據，並編明公債或道契號碼。所交莊票，遇有必要時，中行得收現，充作某錢莊繳納保證金之一部分現金。

（三）領用之兌換券，雙方各加暗記。

（四）中行收某錢莊領用之暗記券，可隨時向某錢莊兌換現金。

（五）某錢莊領用上海中行之暗記券，應由中行通飭他埠各分支行，一律照兌。他埠各中行，收兌上項暗記券，中行隨時憑代兌行報單，製成代兌換領券保管證，向某錢莊兌取現金。所兌之券，隨時由中行設法運回，其運費歸某錢莊負担。

（六）中行兌換券，設遇金融恐慌，兌現過湧，某錢莊應臨時懸牌代兌。一面某錢莊或續交現金四成，或以所存暗記券抵冲，或以代兌之券抵冲。取回公債票或道契及莊票，但現金交足以後，某錢莊不再兌現。倘遇上項風潮，某錢莊收兌暗記券，已滿四成，亦得通知中行，不再收兌。惟須將兌入之四成暗記券，繳還中行，取回公債票或道契及莊票。繳還以後，某錢莊亦不再兌現，統俟市面平定，再行照約領用。

（七）本合同有效期限，定為若干年。遇有特別事故，得隨時取銷之。取銷時，某錢莊應繳還四成現金或暗記券，換回公債票或道契及莊票。如通知取銷合同之次日，尚未繳足，得將繳存公債票或道契，由中行自由處分，並將莊票即行收現。

（八）本合同經雙方同意得修改之。

（九）本合同自簽字之日起實行。本合同有效期內，如某錢莊向中行領用鈔票原額外，倘有不敷某錢莊之用，某錢莊可再商中行續領鈔票，其數不得過原額之外。惟續領用鈔票之保證品及條件，悉照本合同。

（十）本合同期滿後，如經雙方同意，得繼續辦理。

（十一）本合同共繕兩份，中行及某錢莊各執一份。中華民國十三年某月某日立。

自中行與各行莊訂立領券合同後，外間未明事實，疑為增發巨額鈔票，含有政治關係，致多誤會。該行為慎重起見，特於五月四日，召集領券各行莊開會議決，將此次領券各行莊所繳之準備金，一律公開，並簽定檢查準備辦法四條。條文附後 以便由領券各行莊。照所訂辦法，每月輪推代表來行檢查，以昭信守，聞業經各行莊照章實行矣。

（一）各行莊領券所繳準備現金六成，公債票（或道契）三成，莊票一成，統由中行專庫存儲。

（二）上項準備現金，或以生銀及外國現貨幣，存在本庫，或存出國外抵充，悉聽中行之便。如遇銀根緊急之時，應酌提一成，專做短期押欵，以供調劑市面之用，但存出國外以二成為限。

（三）上項準備金，一律公開。專庫所存現金生金銀外國現貨幣公債票（或道契）莊票及一切單據，各領券行莊，每月得輪推代表來行檢查。

（四）本辦法如有未盡事宜，得隨時洽商修改。

第四節　交通銀行

第一項　兌換券發行之由來

清光緒三十三年十一月，郵傳部奏設交通銀行，定章程三十八條，內第十七條載明，仿照京外銀號，及各國銀行，印刷通行銀紙，分一百元、五十元、十元、五元、一元五種。並仿照各銀號，印出該埠市面習慣通用平色各種銀票，以及各項票據。惟不得出國幣紙票，俟度支部禁止各埠銀行出票後，該行所出通行票紙，即當照章收回。與各埠銀行，一律辦理。迨至民國三年三月公布交通銀行則例二十三條，內第十三條載，交通銀行受政府之特許，發行兌換券，其辦法照財政部所定之銀行兌換券則例。但發行式樣數目及期限，另由銀行呈請財政部核定等語。又紙幣條例，未經規定以前，所有交通銀行發行之兌換券，應按照中國銀行兌換券章程，一律以資輔助，此又命令之所特許也。因是該銀行運送鈔票，經過各海關時，亦得援照中國銀行兌換券辦法，准其免稅。凡公欵出入，完納稅項，發給官俸軍餉，商場交易，以及郵電路航各費之應付，一律通行。按：自清末，該行即已發行兌換券。民國元年，另印新券，收回舊票。至民國五年，特奉明令，與中國銀行同為國家銀行，自是享有發行兌換券之特權焉。

第二項　兌換券發行制度之新規定

民國十二年，交通銀行內部組織，大為改革。關於兌換券之發行，特採用總分庫制度，以昭慎重，而利推行。茲分述其大要於后。

一、區域之設定

該行為集中準備便利調撥現金起見，將現在發行地點，劃分為五大區。每區設發行總庫一所，其分掌範圍如下：第一區係設總庫於天津。凡北京、天津、濟南、烟台、張家口、歸綏等兌換券皆屬之。第二區係設總庫於上海。凡上海、江蘇、南京、浦口、安徽等兌換券皆屬之。第三區係設總庫於漢口。凡漢口、河南等兌換券皆屬之。第四區係設總庫於奉天。奉天、營口等兌換券皆屬之。第五區係設總庫於哈爾濱。哈爾濱、黑河等兌換券皆屬之。總庫之下，得因事實上之便利，更設分庫，其地點由總庫擬陳總管理處核定。

二、總分庫之職掌

每區總庫設總發行一人，副發行一人。直接總管理處，待遇如分行正副經理，均由總管理處選任。總庫應分股辦事，各設主任，分庫亦設主任，均由總管理處遴派。總副發行之職掌如下：（一）本區兌換券之發行整理及保管。（二）本區現金準備及保證準備，有價證券之點驗及保管。（三）本區準備之調撥。（四）他行領用本區兌換券合同之訂立。（五）本區發行帳表之記載檢查及整理。

總分庫得陳准總管理處，酌設辦事員、助理員、練習生。事繁時并得向所在地之分支行所，暫借行員助理。總分庫之開支，應由本區領用兌換券行分攤擔負，其分攤辦法另訂之。凡區內各分行，需用兌換券，均向總庫或就近分庫具領，報告管轄行暨總庫。

三、額定準備與額外準備之規定

凡區內各分支行領用兌換券，應以六成現金四成有價證券面額，交入總庫或分庫，作為額定準備。再交二成現金，作為額外準備。其有價證券之種類，應先陳請總管理處核准，並應以時價滿五折者為限。如價格不及五折，應以同樣或其他有價證券補足之。倘無有價證券，按五折照交現金亦可。至於此項額外準備現金，遇市面平穩時，總發行得酌提半數或全數，交領券行存儲，作為往來存款，備營業周轉之用，不計利息。遇市面緊急或兌現擁擠時，仍應收回入庫。額內準備，無論何時，均應存庫。凡區內之流通額，每星期應刊印報告一次，分送周知，準備並應公開。又此項準備及流通數，均得請各該地銀行公會、商會、錢業公會分別舉員檢查。總管理處及分行亦得隨時派員檢查，以昭核實。彼此互兌兌換券及分區內部辦法，按：各該區本地情形另訂之。

交通銀行累年發行兌換券額數表

年別		兌換券流通數
民國	元年	七九三、五五八
	二年	四、四九八、七六二
	三年	五、九五七、六二七
	四年	二四、八六三、一一〇
	五年	二一、二九七、八九一
	六年	二八、六〇三、八三六
	七年	三五、一四四、五六三
	八年	二九、二七二、六五三
	九年	三九、一七〇、一九二
	一〇年	三〇、一四三、二三三
	一一年	三二、五二三、八四〇
	一二年	三八、五一七、六一三
	一三年	四一、六一三、四一八

附註：民國五年以前單位庫平銀一兩，民國六年起單位銀圓一圓。

交通銀行各分行發行兌換券額數表（單位圓）

分行名稱 \ 年次	民國六年	民國九年
北京分行	一七、五八五、五二七	三、七五六、九二四
天津分行	一、三四六、四二七	八、六二〇、〇〇四
上海分行	七四一、七五三	六、七六二、九七二
漢口分行	六二九、二九二	二、三一二、六四二
東三省分行	五、三〇三、〇五五	—
奉天分行	—	八、一〇五、六九三
哈爾濱分行	—	四、八六六、一五三
長春分行	—	一、三〇三、五五三
重慶分行	九五三、六三九	一一五、一四七
河南分行	六二七、八一五	二一〇、七三六
蕪湖分行	八四、七六四	三四九、〇五三
長沙分行	四三四、一三九	八六、七九三
張家口分行	三二〇、七一二	一、二二四、四七五

第五節　中交兩行停兌及收換之經過

第一項　中交兩行停止兌現之原因

　　民國五年春夏之交，西南戰事方殷，金融緊迫，影響市面，商民持票，紛紛兌現。京津中交兩行，適當其衝，應付維艱。國務會議，籌商維持辦法，採用暫時停兌之策。五月十二日，國務院頒布院令，略謂各國當金融緊迫之時，國家銀行紙幣有暫行停止兌現及禁止提取銀行現欵之法，以資維持。俾現欵可以保存，各業咸資周轉，法良利溥，亟宜仿照辦理。應由財政、交通兩部，轉飭中國交通兩銀行，自奉令之日起，所有該兩行已發行之紙幣及應付欵項，暫時一律不准兌現付現，一俟大局定後，即行頒布院令，定期兌付。所存之準備現欵，應責成該兩行一律封存。至各省地方，應由各將軍、都統、巡按使，凡有該兩行分設機關之地方官，務即酌派軍警，監視該兩行，不准私自違令兌現付現，並嚴行彈壓，禁止滋擾。如有官商軍民人等，不收該兩行紙幣或授受者，自行低減折扣等情，應隨時嚴行究辦，依照國幣條例第九條辦理。一面與商會及該兩行接洽，務期同心協力，一致進行。並飭該兩行將所有已發行兌換券種類額數，剋日詳晰列表，呈報財政部，以防濫發等語，此為中交兩行暫時兌停之原因也。

第二項　中交兩行停兌後之籌畫情形

　　自院令公布後，即組織臨時財政委員會，以討論停止兌現及善後方法。茲錄該會大綱於下。

一、本會為辦理銀行暫停付現，及維持市面事宜而設，名曰臨時財政委員會，設立於財政部。

二、本會委員，由國務院、統率辦事處、內務部、財政部、陸軍部、農商部、交通部、中交兩銀行，各派重要委員充之。另派辦事員若干人，由上列各機關派委。

三、凡往來函電，關於第一條事宜者，均由本會辦理。

四、本會遇有重要事宜，由第二條所指各機關長官出席，開會會議。

五、本會委員，推定主任、副主任各一員，主持會中一切事務。

六、本會委員，應輪流常川到會。辦事員應逐日駐會辦事。

五月十四日，國務院為維持金融起見，規定辦法數端，通電各地一致辦理，其大要如下：（一）商家押滙放欵，可酌量放鬆允做，利息按月以七釐為限。（二）匯欵以國內為限，一律不收滙水。鈔票在本國使行，無論何處，概不貼水。（三）銀兩銀元存欵，萬數以下，按照當地金融情形，一律酌加利息，以一釐為率。往來存欵亦然。（四）存欵放欵利息比較相差之數，不得超過二釐，此皆有利於商民。惟各省一律辦理，則上列各條，可以實行。其辦法大綱如下：（一）兩行之十元票可換五圓票，五圓票可換一圓票，一圓票可換銅圓票二十枚，以下銅圓票可換銅圓。惟兌換銅圓之時間及數目，應加以制限。（二）一圓票兌銅圓票，以現在當地銅圓市價為標準，作一定價，不得漲落。（三）妥定銀兩兌換銀圓鈔票之市價，逐日兩行懸牌。（四）由中交兩行，設兌換機關，由官廳督令酌量辦理。（五）官廳出示曉諭商民，一切錢粮釐稅，專收兩行鈔票。

第三項　中交兩行停兌後之各地辦理情形

院令既布，各省各埠，各有主張，紛紛不一，要皆本維持之意，而因時因地，求制宜之法，或主停止兌現，或主限制兌現，亦有請照常兌現者。茲將各地辦法不同之情形，分舉如后。

北京　自院令公布之後，商人以事關切膚，紛紛集議，向京師總商會質問。當經多方解釋停兌之眞相，凡各大股實商號，均能諒解政府維持金融之苦衷。惟各小商號及一般貧苦小民，亟須另籌善策，以維持其生計，遂由該總商會，議定辦法四端如下：（一）須於京師城廂內外，迅速籌設兌換銅圓機關多處，以便接濟下級商戶貧民之營業及其日用。並規定每日自午前八點鐘起至十一點鐘止，午後自三點鐘起至五點鐘止，為兌換銅圓時間。（二）凡特❶該兩銀行鈔票在一圓以上者，一律通用。其一圓者，准其持票兌現或小洋，使一般小民日用飲食，不至虧損，影響及其生計。（三）應迅速多鑄小銀圓銅元，於一定期間內，送運到京，以便周轉市面金融。（四）須與在京各外國銀行通融行使，俾大宗鈔票，可以流通，而金融亦不至發生窒礙。

天津　津埠為吾國北部通商鉅埠，華洋雜處，貿易四達，金融動靜，關係縈嚴，偶有變故，枝節橫生。而市面情形，又往往以洋商為歸結，是恐慌所及，影響尤巨。當經商請各國領事，轉飭各洋商，暫勿將存票兌現。其他如開灤礦廠工人，不受紙幣，並經飭警彈壓，令換銅圓。然市面之現金，原亦有限。所恃以為週轉者，紙幣而已。今一旦停兌，等於廢紙，收入支出，險象環生。雖經警廳撥現歀三萬圓以平市價，以維民食，而局面廣袤，一枝一節，救濟

---

❶ "特"，當爲"持"，原文誤。——編者註

有限。且關鹽兩課，軍警兩餉，凡屬於公家之收支，需用現欵者，尤形滯阻。用是由紳商公議，組織直隸全省金融維持會，集合巨資，訂定章程，以維現狀，其簡章如下：

一、本會因中國交通兩銀行，停止兌付現欵，市面金融滯塞，商民生計攸關。紳商各界，湊集鉅欵，以維持現狀，流通市面為宗旨。

二、本會以直隸省紳商及僑居直省之紳商，共同設立之。

三、本會維持，以中交兩行蓋有直隸及天津字樣之鈔票為限。

四、本會奉巡按使飭交中交兩行報告，直津鈔票號碼細數清單內，現發行在外之鈔票，中國行二百三十七萬二千六百餘圓，交通行二百六十六萬七千九百餘圓，兩行合計直津鈔票共五百零四萬餘圓。本會維持以上列數目為限。

五、前條所列直津鈔票，各界一律通用。

六、中交兩行以收回之直隸天津鈔票，本會議決，商請巡按使，飭令復查，暫時公同封固。

七、紳商集欵，計各行商五十萬圓，長蘆紳商五十萬圓，直隸省銀行五十萬元，中交兩銀行五十萬元，共現款二百萬圓。此外直隸省之田賦稅等項收入，及中交兩行抵押品，約在數百萬圓之譜，作為保證。

八、本會維持方法，隨時酌定布告。

九、本會請巡按使監督。

十、本會設正會長四員，副會長八員，董事無定額，均係純粹義務。

十一、本會之收入支出各款、日行事件，按巡造報監督並總商會查核。如有特別事件，亦隨時請示。每日按銀行規則，立有請簿存據。

十二、本會公同議決,自本會成立之日起,所有中交兩行已到期存欵及浮存欵,由本會與兩行籌商歸還辦法。各存戶在此三個月內,暫緩提取。如不願遲延,由兩銀行以外省鈔票如數照發。

十三、本會俟中央籌有辦法,中交兩行照常兌付現欵時,應即取消。

十四、本會公同議決臨時簡章,由巡按使核奪,批示遵行。所有未盡事宜,及辦事規則,隨時稟請核定立案。

奉天 奉省與他處情形特別不同,曾請准予暫仍兌現,以維持局面。蓋僑居奉省之外人,關於此間兌現事,屢起風潮,雖與交涉,亦無效果。苟一旦停止兌付,務必乘機張燄,勢偪處此,以求應付。拒絕之則交涉立起,情見勢拙,此不能停兌之一大原因也。在當地商民方面,正當人心動搖之際,全持市面活動,方足以資周轉。倘金融稍有滯礙,市面必頓形困苦,則影響於治安,良非淺尠。且中交二行,在奉省所發紙幣,概為小洋,廻❶非準備金之大洋可比。有此數端,故無論無何,不能與他處一律遵令辦理。

吉林 林省地屬邊境,中外雜處。倘遵令停兌,則對內對外,均不免發生困難。軍警長官,會同商界,連日集議,維持辦理之法,擬一面遵令保存現欵,一面禁運現洋出境。有携三百圓以上出境者,查獲充公。兩行兌現,則暫加以限制。百圓以下照付,百圓以上者,大券換小券。欲藉此以保存現款,復得維持鈔票之信用。蓋吉林市面,素來平穩,鈔票信用頗高。倘一旦實行遵令停兌,則商民慌恐,日俄貨幣乘之而充斥,價亦隨之而飛漲。外幣高而國幣廢,蓋金融界之一大危險現象也。且外人持我國鈔票兌

---

❶ "廻",當爲"迴"。——編者註

现，骤加阻止，必起交涉。综此困难情形，故完全停兑，势难办到。

黑龙江 黑省市面，向极稳静。分行所发票额，尚供不应求，虽系以小洋计算，而向来三省流行信用特高，不如各省之时有持票兑现之事。故自停兑令到，当道会同行长再四筹议，深恐一经宣布，徒然惹起恐慌，发生危险。故佥主暂秘不宣，俾照常流行，两得其安。

张家口 该处地近边陲，商务较为简单。故自奉令以后，维持现状，比较容易。惟为持久之计，当经各界会同筹画善后，约有三端：（一）禁私运现洋出境，以免现金缺乏。（二）请多发铜圆，以便兑换，维持小民生计。地方亦自相安。（三）限制兑现，除百圆以上之外票外，一律照常兑现。盖两行纸币，等于废钞，金融停滞，障碍商务，难免不有闭市之举，是为停止兑现之一变通办法也。

热河 自奉院令，即传集各商会严切劝导，务令遵行。又归绥及包头分行，经官商协力布置，军警保护周详，停兑数月，尚无误会。

山西 晋省亦以纸币信用颇著，发行以来，流通无阻，储蓄亦极充裕，随时足资兑现，民间赖以周转，甚称便利。自停兑令到，各长官深恐摇动人心，徒然丧失信用，扰及治安。故主张暂不宣布，照常兑现，以维大局。

甘肃 陇省远处边疆，商务未盛，金融亦甚简单。中交两行原未设有分行于该地。其本省之官银总号，则准备充足，信用素著，所发之兑换券，悉极畅行，自应照旧维持，以免徒事惊扰，故甘省当时无发布停兑令之必要。

河南 適值鄰省正多故，深恐一旦停止兌現，市面慌恐，人心更加浮動，在在可虞。當經長官會同籌議，決定辦法三條如下：（一）兩行鈔票，不論本省外省，均准完納錢糧、稅項及一切軍政官商欵項應用。各徵收機關及錢店商舖，均不得稍有挑剔，或低價折扣并貼水等事。（二）中交兩行外省鈔票，准其買賣貨物存滙劃撥，一切應用，與現金無異。（三）中交各票，本省銀圓票數在十元以內，銀兩票數在七兩以下，均准隨時兌換現洋或銅元，各隨其便，銀行不得留難。

山東 魯省自停止兌現，恐慌特甚。又因外商僑居，誠恐假外人之手，以大宗紙幣，強迫兌現，尤難峻拒。當經籌議維持辦法，以防不測，就中尤以煙台為最緊要。煙台為通商口岸，秩序更易擾亂。故首禁提取現款，並特將煙台分行之存欵約三十萬元，作為軍警兩餉萬一之需，不許提取。此外則一面限制兌現，除一元至五元之票照兌外，其大額概有限制。一面則保留稅欵，令該兩行代理金庫，代為收存五十里以外之常關稅，及附近各縣之地丁雜稅各項，以備意外之需。於是金融尚能勉強支持，人心亦未至十分搖撼，此魯省當日變通辦理之情形也。

南京 南京亦以種種情形，不能遽停兌現。當由軍民兩長，會同各界，議訂變通辦法如下：（一）中交兩行江蘇兌換券，隨時兌現。（二）活期存欵，除軍警外，每戶暫於一星期內，支取不得過三百元。定期存欵到期，照活期辦法。（三）外埠券暫停兌現。（四）現洋一千元以上，非有將軍及巡按使護照，不准運送。（五）銀行運送現洋，每行給長期護照一紙。

上海 自院令未宣布之先，該處以地當南北要道，謠諑繁興，滬上中行股東，奔走集議。僉謂欲求保全中國銀行，必自滬始，遂於四月間，在上海地方，設立商股聯合會，籌備甫竣，而停兌之令已下，乃即議決維持辦法數條如下：（一）上海中行由股東聯合會舉定監察員一人，到行監察。全行事務悉歸股東聯合會主持。（二）本行所有財產負債，移交外國律師代表股東，管理一切。並隨時有查賬之權。（三）上海分行鈔票，將準備金移交外國律師保管，隨時兌現。（四）所有存欸均到期立兌。（五）將來各商家設有損失，悉歸股東聯合會負責。

安徽 皖省當時以銅元尚極缺乏，一元票亦未有準備。恐停兌令發布，輔助金不資周轉，則金融停頓，商民恐慌，軍警尤為可慮，縱加勸導，亦屬空言無補。故暫將停兌令擱置，旋聞江蘇已定有辦法，應仿照一律辦理，大要如下：（一）中交兩行兌換券，由軍民二署出示照常行使，並准向原發之各該行隨時兌現。（二）由商會宣布，凡活期存欸，除軍警外，每戶於一星期內，即十五日起至二十一日，支取不得過三百元。定期存欸到期，照活期辦法。（三）外省發行紙幣，暫停兌現，俟各省協商後再辦。（四）現洋一千元以上，非有軍政長官護照，不得運送。商家購貨亦同。（五）兩行運送現洋，由軍署給一長期護照。

湖北 漢口為商務繁盛之區，華洋雜處，交通四達，金融一有變動，便枝節橫生。自中交兩行設立分行以來，在鄂發行紙幣，資本充足，人民信仰，皆不儲現金，願携紙幣。其所發票額不過三百萬，準備金充足，隨時可以兌現。武漢商會，尚允出為幫助，官欸不足，願以商欸補之。故當時長官集議，僉謂維持市面，端賴現欸。欲使人民不兌不取，必有欸可兌可取。一經布令停兌，必致擾人以自擾，兩皆有害。特宣布通行兌現，以維大局。

四川 蜀省自聞院令停兌，而兌現者一擁而至，商會為之維持，亦無效果。當恐風潮益激，危險萬狀。照常兌現，尚可維持，乃由錢幫通力合作，充足準備，宣布兌現如故。按：自川省歷遭兵災，商業衰落，稅收不旺。惟幸中行兌換券，信用素著，軍餉賴以接濟，市面賴以周轉。且渝城商埠，兩行所發紙幣，尤以準備充足，信用特高。第恐外票充斥，難以應付，遂定於三日內，將外票一律收完，三日外概不兌換，於是金融風潮驟為之解決矣。

湖南 湘省自戰事發生，舊日卓著信用之紙幣，照常兌現，尚隱隱有搖動之患。方籌鎮定之不暇，倘復宣言停兌，勢必妨害治安。故當時長官傳集各銀行商會籌議，決不實行停兌，並設法通融滙兌，以便周轉靈通。

江西 自奉院令，軍民兩長即派員會同警察廳，將現欵封存。旋因滬漢中交兩行，均照常兌現，南昌未便獨異。且自停兌以後，商業有停閉之勢，各界亦自慌恐長官乃請院飭遵辦理，院覆准予變通，於是又令照常開業。

福建 閩省情形，頗不同於他處。所發紙幣，額僅二萬餘元，向來信用至著，秩序安然無恙。即遵令停兌，以如此區區之數，亦未必立呈險象，人民即來兌取，以軍警彈壓之足矣。但恐人民驚慌，以該幣不支之故，遂轉流於外人之手。外人湊集巨額，立偪現款，殊難拒阻。查閩習慣，每數日由匯豐、台灣、麥加利三行，湊合各項紙幣數萬元，向華人銀行或錢舖支取現番，謂之支番。倘外人收湊此項紙幣，仍以支番習慣，立來支取，銀行必為之倒閉。銀行倒閉，商務首受其害，故錢商情願自籌現金二萬餘元，為此項紙幣之準備金。請暫緩宣布停兌令，以維市面。至於廈門，亦為通商重地，華洋雜處。倘金融停滯，商業受困，則險象立呈，維持不易。故廈門官紳會同各界，磋商辦理之計，惟有停止提取存款及禁運現洋出口。所通行之紙幣，則照舊兌現，以資維持市面云。

第四項　中國銀行之京鈔整理始末

自民國五年五月京鈔停兌以來，費六七年之久，整理之功始達。其間經過情形，有足記者。約略言之，可分為三大期。即自民國五年五月至七年五月以京鈔兌換七年長短期公債開始時，為第一期。自七年五月至九年十月以京鈔兌換金融公債開始時，為第二期。自九年十月直至完全整理結束時，為第三期。茲分述各期間情形於後。

第一期　京鈔停兌時，發行數目，并不甚巨。其增加乃在停兌之後，以為鈔票既不兌現，遂可任意增發，與政府要求墊欵，互為因果。故至是年十月間開兌時，京鈔流通數及存欵數，一躍而達四千六百餘萬元之巨額。又自開兌之後，財政部復責令維持，要求繼續墊欵，計截至六年十二月止，中行墊欵一項，已達四千五百四十餘萬元之巨。內現洋墊欵三千零三十一萬三千二百零七圓四角三分，京鈔墊欵一千五百零九萬四百四十一圓九角七分此等欵項，多由京鈔籌措而來。故京鈔之流通數，毫未減少，更見增多。按：此期間內，非獨未能收整理之效，反益呈紊亂之象，其結果乃有二次完全停止兌現之實現，固無疑也。然在銀行方面，則以鈔價下落，頗為可慮，遂議定添招商股。凡中行各省鈔，無論兌現與否，均一律繳納股銀，計收回京鈔三百四十六萬七千餘元。是為中行整理京鈔之第一步也。茲將此時期內，京鈔停兌後之發行額及存欵額，摘錄如下，以資參考。

（一）五年五月十二日京鈔停兌時，其流通額及存欵額。

京鈔額　五百三十七萬一千五百零一元。

存欠額　二千零七十八萬四千五百五十八元三角一分。

（二）五年十月二十六日京鈔開兌時，其流通額及存款額。

京鈔流通額　二千零四十六萬一千七百四十一元。

京鈔存欠額　二千五百六十七萬五千六百八十一元八角六分。

（三）五年十一月三十日京鈔開始限制兌現時，其流通額及存欠額。

京鈔流通額　二千二百一十六萬零三十三元。

京鈔存欠額　二千六百十六萬三千七百四十元九角四分。

（四）六年十二月十九日京鈔取銷兌現時，其流通額及存欠額。

京鈔流通額　三千二百二十九萬九千五百六十二元。

京鈔存欠額　三千零八十五萬九千六百八十元零三角。

（五）六年十一月九日添招商股開始時，其流通額及存欠額。

京鈔額　三千零九十四萬二千五百五十七元。

存欠額　六千六百九十三萬一千八百四十二元七角八分。〔京鈔與現金兩存欠均包含在內〕

（六）六年十二月十五日添招商股結束時，其流通額及存欠額。

京鈔額　三千二百七十萬零一千五百四十七元。

存款額　六千四百四十九萬七千五百八十九元二角一分。〔鈔現未分〕

收回京鈔繳納股銀額　三百四十六萬七千四百元。

第二期　自添招商股後，票價仍未能恢復。中行當局急思所以維持之策，乃請求政府發行公債，以償墊欠，於是財政部有七年長短期公債之發行。按此次中行實領長短期公債各二千四百萬元，共計四千八百萬元。此項公債，係完全由公債局發行，計售出該兩項公債，各二千一百二十萬零三千七百元，共收回京鈔四千二百四十萬零七千四百元，交存總庫。內計撥還中行京鈔墊欠三千三百零九萬三千九百零二元二角，下餘京鈔九百三十一萬三千四百九十七元八角，按六八折合現洋六百三十三萬三千二百七十八元五角，撥還中行現洋墊欵，是為中行整理京鈔之第二步也。又自七年公債發行之後，財政部以收入減少，復責令維持財政現狀。於是中行新墊之欵，計截至七年底止，已有一千七百四十餘萬元之鉅。此項墊欵，多係取自京鈔，是以京鈔已收回者或復發出，仍未能如期收整理之效果也。茲將此時期內，京鈔之流通額及存欵額，摘錄於后，藉資參考。

（一）七年五月二十二日京鈔兌換七年長短期公債開始時，其流通額及存欵額。

京鈔流通額　二千三百三十一萬一千三百五十四元。

存欵額　六千三百八十四萬六千零五十五元四角七分。（鈔現未分）

按：自七年七月一日以前，存欵帳內無京鈔與現洋之分，是日之後，始分離為二。

是日京鈔存欵額為二千八百七十五萬二千三百四十六元四角七分。

（二）七年底止京鈔流通額及存欵額。

京鈔流通額　一千二百七十九萬四千八百十九元。

京鈔存欵額　二千八百七十六萬七千一百四十八元六角九分。

（三）八年十月四日京鈔兌換七年長短期公債結束時，其京鈔流通額及存欵額。

京鈔流通額　一千一百零六萬一千九百四十三元。

京鈔存欵額　二千二百十九萬八千五百三十六元五角二分。

七年公債收回京鈔額　四千二百四十萬零七千四百元。

第三期 自七年長短期公債發行之後,至民國九年,財政部為繼續整理京鈔起見,發行整理金融公債六千萬元。當時所定給還中行金融公債之數為二千四百萬元,計實收回京鈔二千二百十萬三千二百二十三元。<small>內收回京鈔一千三百六十九萬八千零三十五元,換領公債之京鈔存單八百四十萬五千一百八十八元</small>除撥還中行京鈔墊欵利息及欠欸之二百二十萬九千零十七元四角外,下餘京鈔一千九百八十九萬四千二百零五元六角。至於售餘之九年整理金融公債一百八十九萬六千七百七十七元,於十年四月一日按七折合現洋一百三十二萬七千七百四十三元九角,撥還中行現洋墊欵。此外並由中行另定分期存單辦法,以彌補缺額,<small>政府所定給還金融公債之數較之財部欠中行墊欸之數相差尚千餘萬元</small>而收整理京鈔之實效。此項存單有四年半、五年、六年三種。四年半與五年兩種存單,係自九年九月二十二日開始發行;六年存單則自九年十一月十五日開始發行,至十一年三月底為京鈔停止兌換存單之最後結束期也。據十二年六月報告,各項存單有業經兌現者,有抵繳股銀者,有兌換金融公債者,及轉作定期存款者不等,所餘之數,已屬寥寥無幾。茲將此時期內京鈔之流通額及存欵額,摘錄於后,以備參考。

(一)九年十月六日京鈔兌換金融公債開始時,其流通額及存欵額。

  京鈔流通額 一千五百八十九萬四千九百十元。

  京鈔存欵額 三千二百六十三萬七千一百五十元八角六分。

(二)十年三月九日京鈔兌換金融公債停止時,其流通額及存欵額。

  京鈔流通額 一百七十萬零三千八百四十九元。

  京鈔存欵額 二千三百七十萬零二千二百七十六元。

  收回京鈔 一千三百六十九萬八千零三十五元。

換領公債之京鈔存單八百四十萬零五千一百八十八元。

（三）十一年三月底京鈔停止兌換存單時，其京鈔流通額為四十九萬七千六百六十一元，而存欸則因兩項業已合併，無復有京鈔存欸之別。

（四）十一年三月底京鈔停止兌換存單時，各期存單之額數共計一千九百九十七萬九千九百四十九元七角七分。

附註：歷年停兌券數目，另詳次項後表，茲不贅述。

第五項　中國銀行之少數分行整理兌換券始末

自院令公布之後，實行停止兌現者，惟山東、河南、陝西、歸綏、張家口、天津及北京各處。然天津、山東、陝西、張家口等處，皆不久而先後開兌。此外汴、歸兩行，因種種關係，較之他行稍遲。汴行於七年十二月宣布開兌；歸行則在八年春季以前，鈔票業已收竣。至於粵渝兩行，因南北戰爭，所有資金，均為省政府所借用，以至鈔票未能兌現。渝行自八年商定以川省鹽稅三成償還欠欸，用以收回鈔券，業已逐漸收回。截至十二年底止，流通額尚有五十萬餘元。又粵券雖屢經試辦限制兌現，及吸收券洋存欸，終以所指作担保之稅欸以及允許撥還之鹽餘，未能照撥，及其他整理計畫，皆未能實行，故鈔券之流通數，仍有五百餘萬元之多。茲將歷年各分行停兌券數目，列表於下。

中國銀行京渝粵汴歸五分行累年停兌券額數表（單位圓）

年次＼行別	京行	渝行	粵行	汴行	歸行	總額
民國六年	三二、三七六、○四○	五、九二四、九六六	四、九八○、○九一	一九七、五六七	一○六、五三○	四三、六三○、六五七

第二編　現代貨幣/第二部　紙幣
第七章　中央銀行發行之鈔券

續　表

年次\行別	京行	渝行	粵行	汴行	歸行	總額
民國七年	一二、七九四、八一九	五、六三九、〇七一	四、〇四九、六九七	八七、〇二三	一九、二八五	二四、九四二、二七八
民國八年	一三、三七四、一三四	四、二五九、九四三	四、三四八、九九七	—	—	二一、九八三、〇七四
民國九年	三、七四四、四一四	一、四九一、七一三	五、六七八、七八一	—	—	一〇、九一四、九〇八
民國一〇年	五三五、六四二	六九九、三三四	五、〇三二、八	—	—	六、五六五、二五七
民國一一年	二八五、一六八	六六一、〇一六	五、二四三、三五二	—	—	六、一八九、五三六
民國一二年	二二五、一七三	五〇四、九一九	五、二三、五八一四	—	—	五、九六五、九〇六
民國一三年	一九五、六五九	四五九、三二七	五、二三、一二三七	—	—	五、八八六、二二三

附註：參照前節內中國銀行累年兌換券流通額數表，按該表係兌現券與停兌券數目均包括在內。

第六項　財政部發行公債整理中交兩行京鈔之始末

中國、交通兩銀行，既經政府分飭停止兌現，日久未能開兌。當時朝野上下，以中央財政，艱窘如常，咸思以最少之費，得收整理之效。因之，主張全部以國庫證券收換者有之；主張全部以公債收換者有之；主張定期兌換者有之；主張一部兌換者有之；主張停止兌現付給利息，仿照加拿大銀行之辦法者有之；主張用自然銷却法以銷却者有之；主張全部以政府紙幣收換者亦有之。衆議紛紜，莫衷一是。而各法利弊參半，亦未能見諸實行，卒至牽延不決，忽行全部兌現，忽行一部兌現，價格漲落靡常，自九折至八折、八折至七折、以至六拆❶不等，影響市面金融，良非淺鮮。直至民國七年，始決定發行公債，着手實行整理。茲將各公債前後發行情形，分述於下。

（一）七年短期公債與七年六釐公債　民國六年冬，京鈔價值陡落，中交兩銀行當事，為速謀救濟起見，因向財政部催還積欠。其時適有庚款展限五年之舉，遂由財政部指撥該項延期賠款，作為發行短期公債償還本息之基金，於七年一月由財政部呈請批准，并制定民國七年短期公債章程十三條。債額定為四千八百萬元，中交兩行各得二千四百萬元。自該章程公布後，一時反對者甚衆。其所持理由，以政府欠兩行之款已達九千三百萬有奇，兩行京鈔之流通數及存款數略相等。區區四千八百萬元之公債，殊不足以悉數收回京鈔，俾收整理金融之實效。因又增發七年長期公債，額定四千五百萬元，同時各按五成數目搭配出售，收回兩行京鈔。_{例如以京鈔百元承購積票應得長短期兩公債票各五十元其餘以此類推}自此項辦法決定後，爰於是年四月將該兩公債條例，同時公布，並交由中交兩銀行發行。自七年五月一日起，至是年六月二十九日止，計由中行募集長短期兩種債額，各一千二百四十萬九千八百三十元。交行募集長短期兩種債額，各九百七十五萬零一百二十元，共計募集債額四千四百三十一萬九千九百元。所有收回中交兩行京鈔，共四千四百三十一萬九千九百元，當由財政部將該數分撥中交兩行，作為抵償歷年墊付財政部各款。旋因債票停售，鈔價復落，又經財政部呈請將售餘債票，全數提交公債局繼續發行。自七年十月十二日起，至八年十月四日止，計長短期兩種債額，各售出

---

❶　"拆"，當爲"折"，原文有誤。——編者註

一千三百二十四萬三千五百二十元，共計收回中交兩行京鈔二千六百四十八萬七千零四十元。所有收回京鈔，均歷經公債局會同審計院及京師總商會各機關，分批監視切毀。是為財政部整理中交兩行京鈔，而發行七年長短期兩公債之經過也。

　　（二）九年整理金融公債　溯自七年長短期兩公債發行之後，而京鈔仍未能澈底清理，至九年遂又有整理金融公債之發行，以為結束停兌京鈔之需。在當日京鈔辦理情形，於財政部呈文中，言之亦頗綦詳，茲摘錄如下。略謂自中交鈔券停兌以來，銀行信用大減，金融周轉不靈，通貨缺乏，物價騰貴。益以一般商民，競以京鈔為投機之具，不為正當放歉，以致鈔價不定，利率抬高。而商民之以鈔券為收入者，受害尤烈，此停兌京鈔之害及於社會金融者如此。復查中央財政，近年以來，無日不以借債為生活。自外債停止，不得不求之內債，現計各銀行號零星借欸，已達三四千萬。其中京鈔借欸有二千四百餘萬元之多，利息既高，償期又短，且有保價辦法，虧耗甚鉅。且各項借欸，目前到期者，已有一千五六百萬。間有轉期四五次或六七次者，設不早為清理，不特有失國信，抑且牽動金融。且國家收入，所賴以挹注者，交通收入實為大宗。該部近數年來，積收京鈔共三千餘萬，是不啻於無形之中，收入減少一千餘萬。現在除已售成現洋外，尚存京鈔二千餘萬，大半均已抵借現洋。此項利息，又年需百餘萬。倘無根本辦法，即現洋押欸紛紛到期，恐亦窮於應付，是停兌京鈔之害及於國家財政者又如此。查海關收入，每年尚有盈餘。現擬以此為担保，發行整理金融短期公債六千萬元，內提出二千四百萬元，以一部分留充本部清理京鈔押欸，一部分撥與交通部贖回前項抵借現洋之京鈔。撥歸本部，為清理京鈔押欸之需。其餘債額三千六百萬元，發交內國公債局，尅期售發，專收京鈔，以四個月為期，逾期之後，無論公共機關或商業機關，不得再有前項京鈔出入，並不准再有前項京鈔行市。若持有京鈔，不願購債票者，亦可分向中交兩行，換立分年定期存單，利率期限，悉與公債相同。至公債發行以後，所收京鈔，一律切角銷燬，并將每次銷燬數目，送登政府公報，以昭大信等語。自該條例公布之後，旋由國務院通令，此項公債發交內國公債局出售，按照額面收回中交兩行京鈔，盡數銷燬。並定自九年十月一日起，截至十年一月三十一日止，為發行公債期間，過期之後，所有前項停兌之京鈔，無論公共機關或商業機關，不得再有授受，并不准再有行市。其有不願購換債票者，得向北京中國交通兩銀行，分別換取定期存單，利率期限，悉與公債相同等語。

　　按：自該公債發行之時，遵照國務院令規定期間，於九年十月一日起至十年一月三十一日止為發售期間，統共售出債額五千八百零七萬九千二百四十二元，內除債額二千四百萬元，係以清理京鈔借欵不計外，計實收回中鈔二千二百十萬三千二百二十三元，交鈔一千一百九十七萬六千零十九元，兩共收回京鈔三千四百零七萬九千二百四十二元。所有收回京鈔，均歷經審計院及京師總商會會同公債局主管各機關，先後當衆銷燬。其售餘債票一百九十二萬七百五十八元，當由公債局保管，以備中交兩行收回零星京鈔之用。蓋前項公債發行期滿後，所有零星京鈔，換取現金存單，未免手續過繁。故特為便利換發存單手續起見，規定凡持有京鈔五十元以下者，可向兩行換取該項債票。其五十元以上者，仍照換存單，以便結束云。是為財政部發行整理金融公債，而結束中交兩行京鈔之經過也。

第八章　特種銀行發行之鈔券

民國以來，經政府特許發行兌換券之特種銀行，時有增設。除普通商業銀行外，計有下列之各銀行。

第一節　殖邊銀行

民國三年三月公布之殖邊銀行條例，內第十條載，殖邊銀行得發行鈔票，但至少須有十分之四現金之準備及中國銀行兌換券，餘以保證準備充之。其鈔票通用地域，以財政部令定之。又該行發行之初，除遵守該行條例第十條之規定外，特嚴訂一種兌換券準備金章程。無論何行，其發行之第一期，須有現金十成以為準備。至第二期以至第七期依次遞減，及於條例四成之規定乃止。觀其所規定章程，極為嚴密，惜未能遵守，以致有濫發之弊。如上海分行於民國五年歇業停兌以來，迄今未能結束也。茲附錄其兌換券準備章程如下。

殖邊銀行兌換券準備章程 民國四年九月三十日通告，五年十一月十一日修改

第一條　本行依條例第十條，發行兌換券。其準備方法，須遵本章程辦理。

第二條　本行各分支行處所，凡初發行兌換券時，均須有十成現貨準備，但得分期遞減之。其遞減之比例如下。

　　第一期　　十成現貨準備　　　　　—

第二期	九成現貨準備	一成保證準備
第三期	八成現貨準備	二成保證準備
第四期	七成現貨準備	三成保證準備
第五期	六成現貨準備	四成保證準備
第六期	五成現貨準備	五成保證準備
第七期以後	四成現貨準備	六成保證準備

上項按期減成之比例，由總管理處按照各處情形，隨時酌定，但減成後，仍得增加之。

第三條　本行兌換券，無論何行，一律兌現。其兌現較多之地點，應由發行行與兌行互訂存欵付現之契約。

第四條　兌換券各種準備，由總管理處派司券員，會同各分支行行長或處所長掌管，並由總管處隨時派人抽查之。

第五條　兌換券各種準備，不得與營業資金混合。

第六條　保證準備，應行注意之點如下：

（一）各種票據，至遲須在三個月以內，確能兌現者。

（二）證券債票及不動產貴重品等所估價格，須隨時可以變賣現貨者。

第七條　各分支行處所，每日發行兌換券時，由司券員會同行長或處所長，將各種準備檢查後，始得照額發行。否則司券員，得執行其制止之權。

第八條　兌換券發行準備額表，由總管理處頒布表式，交由司券員會同行長或處所長按日填寄。

第九條　凡發行兌換券，各分支行處所，按照發行會計規程，填具帳表，及發行準備額表時，司券員及行長處所長，概須簽名蓋章，以明責任。

第十條　發行額與準備額，如違反本章程第二條之規定，及不服總管理處之指揮，或報告與庫存不符時，該司券員及行長處所長，應受相當之處分。

第十一條　其他發行大洋以外各種紙幣，如羌洋票、小洋票、直洋票、銀兩票、存票等，一律適用本章程之規定。

第十二條　本章程非經董事會議決，不得修改之。

第二節　農商銀行

農商銀行係民國九年設立。該銀行章程第十條規定，得發行鈔票。據該行十一年度營業報告，兌換券發行數目，共為七十四萬七千元。十二年八十九萬五千四百二十元。又該行新向德國名廠訂印鈔票，自十三年七月一日起，開始發行，並收回原發鈔票云。

第三節　邊業銀行

邊業銀行開辦於民國九年。該銀行章程第八條載稱，邊業銀行得發行鈔票。據該行十年度營業報告，兌換券發行數目，共為七十二萬二千五百四十元。十二年為一百零一萬四千一百九十二元。

第四節　勸業銀行

勸業銀行自民國九年改為官商合辦後，按照農商銀行成案，呈准財政部幣制局有發行鈔票之權。惟另訂鈔票發行章程六條，以資遵守。據該行民國十年度營業報告，兌換券發行數目，計共七十八萬七千六百九十五元也。

勸業銀行鈔票發行章程

第一條　此項紙幣，將來政府實行統一紙幣時，該行仍應悉數收回，以為倡導。

第二條　發行數目，應呈請幣制局核定。

第三條　關於發行紙幣準備各項，應另訂詳章，報由幣制局核准辦理。

第四條　由幣制局派監理官一員，隨時檢查帳目。

第五條　每星期須將紙幣及準備金數目，連同營業帳略呈報幣制局。

第六條　所有紙幣應照呈經局定之數目訂定印刷，將樣本及訂印合同送局查驗。至紙幣之封存及啟用，均應由監理官監視辦理。

第五節　蒙藏銀行

按該銀行章程第八條規定本行得發行紙幣，但須遵行下列各欵：

（一）此項紙幣，至政府實行統一紙幣時，應即悉數收回，以為倡導。（二）發行數目，應呈請蒙藏院核定，轉咨幣制局備案。（三）關於發行紙幣準備各項，應另訂詳章，報由蒙藏院核准，轉咨幣制局備案。（四）蒙藏院呈派監理官一員，幣制局會同財政部呈派監理官一員，隨時檢查賬目。（五）每星期須將紙幣及準備金數目連同營業賬略，呈報蒙藏院暨幣制局。（六）所有紙幣應照呈經核定之數目訂定印刷，將樣本及訂印合同送蒙藏院幣制局查驗。紙幣之封存及啟用，均應由監理官監視辦理。

第二編　現代貨幣/第二部　紙幣
第八章　特種銀行發行之鈔券

第六節　財政部平市官錢局

第一項　平市官錢局發券之略情

　　財政部平市官錢局，民國三年設於保定，呈准發行銅元票。五年并設於北京、天津等處。所出錢票，有十枚券、二十枚券、四十枚券、五十枚券、百枚券五種。據財政部民國七年報告，該局發行銅元票，流通數目，截至是年二月底止，計有一百枚票一萬一千三百二十一張，五十枚票二萬八千五百八十八張，四十枚票七千九百五十三張，二十枚票三十四萬零一百四十三張，十枚票七十萬二千四百五十張，共合錢一十六萬七千零六十九串八百文。觀此則所出票額，尚屬無幾。嗣後中國銀行原發行之銅元票，亦歸併於該局辦理，自是票額有逐漸增加之勢，而分支局亦漸次分設於京外各地。至民國九年，分支局已達二十餘處之多，票額總數為一百九十五萬七千餘串，較之七年發行數目，則頗有急增之勢也。茲將各分支局發行銅元券數目，列表於下。

各地平市官錢局發行銅圓券額數表

年份 局名	民國九年
京兆	串 八三二、三六七、九〇
天津	三〇七、七六〇、六〇
張家口	二七八、九九五、五〇
保定	九九、七二六、三〇
石家莊	一、六二六、三〇
濟南	九、二三八、〇〇
烟台	二五、九七一、〇〇
青江浦	四三、九一四、〇〇

續表

年份 局名	民國九年
徐州	三三六、〇九七、〇〇
景縣	二、六〇〇、〇〇
撫寧	六、四六五、八〇
台營	四、九五七、八〇
南宮	一三四、一〇
唐山	一、四〇四、六〇
灤縣	二、〇二七、〇〇
遷安	一、四六一、二〇
勝芳	一四五、〇〇
束鹿	八二三、〇〇
滄縣	一、九〇八、五〇
六合溝	—
大名	一六三、七〇
合計	一、九五七、七八七、三〇

第二項　北京平市官錢局銅圓券整理之經過

　　民國十二年八月底，北京平市官錢局，因銅元券發行過濫，以致供過於求。加以銅元券抵押借歀，到期不能取贖，債權者即行售出，遂至銅元券益見充斥。該局因準備空虛，兌現擁擠，特加限制，於是券價陡落，行使維艱。且奸商乘機操縱，市面愈形恐慌。當經財政部召集財界諸人，會議維持辦法。（一）由財政部先籌四十萬元，分四個月撥付，準備無限制兌現。（二）兌現後所收回之銅元票，陸續截角銷燬。（三）限定京師市面需用銅元票之流通確數，以免供過於求。三者誠不失為治本之法，然因籌歀無着，所擬辦法，終不易見諸實行。旋經軍、警、商各界，起而維持，并由步軍統領衙門及京師警察廳會銜佈告，其辦法約有三端：（一）由本衙門本廳每日派員會同總商會監視平市官錢局，以現歀收回銅元票。凡收回之銅元票，隨時截角銷燬，不准發出，再行使用。（二）

本衙門本廳會同籌借現欵，源源撥發，作為基金，按日到市收票，不似從前再予限制。（三）商號市民，嗣後對於銅元票，均須遵照命令，按照票面價格與銅元一律行使，不准稍有折扣，亦不准抬高物價。如敢故違，定即從嚴懲辦等語。並一面令平市官錢局，逐日收回一百泡（每泡七十二元）至二三百泡之數。意者收回之數既多，則券價當可提高。按此計畫，非獨不能實現，且仍跌落不已。僉謂欲維持票價，有先清查逾額銅元票之必要。於是由財政部、幣制局會同軍警當局及總商會各人員，切實偵查。其所得結果如下：（一）京華印書局內已印票二十八箱，合一千九百八十三萬串（約合一百萬元）。（二）和濟印刷局內承印票七百萬張，合一千萬串（約合五十萬元），分江蘇、天津、京兆三種。（三）平市官錢總局存票一百五十箱，數不明。（四）平市官錢局存票八箱，數不明。（五）華比銀行存票二十七箱。（六）聚興誠銀行存放滙理銀行銅元票八十萬串（約合四萬元）。（七）永增合銀號存放瑞金樓銅元票一百萬串（約合五萬元）。（八）信康銀行存票四十萬串（約合二萬元）。（九）警廳端節領票二百萬串（約合十萬元）。（十）馮檢閱使端節領票二百萬串（約合十萬元）。（十一）步軍統領端節領票一百萬串（約合五萬元）。（十二）王巡閱使端節領票一百六十萬串（約合八萬元）。（十三）憲兵司令端節領票六十萬串（約合三萬元）。（十四）抵與古亨甫二百萬串（約合十萬元）。（十五）抵與王子雲八百五十萬串（約合四十二萬五千元）。以上自第九項至第十五項為確已在市面流通者；其五、六、七、八四項，則因不允查封，現狀無從明晰。第一項至第五項，則經軍警點交商會收存，以免流出。至❶十四、十五兩項，係前任財政當局經手云。

---

❶ "至"，當為"第"。——編者註

清查銅元票之結果，既如上述，復由財政部會同幣制局、內務部、軍警兩機關、京師總商會暨北京銀行公會，組織平市官錢局臨時董事會。其目的在嚴重監督及進行整理一切。惟因種種問題，兌現不易，屢寢其議，故董事會卒未成立。然當時在政府方面，公平市官錢局銅元券發行逾額，影響市民生計，頗非淺鮮，故另特派薛篤弼氏，認眞清查。據該氏是年十月中旬摺呈，略謂自奉令清查平市官錢局銅元券發行情形，曾於上月約集財政部、幣制局及軍警兩機關人員，並京師總商會會董等，在司法部開會，商議清查辦法，業經呈報在案。第思關於銅元券之發行，既以平市官錢總局為策源地，故對於本案之進行，應從清查該局銅元券之定製額為入手之第一着。姑就連日在該局清查之結果言之。截至九月底，計該局所定製額數共二千五百三十四萬九千七百串，尚有已定印而未收之券七十七萬八千串在外，但其中有由財政部自該局提取而轉抵押於人者，計一百九十八萬五千串。京局承領者計三百八十四萬三千七百四十九串，而京局承領之數中，除庫存額一百二十萬零一千五百六十二串九百文外，應析為二：一係已發行額一百五十五萬八千六百八十六串一百文，一係由京局抵押額一百零八萬三千五百串。不過屬於抵押額之部分，其已到期之券額，共有二百四十五萬二千五百串，以理推測，應在市面行使。合之京局之發行額，應有四百零一萬一千一百八十六串一百文，在本京市面上流通，此係最近清查大概情形也。至關於總局定製額內，其中是否悉經財政部幣制局核准；以及各分局之承領額，是否聯合；京局發行額抵押額是否核實；種類不同，情形各異，其間有無弊竇，實非將財政部幣制局與該局有關係之檔案，併各分局各機關商號之簿冊，切實鈎稽，悉必查考，不足以明眞像。惟是所需手續，極其繁重，決非日夕所能奏功，應請稍寬時日，徹底清查，以期水落石出，掃除積弊，藉資整頓等語。茲將該氏初查銅元券數簡明報告單，錄之於下。

初查銅元券數簡明報告單

平市官錢總局定製額二千五百三十四萬九千七百串（定印未收券七十七萬八千串在外）。

一、京局承領額三百八十四萬三千七百四十九串。

二、京局發行額一百五十五萬八千六百八十六串一百文。

三、京局庫存額一百二十萬零一千五百六十二串九百文（商會封存券九十一萬八千四百二十一串八百文，總局寄存券七萬三千五百串，他局寄存券八千六白七十串均在內）。

四、京局抵押額一百零八萬三千五百串。

五、財政部由總局提取抵押額一百九十八萬五千串（發給軍警餉在內）。

按：部局抵押兩共三百零六萬八千五百串，除未到期六十一萬六千串外，下餘二百四十五萬二千五百串，應認為流通券。

地面流通額四百零一萬一千一百八十六串一百文。

京局發行券與抵押到期券，合計如上數。參照附錄內財政部平市官錢局銅元票種類概數一覽表

十一月王克敏氏長財政，對於該局銅元券，擬有具體辦法，並羅致地方官廳銀行公會等，組織董事會，監督官錢局，以為善後。其原呈略謂，設立官錢局，行使銅元票，原以平市面之金融，非以便部局之挪取。不意財政部始則提用基金，繼則竟提押票券，而幣制局則又屢次批准續印。是以歷任監督，敢於舞弊，決裂破壞，至於此極。綜考其弊，約有四端：一曰濫印，一曰濫放，一曰濫押，一曰濫費。此中情節，曲折支離，實有不可思議，不忍口述者。前奉明令派員查辦，俟呈復日自能水落石出，無俟贅陳。惟

自一月以來，迭經遴員調查，悉心鈎稽，計非一百三四十萬元不足以言整理。款鉅若此，籌措匪易，迭與部員籌商，竭力設法，部中僅能湊集四十萬元。復與中交鹽金四銀行，再四磋商，允借六十萬元，甫於本月十一日簽訂合同。該行等為公益起見，條件從寬，取息亦薄，應將合同另摺抄呈察核。兩款共計一百萬元，業已專欵存儲，即交四行保管，以免挪作他用。不敷之數，仍當陸續分籌。局中放出款項，亦尚可收回少數以資周轉，此籌欵維艱之情形也。至於維持方法，全盤籌畫，以收回押品為先。而收回押品辦法有三：（一）押款尚未全交，或藉詞不交者，應即全數追回，如違罰辦。（二）押欵已交清者，少數應即清算本息，立予償還，將押欵收回。大數則分期償還若干，取回若干。其未及取回押品，應封存官廳或商會，至清償之日為止。（三）撥付軍警之押品，其未售出者，尚有多數，應商定付欵收回日期，不再售出。以上辦法，應請飭下地方長官派員會同部派人員及局員切實認真分別辦理。押品辦竣之後，再行定期兌現，以杜從前押欵者之取巧，而保護流通之票額，此現擬維持之辦法也。前此之弊，既已清釐，則後來之弊，應思防範，一再研究，改訂章程十條。並擬由部會同地方官廳銀行公會組織董事會，監督局務。擬具章程八條，列摺呈請察核，此酌擬善後之辦法也等語。該會章程，全文付後。按：自銅元券停兌以來，歷經財政當局，雖欲維持政府信用，早日實行兌現，惟因財政艱窘，籌欵困難，故迄今尚未實現耳。

財政部平市官錢局董事會章程

（一）本會為財政部平市官錢局監督行政機關。凡本章程所規定者，平市官錢局均應遵守。

（二）本會設置董事三人，一為財政部代表，一為京師地方官廳代表，一為北京銀行公會代表。

本會董事，由前列各機關指定，無一定任期。但原派機關，亦得隨時變更之。

（三）本會執行職務，以董事三人過半數之同意行之。平市官錢局督辦，得向本會陳述意見，但不加入議決。

（四）本會董事，不支薪水津貼，但得酌支夫馬費。

（五）本會得酌用雇員。

（六）本會職權如下。

甲、平市官錢局分支局理經之任免，須得本會之同意。

乙、平市官錢總分局經費之預算，須經本會核定。

丙、平市官錢局所發新銅元票，應由本會加蓋戳記。

丁、平市官錢局所發新銅元票之準備金，不得移作營業，應分存下列各銀行，由本會另定收存及提兌辦法。中國銀行、交通銀行、鹽業銀行、金城銀行。

戊、平市官錢局印製銅元新票，應先具理由書，詳述必要情形，及訂印辦法，送經本會審查許可後，始得呈請財政部核准印齊交局，須經本會檢查封存。

己、平市官錢局所收銅元舊票，經檢查封存後，積有成數，由本會定期公開銷燬，並呈請各機關蒞場監視。

庚、平市官錢局各分支局領用銅元票，須經本會審查許可。

辛、平市官錢局所有新舊銅元票，施行左列檢查手續時，須有本會董事二人以上，蒞場監視。

子、新舊銅元票封存時之檢查。

丑、舊銅元票銷燬時之檢查。

寅、新舊銅元票發交分支局領用時之檢查。

卯、查驗總分支局庫存銅元票時之檢查。

（七）無論何項官廳機關，或個人名義，概不得向平市官錢局提借準備金，或庫存新舊銅元票。

（八）本章程自呈准日施行。

銅圓券種類、概數一覽表

（一）收製定未收券

六版京兆十枚券三百四十萬張	合錢三十四萬串
同上京兆二十枚券九十萬張	合錢十八萬串
同上天津十枚券一百七十萬張	合錢十七萬串
同上張家口十枚券十二萬張	合錢一萬二千串
同上保定十枚券十萬張	合錢一萬串
同上山東十枚券十萬張	合錢一萬串
同上山東二十枚券十萬張	合錢二萬串

（二）收提用魏前任移交券

三版山東百枚券四萬張發濟局（烟局）	合錢四萬串
三版山東五十枚券二萬張（濟局）	合錢一萬串
六版天津二十枚券二十萬張（津局）	合錢四萬串
六版保定二十枚券十萬張	合錢二萬串
三版京兆五十枚券二十萬張（步軍）	合錢十萬串
三版直隸四十枚券十三萬六千張（津局）	合錢五萬四千四百串
六版京兆二十枚券七千張（海甸）	合錢一千四百串
三版江蘇五十枚券七萬張（徐局）	合錢三萬五千串
三版直隸百枚券五萬八千張	合錢五萬八千串
三版直隸五十枚券六萬張（張局）	合錢三萬串
三版再印直隸二十枚券一萬張	合錢二千串

（三）發交各局券

保局六版直隸保定十枚券十萬張	合錢一萬串
保局六版直隸保定二十枚券十萬張	合錢二萬串
京局六版京兆十枚券三百二十萬張	合錢三十二萬串
京局六版京兆二十枚券七千張	合錢一十四萬串
津局六版直隸天津十枚券一百三十五萬張	合錢十三萬五千串
津局六版天津二十枚券二十萬張	合錢四萬串

續　表

津局三版直隸四十枚券十二萬六千張	合錢五萬零四百串
張局六版直隸十枚券十二萬張	合錢一萬二千串
張局三版再印直隸二十枚券一百張	合錢二千串
張局三版直隸四十枚券一萬張	合錢四千串
張局三版直隸五十枚券六萬張	合錢三萬串
同上百枚券五萬八千張	合錢五萬八千串
徐局三版江蘇五十枚券七萬張	合錢三萬五千串
烟局三版山東百枚券三萬張	合錢三萬串
海甸代理處六版京兆二十枚券七千張	合錢一千四百串
濟局三版山東百枚券一萬張	合錢一萬串
同上五十枚券二萬張	合錢一萬串
濟局六版山東二十枚券十萬張	合錢二萬串
同上十枚券十萬張	合錢一萬串
步軍統領衙門三版京兆五十枚券二十萬張	合錢十萬串

（四）收各局繳回廢券

張局直隸十枚券二萬五千五百張	合錢二千五百五十串
同上二十枚券一萬六千五百張	合錢三千三百串
同上四十枚券二百五十張	合錢一百串
同上五十枚券七千九百張	合錢三千九百五十串
同上百枚券一千六百張	合錢一千六百串
遷處直隸二十枚券三百張	合錢六十串
同上五十枚券一百張	合錢五十串
台處直隸十枚券三千張	合錢三百串
同上二十枚券四萬一千張	合錢八千二百串
台處直隸四十枚券二萬五千八百張	合錢一萬零三百二十串
同上百枚券七千五百張	合錢七千五百串
灤處直隸二十枚券一萬三千六百二十一張	合錢二千七百二十四串二百文
同上百枚券六百四十六張	合錢六百四十六串

（五）實存未發行項下

直隸一版百枚券四萬八千九百八十張	合錢四萬八千九百八十串
河南一版百枚券十二萬張	合錢十二萬串
京兆二版百枚券三萬二千張	合錢三萬二千串
直隸三版百枚券一百四十五萬四千張	合錢一百四十五萬四千串
山東一版百枚券十八萬張	合錢十八萬串
河南三版百枚券一百零六萬四千張	合錢一百零六萬四千串

山東三版百枚券九十三萬張	合錢九十三萬串
山西三版百枚券八十萬張	合錢八十萬串
江蘇三版百枚券十七萬五千張	合錢十七萬五千串
安徽三版百枚券一百萬張	合錢一百萬串
黑龍江三版百枚券一十萬張	合錢十萬串
江西三版百枚券一百十四萬三千張	合錢一百十四萬三千串
共計七百零四萬六千九百八十張	合錢七百零四萬六千九百八十串
直隸一版五十枚券七萬四千九百八十張	合錢三萬七千四百九十串
山東一版五十枚券六萬八千張	合錢三萬四千串
京兆三版五十枚券三十七萬二千二百八十四張	合錢十八萬六千一百四十二串
直隸三版五十枚券一百零四萬二千張	合錢五十二萬一千串
山東三版五十枚券九十四萬張	合錢四十七萬串
山西三版五十枚券五十萬張	合錢二十五萬串
江蘇三版五十枚券十六萬九千張	合錢八萬四千五百串
安徽三版五十枚券四十八萬張	合錢二十四萬串
共計三百六十四萬六千二百六十四張	合錢一百八十二萬三千一百三十二串
江蘇三版四十枚券三萬七千五百張	合錢一萬五千串
共計三萬七千五百張	合錢一萬五千串
直隸一版二十枚券三萬九千九百八十張	合錢七千九百九十六串
河南一版二十枚券五千張	合錢一千串
江蘇三版二十枚券二萬五千張	合錢五千串
直隸三版再印二十枚券七萬五千張	合錢一萬五千串
山東三版再印二十枚券五萬張	合錢一萬串
京兆六版二十枚券二十二萬八千張	合錢四萬五千六百串
共計四十二萬二千九百八十張	合錢八萬四千五百九十六串
煙台五版十枚券八萬張	合錢八千串
京兆六版十枚券二十萬張	合錢二萬串
江蘇六版十枚券三十一萬張	合錢三萬一千串
天津六版十枚券三十五萬張	合錢三萬五千串
共計九十四萬張	合錢九萬四千串

（六）已發行項下

直隸二版百枚券九萬九千張	合錢九萬九千串
直隸三版百枚券十七萬〇〇十三張	合錢十七萬〇〇十三串
江蘇三版百枚券三十三萬二千七百張	合錢三十三萬二千七百串
山東三版百枚券六萬九千九百五十一張	合錢六萬九千九百五十一串
江西三版百枚券十五萬六千二百四十四張	合錢十五萬六千二百四十四串

續　表

共計八十二萬七千九百〇八張	合錢八十二萬七千九百〇八串
直隸一版五十枚券五萬一千張	合錢二萬五千五百串
直隸三版五十枚券五萬〇八百三十三張	合錢二萬五千四百十六串五百文
河南三版五十枚券三十一萬六千張	合錢十五萬八千串
江蘇三版五十枚券五百五十八張	合錢二百七十九串
江西三版五十枚券四萬四千七百張	合錢二萬二千三百五十串
共計四十六萬三千〇九十一張	合錢二十三萬一千五百四十五串五百文
京兆三版四十枚券一萬三千九百九十九張	合錢五千五百九十九串六百文
直隸三版四十枚券八萬四千六百九十八張	合錢三萬三千八百七十九串二百文
共計九萬八千六百九十七張	合錢三萬九千四百七十八串八百文
直隸三版二十枚券四十五萬九千八百張	合錢九萬一千九百六十串
直隸三版二十枚券一萬六千九百〇九張	合錢三千三百八十一串八八百文
江蘇三版二十枚券二萬五千張	合錢五千串
共計五十萬〇一千七百〇九張	合錢十萬〇〇三百四十一串八百文
直隸三版十枚券二萬七千四百九十七張	合錢二千七百四十九串七百文
江西三版十枚券二萬二千張	合錢二千二百串
共計四萬九千四百九十七張	合錢四千九百四十九串七百文

(七) 廢券項下

徐州百枚券二十四萬張	合錢二十四萬串
清江百枚券三萬張	合錢三萬串
烟台百枚券一萬張	合錢一萬串
張家口百枚券六千七百張	合錢六千七百串 （新收一千六百張舊管五千一百張）
河南百枚券四萬〇九百七十六張	合錢四萬〇九百七十六串
滄縣百枚券三百張	合錢三百串
台營百枚券七千五百張	合錢七千五百串
欒縣百枚券六百四十六張	合錢六百四十六串
共計三十三萬六千一百二十二張	合錢三十三萬六千一百二十二串
京兆五十枚券十三萬張	合錢六萬五千串
張家口五十枚券二萬七千一百張	合錢一萬三千五百五十串
石家莊五十枚券三十張	合錢十五串
河南五十枚券三萬四千七百二十八張	合錢一萬七千三百六十四串
滄縣五十枚券一千張	合錢五百串
大名五十枚券一百三十八張	合錢六十九串
徐州五十枚券一萬四千張	合錢七千串
遷安五十枚券一百張	合錢五十串
共計二十萬〇七千〇九十六張	合錢十萬〇三千五百四十八串

續　表

京兆四十枚券十八萬七十張	合錢七萬四千八百串
張家口四十枚券一千二百五十張	合錢五百串 （舊管一千張新收二百五十張）
保定四十枚券四萬三千張	合錢一萬七千二百串
石家莊四十枚券七十七張	合錢三十串〇八百文
台營四十枚券二萬五千八百張	合錢一萬〇三百二十串
共計二十五萬七千一百二十七張	合錢十萬〇二千八百五十串八百文
京兆二十枚券六十一萬八千張	合錢十二萬三千六百串
天津二十枚券三十萬〇二千張	合錢六萬〇四百串
張家口二十枚券五萬〇五百張	合錢一萬〇一百串 （舊管三萬四千張新收一萬六千五百張）
濟南二十枚券十三萬九千張	合錢二萬七千八百串
保定二十枚券二十二萬四千張	合錢四萬四千八百串
石家莊二十枚券三萬五千五百八十六張	合錢七百十七串二百文
遷安二十枚券三百張	合錢六十串
台營二十枚券四萬一千張	合錢八千二百串
灤縣二十枚券一萬三千六百二十一張	合錢二千七百二十四串二百文
共計一百三十九萬二千〇〇七張	合錢二十七萬八千四百〇一串四百文
京兆十枚券四十四萬二千張	合錢四萬四千二百串
天津十枚券二十六萬三千張	合錢二萬六千三百串
張家口十枚券七萬一千五百張	合錢七千一百五十串 （舊管四萬六千張新收二萬五千五百張）
濟南十枚券十二萬二千張	合錢一萬二千二百串
保定十枚券四萬張	合錢四千串
石家莊十枚券六千四百三十張	合錢六百四十三串
台營十枚券三千張	合錢三百串
共計九十四萬七千九百三十張	合錢九萬四千七百九十三串

第九章　普通商業銀行發行之鈔券

　　吾國之普通商業銀行，經政府核准有發行鈔票權者，可分為二大時期，即由前清季年，已有發行鈔票權者，與民國成立以後，直至近年，始獲得發行鈔票權者是也。前清已有發行鈔票權者，如中國通商銀行、浙江興業銀行、四明商業銀行、北洋保商銀行。民國以來有發行鈔票權者，如中國實業銀行、中南銀行、鹽業銀行、大中銀行、東三省銀行（民十三年七月合併於東三省官銀號）、山東銀行（未發行），又最近由部核准之西北銀行、中國絲茶銀行、中國墾業銀行、閩廈實業銀行等，皆付與發行兌換券之權矣。茲特擇其業經調查所得者，分述於後。

第一節　中國通商銀行

　　中國通商銀行，設立於清光緒二十三年。開業之初，曾發鈔票一百萬元。嗣因偽造雜出，於光緒三十年，收回重換，續發五十萬元，共為一百五十萬元。民國以來，仍舊發行，惟數目略有變動，其鈔票有五元、十元、五十元各種。光緒三十年發出，即西曆一千九百零五年二月十六日，於鈔票上均刊有此種時日。惟西曆刊於票面，而華曆則刊於票背也。又該行鈔票正面英文，原為The Imperial Bank of China，譯即帝國銀行之意，與漢文本意，頗不相符。國體變更後，其Imperial字已用兩條藍色墨線抹去，另於該英字之上，印以Commercial藍色英字，譯即商業之意。是所謂中國通商銀行者，而於修正英字，最為適當也。

附註：最近數年兌換券發行數目，另詳後表。❶茲不贅述。

第二節　浙江興業銀行

浙江興業銀行係清光緒三十四年設立。由部核准發行兌換券，於滬杭漢各大埠，流通甚廣，頗著信用。民國四年，改與中國銀行訂立特約，收回前所發行之紙幣，領用中國銀行兌換券，代為發行。（參照銀錢兩業領用中行兌換券之經過）其前所發行之舊券，於民國五年，業經會同中國銀行陸續銷燬。迨至民國十一年一月，復經幣制局批准，繼續發行，並經財政部核准在案，因製定一元、五元、十元各種鈔票，於是年十二月一日發行。自是所有發鈔事務，與營業完全劃分，特設專員職掌其事。茲將該行歷年發行舊券數目列后（單位一元）。

歷年發行舊券數目表（單位元）

年別		舊券發行數目
光緒	三十三年	三、三〇〇
	三十四年	二四八、六二九
宣統	元年	七二〇、〇〇〇
	二年	七二八、一〇〇
	三年	一九七、三一八
民國	元年	六四一、一八〇
	二年	九三七、二〇〇
	三年	九二五、〇〇〇
	四年	四九七、七〇〇
	五年	五〇、五〇〇

附註：該行領用中行兌換券數目，詳銀錢兩業領用中行兌換券之經過項內。又自民國十一年十二月一日起，發行兌換券數目，另詳後表。❷茲不贅述。

---

❶ 即普通商業銀行最近數年兌換券流通額數表。——編者註
❷ 即普通商業銀行最近數年兌換券流通額數表。——編者註

第三節　四明商業銀行

四明商業銀行於光緒三十四年創設，當開業之初，已有鈔票發行。其兌換券有十元、五元、二元、一元各種。據民國三年之調查，當時流通市面者，共為十九萬元。自民國四年公布取締紙幣法規以來，該行紙幣，亦漸次收縮。惟自近年仍繼續發行，甚流通於滬上，信用亦極佳云。

附註：民國十二年兌換券發行數目，另詳後表❶，茲不贅述。

第四節　中南銀行

中南銀行創辦於民國十年，由部核准有發行鈔票權。嗣於民國十一年九月，與金城、鹽業、大陸各銀行代表會議，決議於聯合營業事務所之下，設立四行準備庫，辦理中南銀行鈔票發行準備及兌現一切事務。當議立規約六條，四行準備庫發行章程八條。茲分錄於後。

附註：民國十二年兌換券發行數目，另詳後表❷，茲不贅述。

^{鹽業中南}_{金城大陸}銀行準備庫規約

（一）四行在聯合處之下，設立四行準備庫，辦理中南銀行鈔票發行準備及兌現一切事務。

（二）關於上項事務之費用及其他之損益，由四行公攤之。

---

❶ 即普通商業銀行最近數年兌換券流通額數表。——編者註
❷ 即普通商業銀行最近數年兌換券流通額數表。——編者註

（三）準備庫之帳目，完全獨立。四行應遵守準備章程，換用鈔票。萬一四行中無論何行有意外之事，其損失與準備庫無關。

（四）四行準備庫之存立期限，以四行中任何一行之營業期限為限。四行中如有一行，因故休業時，於準備庫之存立無關。

（五）四行準備庫既經成立，非得四行各個之同意，不得取銷四行中之任何一行，不得收回或另行發行何種鈔票，及領用他種鈔票，另圖利益。

（六）四行準備庫章程及鈔票準備金之章程，由四行代表公決之。

鹽業中南金城大陸銀行準備庫發行章程

（一）中南銀行為慎重政府賦與發行權，及保持社會流通之信用起見，特將本行發行鈔票，規定十足準備之章程。聯合鹽業、金城、大陸各銀行，設立四行準備庫，公開辦理，以昭核實。

（二）四行準備庫，次第在滬、津、漢及其他已經設立四行之處所分設之。

（三）四行準備庫，無論在何地方，均須特立機關，設置於四銀行之外。其準備庫職務，專辦鈔票之發行，準備金之存儲，以及印票兌現一切事務。除與各銀錢行號交往外，不兼做其他營業。但四行營業所內，不再設鈔票兌現處，俾免混合。

（四）發行鈔票，十足準備，所有本庫資產，不得移作他用。

（五）四行準備庫，特設主任一人。各分庫設處長一人。處員酌設若干人。準備庫主任，由四行聘任。其處長之用免，亦須得四行協商之同意。

（六）四行準備庫，四行為完全負責起見，設總稽核四人，由四行總經理充之。分稽核若干人，由各地四銀行之經理副理充之，均不支薪。總分稽核對於各處之準備庫帳目，及庫存現金鈔票，得隨時嚴格稽核，并另訂稽核章程。

（七）本準備庫，除政府特派監理官監察外，如銀行公會商會，欲來本庫調查，持有銀行公會及商會正式介紹函者，一律歡迎。

（八）本準備庫章程修改時，須經四銀行會議公決之。

普通商業銀行最近數年兌換券流通額數表（單位—圓）

年次\行名	中國通商銀行	浙江興業銀行	中國實業銀行	山東銀行	四行準備庫	四明銀行	北洋保商銀行
民國 四年	—	四九七、〇〇	—	六一六、九九八	—	—	—
民國 五年	—	五〇、五〇〇	—	八五四、八八九	—	—	—
民國 六年	—	—	—	六五五、六三七	—	—	—
民國 七年	一、六二二、三一七	—	—	七八九、六九二	—	—	—
民國 八年	一、五〇二、二八七	—	—	五六六、四三二	—	—	—
民國 九年	一、〇九七、五六九	—	四三、三九五	五八七、九九七	—	—	一、一〇一、八〇〇
民國 一〇年	一、〇七一、二五〇	—	一一〇、一七一	六六四、八九〇	—	—	五四六、〇〇〇
民國 一一年	—	九〇〇、〇〇〇	三〇六、九一四	六八七、〇九〇	—	—	三八七、二〇〇

續 表

行名＼年次	中國通商銀行	浙江興業銀行	中國實業銀行	山東銀行	四行準備庫	四明銀行	北洋保商銀行
民國一二年	—	一、一〇〇、〇〇〇	五八八、一四七	六五三、八〇四	一四〇七、一五四〇	二、五九五、〇〇〇	八五七、〇〇〇
民國一三年	—	一六七、一四〇	五三五、三六一	—	—	—	四六一、四〇〇

附註：中國通商銀行與四明銀行係以一兩為單位。

第十章　地方銀行發行之鈔券

第一節　地方銀行發鈔之略情

溯自清咸豐二年，國家以財用匱乏，餉需孔亟，於京城內外招商設立官銀錢號，以為推行銀錢票之關鍵。迨光緒季年，各省之有官銀錢局者，已有直、魯、奉、吉、黑、豫、晉、蘇、贛、閩、浙、鄂、湘、秦、隴、川、粵、桂、熱河等十餘省區。自是一省之中，有設一機關者，有設數機關者。其歷史雖不盡同，大都為各省省庫之金融機關，發行銀元、銀兩、銅元、或制錢、鈔票。未經中央法令明定，其本位單位，紛雜不一，視各省之需要而異，極魚龍曼衍之觀。準備之有無，以及成數之若干，亦復各自為制。故票之兌現與否，亦不一致，信用之良否，市價之高下，亦復互異。嗣有改辦為新式銀行者，其發行鈔票之權，固依然存在。逮辛亥革命，各省以財政艱窘，無由取給，悉以發行紙幣為籌歉之一法，以致濫發無藝，而尤以粵、蜀、湘、鄂、贛諸省為最甚。民國二三年之交，票紙既增，市價日低，物價步漲，商業停滯，危象可慮。考其紙幣發行之數，廣東約三千二百萬元，跌價五六折。湖南約二千六百萬元，四川約一千五百萬元，江西約八百萬元，跌價均在七折。湖北約三千萬元，新疆伊犁約七百萬元，跌價均在八折。雲貴約四百萬元。雲南雖未跌價，而貴州已跌至五五折。東三省約三千四百六十餘萬元，跌價六七折。陝甘約六百萬元，廣西約三百萬元，跌價均在九折。餘如河南，為二百二十萬元，山西為七十二萬元，山東為四百八十萬元，安徽為七十八萬元，尚足維持票面價格。統計各省紙幣總數，約一萬六千三百萬元，平均七折，計合市價一萬一千三百餘萬元。當時財政當軸，對於此項大宗紙幣，亦曾定有收回之計畫。如廣東紙幣，則由善後借欵整理鹽欵項下，撥用一百萬磅，為收回濫幣之用。黑龍江官帖，擬以官銀號及廣信公司所收贏餘，分年收銷。貴州紙幣，由中國銀行借欵一百五十萬元，陸續收回。四川軍票，由該省自發新票二百萬元收換，餘數亦向中國銀行借欵收回。陝西紙幣擬由變賣官產收回之。江西則擬發省公債，由中國銀行代售，以所得之欵，為收票之用。湖北、湖南則擬以礦產餘利，畫成充用，無如財政竭蹶。所定計畫，除廣東等省外，多未能實行。加以事變迭起，支出浩繁，對於整理紙幣辦法，更無一定之方針可言也。民國六年，財政部舉行財政會議，對於各省官錢銀號，籌整齊畫一之法，提出改良辦法五大端。茲節錄有關紙幣者如下：（一）整理紙幣。查從前各官銀錢行號，濫發紙幣，為害甚大。現在各省，如廣東、浙江、直隸雖已收回，其餘各官銀錢行號紙幣，亦按截止發行額定為限制。然現在綜計此項紙幣，流通數目，仍屬不少，收回之說，既難遽行，整理之法，尤不可緩。一則澈查現在流通確數，二則嚴禁擅自私發，及發新換舊時之有發無收。按：各行號紙幣流通現數，原有按期報告到部，然與實在數目，每有不符，難資徵信。現在紙幣制限法，業經本部擬訂，關於飭報流通確數，及嚴禁增發各節，均已定有明文，不日即將公布。應即由各財政廳從三月起，先行切實查明，按月呈報，以作整理之參考。至將來收回辦法，固應以籌集大宗欵項為先決問題，然嗣後每年結算，所獲贏餘，應預為提十分之八，另欵存儲，以充整理紙幣基金，隨時報由本部酌定辦理。（二）溝通匯兌。查現在各省官銀行錢號，紙幣跌價，雖係濫發所致，然因不能匯兌出省，實亦其中一大原因。故一面在限制濫發，一面尤應與各省溝通匯兌。查各省官銀錢行號，在天津、上海、漢口等埠，雖亦開設支號，自行匯兌者，然其勢力多未雄厚，安能推至各省各埠之遠且廣也。溝通匯兌之法，莫如由每省官銀錢行號，各籌現款，為匯兌基金，將原設他省之分號，即委託所在地之官銀號代理。經費既可節省，信用又復昭彰。本省紙幣，一經可以匯兌出省，自不至如今日市價之大跌，雖各埠幣價不同，未能一致。然既通匯兌，即可以匯水之低昂，為金融之操縱，亦不致窒礙推行。但如何擬訂規章，使各方均受利益，不致有畸輕畸重之虞，是尤在各銀錢行號，彼此相見以誠，分別妥籌耳。按自近年以來，財政部雖限令各省官銀錢行號及省有之銀行發行紙幣數目，須按期呈報中央，及其印造，必須經財政部印刷局印刷。無如法令多未能實行，各省間有呈報者，亦難盡信，甚至有請求中央核准增印新鈔，以便收換舊鈔，實際上為擴充發行數目者，亦在所難免。茲將各省地方銀行情形分述於后。

第二節　直隸省銀行

直隸省銀行，於清宣統二年九月，以天津銀號改設。天津銀號發行之鈔票，計共有銀兩票三十八萬四千五百兩，銀元票七十三萬二千元，銅錢票六萬四千七百九十四千文。宣統元年，奉度支部令，按年收回二成。鼎革之後，在外流通數目，計銀兩票一千二百餘兩，銀元票四千八百餘元，銅元票二十三千餘文。至民國四年，此項紙幣，即已收回殆盡。五年中交兩行停止兌現，市面金融緊迫，緣商會之請求，復行發行鈔票，亦經定有期限。截至六年底止，計發出之銀元票，為五十三萬餘元。民國九年底，增至六十餘萬元。十三年冬，在外流通數目，為一百二十四萬二千餘元。此直隸省銀行發券之大略也。

第三節　奉天省銀行

第一項　東三省官銀號

東三省官銀號，原名華豐官銀號，至清光緒三十一年十一月，始易今名。初由該號發行東錢票五百餘萬串，旋因該省習慣通用小銀元已久，故又改發小銀元票。并將東錢票陸續收回。迄民國三年四月底止，綜計各種鈔票，_{銀兩票、大龍圓票、小銀圓票、東錢票四種}前後共發八百七十餘萬元。四年十二月底止，小銀元票一項，約合八百一十四萬餘元之多，其餘各種票額尚少。至民國六年之間，其小銀元票數額，已達一千萬元以上，旋因發行既多，準備不足，_{民國四五年以來，現小銀元逐漸流出，以致維持兌換，頗感困難}票價低落。日人藉口兌換券之名，往往強求兌現，數釀交涉，不得已乃改用大銀元本位，藉資補救。并核定發行大銀元票額數，以維信用。嗣中日協定兌現辦法，限一年半期內，全省概用大銀元，其小銀元票應即一律收回。恐一時應付不周，現大銀元準備未能充實，于是遂由該號發行一種匯兌券，_{該券票面記載持票者，得按隨時滙兌行情，在奉天交發，在上海領收規銀}與兌換券生同一之效力。凡商民交易，公家徵收，一律通用，無許歧異，并規定每大銀元票一圓，折合小銀元票一元二角，故又稱大銀元票，"曰一二大銀元"。按：自大銀元票發行以來，小銀元票，逐漸收回，現在市面流通額已甚少。又奉省當局為便利小額交易起見，特附設奉天公濟平市錢號於官銀號內，准許發行當十枚與當五十枚之銅元票，以資流通。<small>每大洋一圓，得換銅圓拾枚票拾二張，又每拾枚銅圓票一張，規定准換銅圓拾枚</small>近聞該官銀號發行額，在民國十三年七月合併興業及東三省兩銀行之前，其在外流通之大銀元匯兌券及小銀元紙幣約五千萬左右。東三省銀行發行之大銀元票一千餘萬，興業銀行發行之債券六百餘萬，該兩行現正收回一切。合併後由該號續出匯兌券兩千萬，將兩行之票券全部收回後，再續發一千萬，共足八千萬之數。預備現銀圓千餘萬，實行二成兌現，以固基礎，而符原定之計畫云。此該官銀號發行紙幣之大略也。

第二項　奉天興業銀行

奉天興業銀行，創辦於民國元年，其發行之鈔票，在民國六年底止，計有小銀圓票八十萬零九千九百餘圓，農業票九千三百餘圓。至民國十二年終，共計發行額，約計六七百萬元之多。當局為統一紙幣發行權起見，遂將該銀行歸併於官銀錢號內，并擬定分期收回紙幣辦法。此該行發行鈔票大概情形也。

第四節　吉林省銀行

第一項　吉省發鈔之沿革

清咸豐四年，戶部頒發官銀票四萬兩，令吉省於雜支各欵，按成搭放，以為推行鈔法之助。當時商賈懷疑，不肯以錢易票，於是將軍景淳於六年三月，設立通濟官錢局，開發銀票，凡人民有赴局買票賣票者，即隨時按照現銀酌減作價收售，是為吉省發行鈔券之始。自後信用漸佳，每年約可推行三餘萬兩。至同治四年，將軍桌保以票額日增，現錢不敷兌換，始規定二成搭交現錢，以八成搭交不兌錢票。同治十年，所有全省稅釐各課，一律收用不兌錢票。惟稅物錢文，仍以二八現票為標準。光緒九年，將軍銘安，規定憑票十吊，准取現錢二吊。十年將軍希元，規定憑票錢六百文，作價一錢八分，作為永遠定價。此吉省未設官帖局以前之發鈔大略情形也。

第二項　永衡官銀錢號發鈔之近況

吉林永衡官銀錢號，設立於清光緒二十四年，原名永衡官帖局。因鼓鑄銀圓，供不應求，爰發木版銀圓官帖，藉資補救。當時規定每小銀圓帖一圓，合吉錢二吊二百文，銀一兩換錢三吊三百文。_{每吉錢一吊，合制錢五百文}至二十六年改發現錢官帖。三十四年附設官錢局，於官帖局內，改發石印官帖。時因發行已多，現錢不敷兌換，於票面註明現二成。宣統元年，由上海運到現銀二百餘萬，一時帖價大漲。三年省城大火以後，發行益多。民國三年，未實行收回官帖時，尚有現金準備數百萬。嗣後準備益空，票價愈低，但當時欲發官帖，尚須經中央核准。自民國五年以來，軍餉浩繁，餉源無出，輒開官帖，故發行數目益加衆多。聞最近每大銀圓券一圓，約兌官帖百六十餘吊也。又鈔券發行種類，在光緒二十六年，初發石印官帖時，為一吊、二吊、三吊、五吊四種。二十四年，增發十吊、五十吊、百吊三種。現時所流通者，仍係七種。五十吊、百吊稱為整帖，十吊以下稱為小帖。此外尚有銀兩票、大銀圓票、小銀圓票各種。但發行數目，寥寥無幾。茲將官帖之歷年發行收回額及流通額數與吉帖對銀一圓之市價，列表如下，藉資參考。

吉省官帖累年發行額數表（單位吊）

年次＼數別	每年增發額	收回額	流通額
自光緒二十四年至宣統元年八月	五三、六一五、五四八	—	五三、六一五、五四八
自宣統元年八月至十二月	一〇、一四九、三〇〇	—	六三、七六四、八四八
宣統二年	七、九六二、八五〇	五、九〇〇、〇〇〇	六五、八三七、六八九
宣統三年	一五、〇〇四、三〇〇	一、八三七、六三四	七八、九五八、三六四
民國元年	二七、七四五、〇〇〇	三、六二五、六六六	一〇三、〇七七、六九八
民國二年	三六、九三五、〇〇〇	三、〇〇〇、一二三	一三七、〇一二、五七五
民國三年	二四、六一〇、〇〇〇	九、〇〇〇、〇〇〇	一五二、六二一、八九一
民國四年	因三年十二月發生收帖事故未發行	三、〇〇〇、〇〇〇	一四九、六二一、八九一
民國五年	九〇、〇〇〇、〇〇〇	三、五〇〇、〇〇〇	二三六、一二一、八九一
民國六年	七〇、〇〇〇、〇〇〇	四、〇〇〇、〇〇〇	三〇二、一二一、八九一
民國七年	二七〇、〇〇〇、〇〇〇	二、五〇〇、〇〇〇	五六九、六二一、八九一
民國八年十二月二十日	—	—	八三四、四〇五、八一〇

吉帖對銀一圓之市價表（長春）

年次＼月別	一月			七月		
	最高	最低	平均	最高	最低	平均
民國元年	四、二六〇	四、六一二	四、四〇九	五、〇二〇	五、四七〇	五、一九三
民國二年	六、五九〇	八、二〇〇	七、二三一	七、二五〇	八、二〇〇	七、六五四
民國三年	八、〇〇〇	八、九〇〇	八、三三一	一三、〇二〇	一六、八〇〇	一四、九六七

續 表

月別 年次	一月			七月		
	最高	最低	平均	最高	最低	平均
民國四年	一一、三〇〇	一三、〇〇〇	一二、〇一八	一四、〇〇〇	一五、九〇〇	一五、二〇〇
民國五年	一三、〇五〇	一五、九〇〇	一四、四六〇	一四、九五〇	一六、〇〇〇	一五、二五五
民國六年	一五、一二〇	一八、一八〇	一七、五七六	一六、五五〇	一八、〇〇〇	一七、一三九
民國七年	一八、〇〇〇	二〇、一五〇	一九、一三	二〇、八〇〇	二四、〇〇一	二二、五四三
民國八年	三一、八〇〇	三四、三〇〇	三三、四三六	—	—	—

附註：清光緒三十三年六月間吉帖對小銀元一圓之市價約二吊六百二十三文。又本表銀元依正金銀行銀鈔為標準。

第五節　黑龍江省銀行

第一項　黑龍江官銀號

黑龍江官銀號，開設於清光緒三十四年。其時江撫周，以該省市面日俄紙幣充斥，又凡東清鐵道經行之地，均一律通行，全省銀價漲落之權，幾操諸外人之手。江省雖設有廣信公司發行錢帖，藉資抵制一二，但勢力薄弱，流通不廣，萬難挽回本省利權，遂議設立官銀號，發行鈔票，以資流通。當初規定發行種類，為銀元票與銅元票兩種。銀元票分一角、二角、五角、一元、五圓、十元六等。銅元票分十枚、二十枚、三十枚、五十枚、一百枚、二百枚各種，嗣因成本缺乏，銅元票發行漸多，不能維持兌現，價格因之日落。至民國二年，定官價每百枚，按三吊二百文兌給官帖。至其發行額，在前清宣統二年八月底止，計共合銀一百一十九萬餘兩。民國二年年底，增至四百餘萬元。五年十一月中旬止，銀圓票為二百八十六萬四千六百餘元，銅元票為四十七萬餘吊。至八年底止，銅元票一項，已有一百九十五萬三千餘吊。近聞該項鈔票，約達一千餘萬吊云。此該號發行鈔票之大略也。

第二項　廣信公司

廣信公司創自清光緒三十年，其發行票紙種類，計有銀票與錢票兩種。銀票分一兩、三兩、五兩、十兩、二十兩、五十兩六等。錢票分一吊、二吊、三吊、五吊、十吊、五十吊、一百吊七等。其先所發行之官帖，定價以三吊合江平銀一兩，以二吊二百文合小銀元十角，其後帖價漸落。至宣統元年，官帖定價改為三吊四百文，合小銀元一元，其時發行額約有三千餘萬吊。民國三年秋，統計前後共發行一萬四千餘萬。四年年春，復收銷八百餘萬串。六年上半年，發行九千餘萬。七年春，發行三千餘萬，至是年冬，又續發一萬萬串。截至民國八年底止，總計前後共發行五萬零七百八十一萬餘吊。十三年冬，該項官帖在外流通者，約有二十二萬萬吊之多云。按：自民國成立以來，因票額急增，價格亦不免隨之低落。民國三年，官帖對小銀元市價，由秋季八吊至冬季十六吊。八年春，對小銀元二元市價，約合二十四吊。九年對大銀元一圓市價，跌至七十吊。至最近十四年春，則須二百五六十吊，方可換大銀元一圓云。此該公司發鈔之略情也。

第六節　山東省銀行

山東官銀號，初名為通濟官錢局，創始於清光緒二十二年八月，至二十七年五月，始改名官銀號。其發行兌換票紙其為四種：（一）庫平銀票；（二）濟平銀票；（三）銀元票；（四）京錢票。此四種票紙之中，以京錢票發行為最早，在該號開辦時，即已發行司印大板錢票，嗣因推行未能盡利，將此項票紙，悉數收回，改用角板錢票。迨二十八年當局為防止贋造起見，并將角板錢票，陸續收囘，改用石印錢票。是年并發行庫平銀票，以便流通。若濟平銀票，則發行於三十一年，當時本省商務漸旺，市廛交易，一切概用濟平，故造是種票紙，以應時需，而便計算。至銀圓票，則三十三年始發行。然以本省習慣，不甚行使銀元，雖有此項票紙，亦未能流通暢達。又濟平銀票與銀元票，均訂造於日本，至其發行數目，在光緒三十四年時代，除銀圓票尚未發出外，其餘三種計共值庫平銀八十八萬一千三百三十餘兩。辛亥政體改革，該銀號搶掠一空，於時金融短絀，由地方行政長官，另組山東銀行，于民國元年八月間開幕。其發行之鈔票，計有銀兩、銀圓及錢票三種。據元年十二月之調查，在外流通數目，銀兩票凡一百四十萬兩，銀圓票凡二百萬圓，錢票凡京錢二百萬串。至二年十月，國稅廳之報告，其流通於市面者，銀兩票約合三十七萬餘圓，銀圓票約合十三萬餘圓，銅圓票約合十四萬圓。二年十二月，與中國銀行訂約，山東銀行之紙幣，未發行未流通者一律呈請行政公署派人會同中國銀行監視銷燬。其流通在外者，核明數目，由山東銀行將準備金撥交山東中國銀行委託代收，收齊後即行銷燬。自是該銀行純粹變為商業銀行矣。

附註：該行最近數年發鈔數目，另詳普通商業銀行章內，茲不贅述。

第七節　河南省銀行

河南豫泉官銀錢局，創自清光緒二十二年，其發行鈔券，計分銀兩票、銀圓票、制錢票三種。光緒三十一年，銀兩票發行額約計十六萬餘兩，銀圓票五萬三千餘元，制錢票十一萬一千串。嗣後逐年增加，迄宣統三年，銀兩票加至一百七十萬餘兩，銀圓票十一萬六百元，制錢票三十餘萬串。民國成立以來，該項鈔券，仍照舊行使。據民國六年十月之報告，銀兩票為二十三萬七千九百三十六兩，銀元票為五十萬六千七百六十一元，制錢票為九十三萬一千八百八十七串。旋因發行既多，票價日落，欲收回整理。又苦該局規模過小，當局乃計議實行着手改組銀行，以擴充其範圍，并將前豫泉局因收換舊票，呈准向印刷局訂印之銀元票三百萬元，作為新銀行發行之紙幣。至十三年冬季，該行已換發之新印鈔票及未經換回蓋有省銀行字樣之豫鈔，流通市面者，計有銀元票二百三十五萬餘元，銅元票六十四萬二千串。此該省銀行發行鈔券情形也。

第八節　山西省銀行

山西官錢局，係由該省軍政府於辛亥年十一月撥資興辦。其發行鈔票，當民軍起義之初，以現金缺乏，發行小銀元票六萬餘元，旋即收回殆盡。至民國二年底，又復陸續發出，計小銀元票八萬一千八百元，大銀元票四千零四十元，此外尚發有銀條紙幣一萬五千餘元。此項紙幣，係專為存欵人撥欵之便，與普通紙幣性質，頗有不同 至民國三年三月，據監理官之報告，該局原有封存各項紙幣仍未變動外，其流通及櫃存兩項紙幣，計共大銀元票六萬九千九百九十二元，小銀元票四萬一千七百九十七元，每日流出及兌回變更無定。迄民國六年底止，該局在外流通額，計大銀元票五萬三千七百二十三元，小銀元票九千零九十七元，聞自七年改設銀行後，其發行數目，頗有增加。在民國十三年底止，計有銀元票一百餘萬元，銅元票二百餘萬串。此外晉勝銀行，亦發有鈔券，於民國六年年終時，計共大銀行票❶三萬七千六百元，小銀元票二千六百十四元。據最近調查，該行發行額，仍未收回數目，在十三年底止，僅有大銀元票五千餘元，小銀元票二千餘角。此該兩行發行紙幣之略情也。

第九節　江蘇省銀行

　　江蘇官銀錢局，有裕寧、裕蘇之分。裕寧設於江寧，裕蘇設於蘇州，均已發行銀元、制錢等紙幣，為數各近數十萬。嗣奉部令，按年收回二成，皆先後遵照辦理。民國元年二月，另組江蘇銀行，總行設於上海。開幕之初，適當銀根奇緊，貨幣缺乏，發行鈔票五十萬圓，旋經陸續收回。至民國元年年終，流通在外者，不過五百餘元。民國二年六月，因從前發行舊式鈔票，業已陸續收回，乃備印新票二十萬元，分發各行行用，旋即截止發行。至民國四年底止，未收回之數，僅有銀圓票一萬餘圓，十三年年終則更減為五百餘圓。此江蘇省銀行發券之大略情形也。

---

❶ 疑爲"大銀元票"。——編者註

第十節　安徽省銀行

裕皖官錢局，創立于清光緒三十二年。其時巡撫誠勳，以北洋已設兌換局，江南江西等省亦已次第開設官錢局，行使官錢票，流通銅元，皖省亦應早日舉行。援照各省成案，先行試辦，以便流通金融。並一面刷印精細錢條，與銅元相輔行使。凡錢糧釐金關稅一切公欵，均准搭放，計共先後發行一元、五元兩種銀圓票四十餘萬圓，一千文銅圓票三十萬串。辛亥政體改革，金融恐慌，商民紛紛請求兌現，當即如數收回。此裕皖官錢局發行紙幣之概情也。民國初元，組織中華銀行，發行鈔券，額定三十萬元，旋復增發。至民國二年，贛寧之役，即經停閉，其鈔票流通在外者，約有三十餘萬元之多。事定以後，該行清理欵項，以公家欠欵甚鉅，呈請設法代兌。又以皖省市面現幣無多，擬改組皖省銀行，酌發紙幣，收回前中華銀行發行之鈔券，久無成議。又擬發行地方公債，以收回該項鈔券，亦未能實行。嗣經安徽財政廳籌撥現欵，交由皖省中國銀行分行，分期收兌。此中華銀行發行紙幣及收回之經過也。自該兩行先後停閉以後，迄今省內并未開設有發行鈔券權之地方銀行也。

第十一節　江西省銀行

贛省之有官銀錢號，始自清光緒二十八年。其時因市面制錢缺少，不敷週轉，乃設官錢號，行用十足錢票，准商民納稅完釐，繼又別設官銀號。二十九年，復將官銀號歸併官錢號，改為官銀錢總號，并另設分號，添造九五官票，推行於各府州縣，以便民間應用，計共先後發行，約有三四十萬元。民國元年春間，由官銀錢號，改組民國銀行。開辦之始，即設立分行十六處及匯兌所十四處於省內外各埠口，以便兌換紙幣，活潑金融。其最初發行之鈔券，計有前清官銀號發行在外，由該行認為有效者；有前清官銀號庫存空白小票，經該行編號發行者；有由該行自製大小錢票。銀圓票、銀兩票、先後發行者三種是也。民國元年，該行鈔票，市面行使，頗為暢達。不意民國二年贛省戰事發生，財政支絀，發行過鉅，無法維持，遂形滯阻，民間往來，均須折價。計在民國三年夏，其發行總數，約合五百餘萬元，至民國四年春，為迅籌整理該項紙幣起見，乃舉行江西幣制公債，總額銀幣四百萬元，專為收回九五官票之用。由巡按使財政廳會商江西中國銀行，報明財政部中國銀行總裁核准，并陳明立案，又定每年提留景德鎮統稅二十五萬元，及九九商捐約十五萬元，扣足七年，計洋四百九十萬元，連屯田照費約五十萬元，為付息還本基金，隨時解交江西銀行存儲，報明財政部，無論政費軍費及其他緊急之需，不得移用。經此決定，於是九五制錢官票市價，每張均按照大洋四角行使。惟自八年以來，因籌撥經費無着，即不能照常收兌。聞該項鈔票，迄今尚未收回之數，約計銀圓票二十餘萬元，九五制錢官票一百餘萬串云。按：自該行於民國五年停止營業後，即改為清理處。其後具有省銀行之性質者，則為江西銀行，於民國十年開幕，經財政部核准發行銀圓兌換券八十萬元，又銅元兌換券五十萬串。此外尚有民國十二年春季開幕之贛省銀行，秋季開幕之公共銀行，及十一月開幕之江西官銀錢號，均經省政府先後核准有發行鈔券權。贛省銀行發行額，約計九十餘萬元；公共銀行四十餘萬元；江西官銀錢號亦有八十餘萬元，自是贛省發行紙幣之銀行益增。茲將民國銀行累年在外鈔券流通數目，列表於后。

江西民國銀行累年各種紙幣流通額數表

年次＼種類	銀元票	銅元票	制錢票
民國三年	五八七、九〇〇圓	六七六、八〇〇串	七、八一三、〇〇〇串
民國四年十月	八八七、九〇〇	九〇二、〇〇〇	七、二六七、一〇〇
民國五年十月	五四〇、四〇〇	四八四、〇〇〇	四、三〇〇、〇〇〇
民國六年	二六五、六五七	四五六、九二四	三、七九一、八五四
民國七年	二六〇、八九四	四〇六、二五〇	三、三〇八、二二〇

第十二節　福建省銀行

福建銀行，創辦於清光緒三十年，原名福建官錢局，至宣統三年八月，始易今名。其發行之紙幣，計分三種。一以銅板印刷之紙票，票面元數，逐張以筆填寫，有台伏一元、二元、三元、五元、十元、二十元、三十元、一百元、一千元九等。專流通於福州市內。一係由上海商務印書館代印之票，有小洋一元、二元、三元、五元、十元五等，均由各分號發行，流通於曾設分號之各州縣內，其價格則照票面所載台新議平七錢捧番通用，頗著信用。又大洋票一種則為四年後所增發者是也。其發行額，據民國元年調查報告，官銀號發行之台伏票，即銀元票約有四十萬元。外府分號發行之小洋角票，亦有四五十萬之譜。民國三年，規定發行數目，台伏票以四十萬元為度，小銀元票則以二十五萬元為度。截至四年十二月底止，流通在外者，計有銀元票三十二萬餘元，大銀元票七萬餘元，小銀元票二十餘萬元。六年年終在外之銀元票，減為十二萬元，大銀元票七萬七千元，小銀元票二十一萬九千八百六十元。此福建銀行發行紙幣之大略也。

第十三節　浙江省銀行

　　浙江銀行，設立於清宣統元年，由官銀號改組而成。其發行鈔票，在前清浙江銀行，額定為六十萬元。民國浙江銀行，額定為二百萬元。至民國三年，檢查杭州總行所發者，為數八十八萬五千元；滬上分行所發者，為數二十五萬元。斯時政府有規畫統一紙幣之議，該行首先收回所發行之鈔票，計截至民國五年一月底止，其未收回者，為數僅三萬七千九百零二元。迄民國六年五月，計收回總數共三百七十八萬七千六百四十九元。其在外流通者，不過一萬二千三百餘元而已。四年與中國銀行訂立合同，領用中行兌換券代替發行，以為舊票兌現之輔助。此浙江銀行發鈔之略情也。

　　附註：該行累年領用中國銀行兌換券數目，另詳銀錢兩業領用中行兌換券之經過項內，茲不贅述。

第十四節　湖北省銀行

　　湖北官銀錢局，設立於清光緒二十二年。開業之始，即發有官票，以補制錢之不足。嗣因該票行使甚廣，省外商民，持票兌錢，殊感不便。又於次年在沙市、宜昌、樊城、老河口、武穴、安陸等處，陸續添設分局，專司應兌各項官票。其發行額，在前清時代，已發錢票一千七百餘萬串，銀元票一百六十餘萬元。民國之初，又增發錢票二千一百餘萬串。自是鈔票，始有新舊之分。舊票多係光緒三十年前後所發行，縱六寸五六分，橫三寸六七分，有一串、五串、十串三種。自近年以來，此項舊票，漸次收回殆盡。又新發之鈔票，專注重於一串文錢票，其形式與普通銀行券相同，惟紙質及印刷較為粗劣。據民國四年年終計算，錢票流通額，約合三千一百九十二萬餘元。銀圓票、銀兩票二項流通額，約合十七萬餘元。至六年十月底止，錢票流通額，增至五千八百六十三萬四千五百四十三串；銀兩票則減為二萬五千一百七十兩；銀圓票七萬四千六百八十五元。又八年二月報告，錢票流通額，增至六千四百零三萬一千零九十三串；銀兩票減至一萬一千四百七十兩；銀圓票六萬八千八百十一元。至十二年底止，流通券數合計四千四百零二萬三千一百四十九兩，其中一串文錢票流通額，有八千七百餘萬出❶之多。觀此則該號錢票逐年增加之速，可想而知。近聞該省當局，因官票價格不振，頗有整理之意，其進行方法，約分六端：（一）凡上年財政會議，指作票本之財產，應嚴妥保存，決不擅動。（二）凡關於官票之基本產業，應編列號次，正式通告，以堅信用。（三）遵照財政會議之決議，非斟換破票，決不增印新票。（四）省庫財政，無論如何支絀，不能以指為票本之產業，抵押借款。（五）各項欠欸，應從嚴催收，以厚準備。（六）無論其他何種機關，不得借官票財產上之收入欸項云。按：自該錢票發行以來，數目雖鉅，不免間或有現金與紙幣之差，然較之他省鈔券市價折扣之大，則迥然有別矣。茲將該官銀錢號，民國十二年底，各項鈔券細數，列表如下，藉資參考。

---

❶ "出"，當爲"串"。——編者註

湖北官錢局紙幣表（民國十二年十二月份）

種類\數別	紙幣總額	收回總數		行用總數	
		銷毀數	存儲數	流通數	存儲數
一串文錢票	一三五、二九三、一三四	四六、五二三、六五八	—	八七、一一〇、四三八	一、六五九、〇三八
五串文錢票	二、〇〇〇、〇〇〇	一、九九六、〇〇〇	三、〇六五	九三五	—
拾串文錢票	一、〇〇〇、〇〇〇	九九五、〇〇〇	三、〇〇〇	二、〇〇〇	—
一元銀元票	五、〇一三、五〇〇	四、九四六、七七八	一、六七九	六四、七四三	—
五元銀元票	一、〇〇〇、〇〇〇	九九八、〇〇〇	一、五三〇	四七〇	—
拾元銀元票	一、〇〇〇、〇〇〇	九九八、〇〇〇	二、〇〇〇	—	—
拾兩銀票	四、〇〇〇、〇〇〇	三、九九四、四四〇	一、四四〇	四、一二〇	—

附註：上表所列數目係用單位張計算。

第十五節　湖南省銀行

　　湖南官發紙幣，始於清光緒二十九年湖南官錢局。其時市票（湖南地方各商店所發行者）充斥，倒閉時聞。官錢局所出紙幣，信用獨佳，流通極為暢達，其發行總額，計有銀兩票二百零二萬七千六百兩，銀元票三十七萬五千七百元，銅元票四百八十萬餘串。民國元年四月，當局即就原有局所，改組湖南銀行，仍繼續發行鈔票。惟自成立以來，湘中軍政費及市面週轉，恒仰給於該行，以增發紙幣為唯一籌欵法。當民國二年時，其發行額，略倍於前清，計共發行之銅元票，為一千一百餘萬串，銀元票為九十餘萬元，銀兩票為四百四十九萬餘兩。至民國五年三月，銅元票則一躍為五千八百八十四萬一千九百四十五串，銀圓票三百四十三萬八千一百一十一元，銀兩票五百九十四萬八千六百兩。至七年四月，據該行之報告，銀兩票發行數目，凡七百一十一萬三千兩，除銷燬外，實在流通者，約有六百餘萬兩。銀元票發行數目，凡有七百十二萬九千元，除銷燬外，尚有七百零六萬五千七百元。銅元票發行數目，凡有七千五百七十八萬餘串，除銷燬外，尚有七千一百二十五萬九千四百餘串。其時並擬有整理紙幣辦法，其大綱共分九項：（一）財政上應力求收支適合，不再以紙幣充政費。（二）湖南銀行，不再復業。所有債權債務，統責成清理處，趕速清理。（三）由湖南銀行清理處，發行與市面同價之新銅元票二千萬串，按照市價收回銀兩、銀元兩種紙幣。（四）湖南銀行財產估價，約值六百萬元。應由清理處悉數變價存儲指定銀行，專作臨時收回銅元票，維持銅元票價格之用。（五）銅元票除新發二千萬串外，應由湖南銀行清理處，一律換給新票。（六）湖南官廳，於今後十年內，應按年於鑛砂餘利項下，或清丈湖田增收項下，撥出銀元一百二十萬元，交存指定銀行，作為收回銅元票專款。如鑛砂、湖田兩項，不足數額，應另籌其他相當款項補足之。（七）湖南官廳，以前項專欵為担保，分期發行銀元公債一千萬元，交由指定銀行引受募集。一面由指定銀行發行銀元兌換券，按照市價，將銅元票悉數收回之。（八）全省金庫，交由指定銀行管理。（九）以中國、交通兩銀行，或新設銀行為指定銀行，但新設銀行，以官商合股為限也。此項計劃，頗極詳細，無如比年以來，戰事頻繁，軍需浩大，其所規定辦法，多未能見諸實行。以故幣價一再起伏，無法維持，卒致紙幣濫發，幾成廢物。又自湖南銀行於民國七年改為清理處後，旋有裕湘銀行之開幕，其目的為希圖整理舊幣，另發新票。初頗能維持其額面價格，繼則兌換不常，票價亦落。至民國九年，南軍復抵省垣，裕湘銀行停止營業，新票之價值，亦與舊票無所區別。近年則代理省庫發行鈔券之省銀行，亦無存在矣。此外湖南實業銀行，亦發行紙幣。截至五年三月中旬止，其發行額，共計銀兩票一百零二萬八千五百二十九兩，銀圓票一萬八千七百六十九元，銅元票九十八萬二千二百串，嗣由該行逐漸收回矣。此湖南省銀行發行鈔券之概情也。

第十六節　陝西省銀行

　　陝西官銀錢號，係清光緒二十年開辦，至宣統二年，始稱之曰秦豐官錢局。在前清時，發行鈔票約近百萬串，自光復後，該局即停止營業。由當道另組秦豐銀行發行銀票，以通緩急。嗣因現錢缺乏，復設富秦官錢局，發行錢票，以輔貨幣之不足。其由秦豐銀行發行之銀票，計分新舊兩種。（一）舊式銀兩票，係就前清秦豐官錢局所製試辦之龍票改製，迄民國二年一月十四日止，共計發出九十五萬四千兩。（二）新式銀兩票，自二年一月十五日起，至三年十月止，共計發出三百二十六萬九千兩，旋經陸續收回。至四年五月時，其在外流通之額，共計一百七十六萬五千餘兩。截至六年年終，仍未收回之數，約合銀元六十五萬三千五百四十二元。又富秦官錢局發行之錢票，在民國二年十一月止，共計發出一百一十七萬餘串。至民國六年底止，總計在外流通數目，為一百零一萬四千四百四十八串。至民國七年五月，由省呈准裁撤秦豐銀行，改富秦錢局為銀行後，其發行之兌換券，由部規定仍以富秦錢局所發數目為限，不得於額外再行增加。據十三年底之報告，銀圓票發行額為八十萬零二千餘元。此該省銀行發行錢券之大略也。

第十七節　甘肅省銀行

甘肅官銀錢局，係清光緒三十二年開辦。初由上海訂印一兩及二兩蘭平銀票各十萬張，共銀三十萬兩。一串及五百錢票亦各十萬張，共合錢十五萬串，陸續填發，市面流通，極為暢達。截至宣統二年，計省城官銀錢局，填發銀票一十六萬八千兩，錢票四萬四千串。西寧分局發行銀票一萬五千兩，錢票一萬五千串。尚有庫存未發銀票九萬七千兩，錢票九萬一千串。旋奉部章停發，按年收回二成。無如銀根短絀，不能流通，市面皆賴紙幣，藉資周轉。截至二年年底止，計收回銷毀票銀二萬張，未能照章收回二成也。民國二三年間，該號在外流通鈔券數目，實祇銀票十八萬兩，錢票十三萬餘串。該省商民對於紙幣，頗為信用。惟因資本太少，極力收束，未能擴充，誠有供不給求之勢，嗣乃增印五萬兩，藉資流通，價格並未低落。至民國三年六月，改稱甘肅官銀錢號以後，發行數目，時有增加。據六年年終報告，銀兩票為三十六萬四千五百八十九兩，銀圓票為二萬一千五百二十元，制錢票為二百六十九串。嗣因現銀缺乏，準備不足，信用日減，特設兌換所於省城專司兌換票銀，以資維持。迄民國十年年底，兌換所停辦，票價益形低落。至十二年六月，當局乃規定每兩用白銀四錢收回，實行焚燬，自是票銀絕跡市面。此外並另設甘肅銀行，發行銀行券。此該官銀錢號發行鈔幣之概略也。

第十八節　新疆省銀行

第一項　省城官錢局

省城官錢局，創設於清光緒十五年十二月。開幕之初，即發有布票，每張紅錢四百文，作市銀一兩。嗣因布票流行，奸民贋製迭出，又歷年所得加水無多，該局大受虧損。三十四年，由藩司詳請委員赴滬購造精細紙票一百萬張，編號行用。其舊票流通於市者，概行收回銷毀，並將省城舊有官錢局，改為總局；其他各府廳州縣地方，則設立分局，以便換舊發新，推行公家官票。其發行之權，在前清時代，屬於藩司。民國成立以來，則用財政司名義行之，總計在外流通額，在前清末季，已發官票一百萬兩。民國成立之後，所發數目，本屬無多，繼因阿爾泰及察罕通古前敵戒嚴，復行增發。及迪伊實行統一，挪墊伊犁虧款及收回伊帖加製頗多。截至七年一月底止，計共發出大銀票五百七十七萬四千九百四十二兩，小銀票九十七萬六千二百五十兩。聞最近發行數目，約在九百萬兩左右云。此省城官錢局發行鈔幣之概情也。

第二項　伊犁官錢局

伊犁官錢局，設自清光緒三十三年。當以該地鉅省城較遠，且因錢價懸殊，諸多不便，故另設官錢分局。其發行之權，在前清時代，則由將軍主持，民國成立，則屬於伊犁鎮邊使主持，各屬並無伊犁官錢分局，其紙幣僅通行於一府兩縣之間，其他各屬概不使用，在前清時代已然。民國初元，新伊尚未統一，加之各省協餉不濟，臨時費用尤多。其伊犁以及阿爾台、塔爾巴哈台等處所發紙幣，幾達數百萬之多，因之的款無存，匯兌為之一塞，而商民皆以官票買俄盧布，以資匯兌，而幣價因是日益低落。嗣經迪化官錢局次第收回銷毀，改發新票後，聞尚未收回之數，仍有三百萬兩之多，市價約在六折左右云。此伊犁官錢分局發行紙幣之大略也。

第十九節　四川省銀行

第一項　四川銀行

四川銀行成立於宣統三年十一月，專以代財政司發行軍用票，供應軍政各費為急務，計共先後發出軍票數目為一千五百萬元。民國四年，以該票急需整理，乃由中央借撥銀欵，并由中國銀行借撥銀券，設處開收，先後收回五百餘萬元，並提燬鹽欵軍票三百餘萬元。再加前財政司在商會截燬六十萬圓，及重慶中國銀行所存鹽欵軍票二百八十餘萬圓，統計已收回者一千一百四十萬圓。嗣因軍事告興，餉需迫切，收票之事，遂行中止。此四川銀行發行軍用票及收回之概情也。

第二項　濬川源銀行

濬川源銀行，創辦於清光緒三十一年，前清時發行之兌換券，為數不多。至民國四年，四川銀行合併於該行後，當議定收回軍票，以濬川源銀行券為兌換，發行鈔券三百萬圓，內封存一百萬圓，計實發行二百萬圓。其始隨時兌現，信用甚為昭著，嗣因軍署提用兌換券一百餘萬圓，一時現金準備不及，不得已暫停兌現，復經先後收回截燬之數，計一百二十九萬六千圓。六年九月，以四川軍事戒嚴，需餉孔亟，續印一百二十九萬六千圓，補足截燬之數，仍符原編三百萬圓之額，隨時行用，以充軍需。惟因久停兌現，發額之多，遂致券價日跌。當局乃籌議開兌方法，初以官產變價，及隨粮附加稅等項，撥充兌券基金。嗣以各欵一時難集，議由各縣紳商集欵借用一百萬餘圓，以七年粮稅抵借實銀，交行專欵存儲，實行準備兌現，將來即以收入糧稅，撥還紳民。再由附稅等項，撥還正副各稅。於民國六年冬間開兌，未久復行停止兌現，票價自是益落。而濬川源銀行，亦以軍事影響，無法維持，遂宣告停業。此濬川源銀行發行鈔券之情形也。

第二十節　廣東省銀行

第一項　廣東官銀錢局發鈔之始末

廣東官銀錢局，開設於前清光緒三十年十一月。其時省城地面銀根吃緊，銀價低落，香港銀紙，流入日多，市塵❶既隱受其患，公家亦周轉不靈，於是仿照湖北江省❷辦法，發行官銀元票，藉資周轉流通。開辦之始，即在天津印造鈔券三十萬圓，旋因印刷不精，未盡發行。嗣又由日本印造一圓、五圓、十圓三種毫子紙幣一千萬圓。發行以來，頗博商場界一般之歡迎，每百元須加水二三元不等。至光緒三十四年，續印鈔券五百萬元行用，旋經續行收回四百三十八萬元，繳回藩司。至宣統三年三月二十九日，廣州之役，督署被焚，市面震驚，持票換銀者紛至。計至九月反正時，收回銀毫

---

❶　"塵"，當爲"廛"。——編者註
❷　此處疑有誤。——編者註

鈔票八百餘萬元，流通市面者，僅百餘萬圓。是為廣東官銀錢號改革前發行鈔券之大略也。辛亥九月，省政府以財政艱窘無由取給，將所收存大小元毫鈔票，加蓋新截❶，悉數發行，並令商民須將舊紙持赴總商會加蓋民國軍政府戳記，方許通用。此外並由財政司金庫另印新鈔一千九百萬圓行用，旋因準備空虛，信用惡劣，價格日趨於低落。至民國三年七月，乃由政府明定價格，將全數收回。是為廣東官銀錢號改革後發行鈔券之概略也。

第二項　廣東官銀錢局鈔券整理之經過

民國二年冬，鈔價跌至五六成以下，中央與地方均急思救濟之策，於是始着手實行整理，茲將經過情形分述於后。

一、鈔券發行數目　據民國二年十二月廣東財政司長嚴家熾報告，鈔券發行總數共計三千二百五十三萬一千九百二十一元，內分新舊兩種：（一）五圓新紙幣由天字號編至往字號止，計一千萬圓。二圓新紙幣由天字號編至月字號止，計二百萬圓。一圓新紙幣由天字號編至奈字號止，計六百萬圓。五毫新紙幣由天字號編至往字號止，計一百萬圓。每一字編列十萬號，計新紙幣共發出一千九百萬圓。（二）舊紙幣由財政司會同官銀錢局總商會在金庫加戳發行者一千二百零一萬四千零四十二圓，但號碼前清時業已紊亂，無從查考。又由商民持至總商會蓋戳行使者一百五十一萬七千八百七十九圓，計蓋戳發行舊紙幣共一千三百五十三萬一千九百二十一圓。茲將民國三年一月廣東審計分處調查數目，列表於下，以資參考。

---

❶ "截"，當為"戳"。——編者註

廣東審計分處調查表（民國三年一月二十日由該分處詳報中央審計處轉咨部）

舊紙幣種類	發行原額	銷燬數目	摘要
毫幣票面一元	三十萬元	六萬元	此係開辦時由天津印造，嗣以印紋不甚精細，未盡發行
毫幣票面一元	八十五萬元	二萬一千八百四十二元	以下均由日本政府代造，印紋較為精細
毫幣票面五元	二百一十五萬元	二萬零二百九十五元	—
毫幣票面十元	七百萬元	三萬二千四百四十元	—
大元票面一元	十萬元	十五元	—
大元票面五元	九十萬圓	—	—
大元票面十圓	四百萬元	—	—
合計	一千五百三十萬元	一十三萬四千九百四十二圓	

新紙幣種類	發行原額	編列字號	銷燬數目	摘要
五毫票面	一百萬元	自天字號至往字號計二十字	二千九百元	每字管十萬號
一元票面	六百萬圓	自天字號至奈字號計六十字	一萬五千一百圓	—
二圓票面	二百萬圓	自天字號至日字號計十字	八千圓	—
五元票面	一千萬元	自天字號至往字號計二十字	一萬六千五百圓	—
合計	一千九百萬圓	—	四萬二千五百圓	—

二、國家財政與社會金融所受之影響　廣東紙幣之跌價，其影響所及，財政、金融兩方面所受之損失頗鉅，綜計約有二大端：（一）財政上之影響。（子）粵省各關所屬子口及大平關所收稅欵，全係紙幣，兌換大元解京，每年約虧四十萬元。（丑）粵省鹽款每月約收五十萬圓，兌換香港鈔票，交滙理銀行抵還借欵，每月約虧二十萬元。以一年計之，約虧二百四十萬元。（寅）當時軍警餉項屢議減折改發銀毫，祇因金庫收入全係紙幣，未能實行。若改用現銀每月可省三十萬元，每年可省三百六十萬元。（卯）海軍水巡各輪

船修理費、煤炭費又軍警服裝費,以及大小署局各項開支,均因使用紙幣,增加幾及一倍。若改用現銀,約可省一百六十萬元。以上總計公家收支,每年所受之虧損,約八百萬元之譜。(二)金融上之影響。革命時代,省政府發行之紙幣,均強迫商民以十足通用。及至發行愈多,既不兌換,又無準備,且票紙印工惡劣,易於偽造,而民間復有謠傳,謂當時經手印造之人,印重號若干萬,以致真偽不能辨別,信用全失。適其時香港政府忽發禁令,不許港市使用廣東紙幣,於是三千餘萬之東紙,全聚於省城一隅,供過於求,價格益落,由八九折跌至五六折以下。商民當日以十足價格承收之紙幣,此時僅值半價,且其勢每況愈下,恐將有成為廢紙之一日。人心惶惑,物價翔貴,商業停滯,一般窮民生計,尤形困難,且亂黨隱伺乘機竊發,種種險象,幾有朝不謀夕之勢焉。

三、財政部與五國銀行團協定整理廣東紙幣辦法及撥用鹽款合同　借用鹽款為整理廣東紙幣成功一大關鍵,自財政當局與五國銀團開議以來,其間所經波折頗多,嗣以屢次交涉之結果,始得雙方同意,協定條欵。於善後借欵整頓鹽務項下,撥用英金一百萬元,充作整理廣東紙幣資金。其合同於下。

(一)財政部派華洋專門家各一人為委員,前往廣州,監察管理收回紙幣事宜。其所派之洋員,應得五團銀行之同意。

(二)關於應收回之紙幣,該委員等須調查其各項存在之紙據,及所註之冊簿(如有則調查之),幷其號數花紋,且應取所能覓得已敗露之假票底樣,及未經核准之票,而檢驗之,比較之。其調查所獲之結果,應彙總編為冊報,以為第五條所載之總司櫃等辦事訓令之標準。

(三)中國銀行應以特別花紋或蓋有特別圖記之新幣,交與該委員保存（每次交數，俟已知應需若干時，再行定奪），其總數以足數按照定價收回舊票總額為度。其正當註冊簿之預備，應由該委員等指揮辦理。

（四）中央政府委令廣東民政長布告，自規定之日期起，凡所有現在通行之省紙幣，概應廢止其法定之効力，即由該委員等依據一九一四年五月十五日前三個月內之平均市價，定一價格，立即收回。至上所言規定之某日期一個月後，即行停收，逾限便作廢紙。

（五）應特設機關兩所於廣州中國銀行。

甲項機關　按規定之價格，用新幣以收回各項省紙幣。

乙項機關　按新幣票面價，兌付現欵。

此兩項機關，均用華洋總司櫃各一人主管之，而所派之洋總司櫃，須經五團銀行之同意。該總司櫃等對於委員，應負責任。

（六）凡有持省紙幣至甲項機關時，應由該總司櫃等察驗之。如按諸委員所發訓令，查係眞票，即應註銷，並按其數目，照定價換新票。

（七）新發行之紙幣，其準備金不得逾一百萬磅之數，此數係由一九一三年四月二十六日所訂善後借欵己號附件整頓鹽務費第一、第四兩項之下撥用。所有關於此欵，自歐洲匯至廣州等事，應自財政部及五團銀行公同裁奪之。此項所匯之欵由五團銀行收存，俟需用時，應按下開條欵，由該委員等開具領欵憑單，聯合簽字，並由五團銀行所舉代表加簽，方能支付。條欵如下：

（甲）辦理手續之起點。該委員等應將號數相連之新紙幣，一百萬圓，發甲項機關總司櫃，並須將號數開單知照五團銀行。該委員等向五團銀行如數提取現欵，發交乙項機關之總司櫃領收。該司櫃等先後所收之欵，對於委員，即應負責，且須將現欵及已付欵之新幣，向該委員等點清。所有已付欸之新幣，即歸乙項機關總司櫃妥為保存，並應將餘剩之現欸及紙幣，每日具一清單。五團銀行得派代表一人察閱之。

（乙）每日收市時，甲項機關之總司櫃，應將日間所收回並已註銷之舊紙幣，連同餘存新幣數目清單，送交委員查收。該清單五團銀行得派代表一人察閱之。該委員等收到此項已註銷之紙幣後，即應按照定價，將等於已註銷紙幣數目其號數相連之紙幣，交與甲項機關之總司櫃，並將已註銷之紙幣，交由五團銀行代表一人檢視妥存，再分別訂期，於委員及五團銀行一代表之前，將此項已註銷之紙幣焚燬之。

（丙）該委員等將已註銷之紙幣，交與五團銀行後，即可按照定價，向該銀行如數提取現欸，交與乙項機關之總司櫃。

（丁）此項辦法，應繼續執行，直至匯來欸項用罄時為止。此時五團銀行所收到之註銷紙幣，即應等於其所付現欸總額減去首次墊交一百萬圓之數。此後該委員等應將等於一百萬元之最後一批註銷之紙幣，交與五團銀行。

（八）現因時限短促，恐不能於定期之內，將舊幣全行察驗兌付，以後或另訂辦法。凡持有大宗舊票者，暫將該票留存，由總司櫃等先發收據，再行訂期，按持票來行先後之次序，將該項紙幣察驗兌付。

（九）中國政府担保以後如遇於第七條所言準備金額數之外，必須增加若干時，中國政府立即另籌欸項。

（十）收回省紙幣之事辦理完畢後，乙項機關所存之準備現金，以及已兌付之新幣，合計一百萬磅，統應交與中國銀行保存。且中國政府擔保對於此項特別發行之紙幣，常保有其適當之準備金額數，並編造清單，載明流通市面之票數，以及該票準備金額，由該華洋總司櫃會同簽字，每星期發登公報，直至此項特別發行之票收畢之日為止。

（十一）第四條所言之布告，自其發表之日起，中國政府即應禁止廣東行政機關，或藉其名義，再有發行省紙幣之事。

四、定期定價收回濫幣之效果　自中央與五國銀行團磋商借欸未能就緒以前，原擬自行籌撥欸項，開設銀行，并發行公債三千萬元，以便陸續收回廣東紙幣，旋因借欸有着，故仍決定採用定期定價辦法，為一勞永逸之計。茲節錄中央寄王璟芳氏發行公債與定期定價收回濫幣，兩者之利害如下。略謂：第一，公債押欸，除現在押出千五百萬元外，據整理廣東紙幣辦法大綱第五條載稱，商民持有政府債票者，准照票面價格至少五成向中國銀行廣東分行抵押欸項 十年後更須籌還千五百萬，加以十年四釐之息，又千二百萬。國家支出所增，垂三千萬。雖云籌加新稅，仍取諸粵民。然非有他種福利可以相償，何必強增將來負担，且事變無常，十年後事何能逆料。今既有力量能以三數月之力，一了百了，何憚不為。第二，公債額面萬不能太少，而人民持濫幣者，皆為日常媒介之用，試問彼僅持數元濫幣者，何從易取公債。今購公債，既照額面，購行券則照市價。購債之利，遠優於購券，民固願舍此就彼。而此極優之利，決非良民所能享，勢必為擁有鉅資之投機商。以較賤之值，從良民手上吸集濫幣，化零為整，以之易債，奸商蒙福，民何與焉。第三，五成押現之說，當兩月前，市價來往於五六折之間，尚或可行。今市價既三折內外，若購債而五成押現，則投機商集有三百萬資本者，可購得九百萬濫紙，隨即換得九百萬公債。持押四百五十萬現欸，一轉移間，坐得百五十萬，猶且年得三十六萬之息，十年後受九百萬之還本。其為大利，人誰不知，趨之若鶩，勢所必然。試問國家何苦以忍辱含垢所得之資金，為彼輩謀充其私橐。故就令用此種公債，其押現成數，亦必須視最近市價為較減，乃能防弊。其不能滿奸商之意，亦與定期定價何擇。第四，龍督李長敳電，謂易債易券孰多，且未能定。其意似慮發券多，而準備薄。不知凡得債者，未有不持來押現，若全數購債，則發券數，萬不能少於千五百萬。今以九十日平均價格，全數易券，券數斷不逾千二百萬。準備孰穩孰險，不辯自明。合此諸端，則定期定價為不易辦法等語。是為中央所見定期定價之長處也。

五、宣布定價及定期收回辦法　民國三年五月，中央以廣東紙幣市價，漲落無常，流弊滋多，乃由財政部訂定辦法，以民國三年五月十五日以前九十日平均市價，作為定價，並電知粵省軍民兩長，速將此項規定辦法，宣示大眾，以鎮人心。嗣因籌備收回紙幣手續完備，復由粵省軍民兩長，會銜出示。其大旨，略謂籌備事務，業經一月。將收換地點，內部組織，以及各種細則，大致就緒。一面與洋員協商妥洽，茲准於本年七月一日開始收換。凡持舊紙幣來換者，照財政部訓令，折合五成毫銀，又由五成毫銀以四五五折成大元。如持舊紙幣百元來換者，可換得新紙幣四十五元，又毫銀五角。如持一元來換者，仍給毫銀五角。另設現欵出納所，以備人民隨時兌換。自開收日起，所有舊紙幣即失通用之效力，一切官欵概不收受，儘一個月內全數收回銷燬等語。是為收換濫幣宣布定價及定期之經過也。

六、收換紙幣結束情形　收換紙幣期間，遵照部限一個月。自七月一日開始，至三十一日截止，共計收回舊幣三千一百六十四萬五千五百零四元，換出新幣一千四百三十九萬八千七百零七元，^{每元折合新幣四五五}及兌現八百七十二萬四千七百九十元。與二年十二月該省財政司長嚴家熾報告，新舊紙幣發出總數共計三千二百五十三萬一千九百二十一元，內除三年二月已由金庫收燬一百三十二萬二千四百七十一元，實際流通數應止三千一百二十萬九千四百五十元，略有出入。此外由善後處續收濫幣共計二十二萬四千八百零五元。觀此則所發行之新舊紙幣，勢必較嚴氏所報告者，必更多耳。

第三項　廣東省銀行發行鈔券及其進行整理情形

廣東省銀行，開設於民國九年秋季。其最初規定發行額不過三百萬元，嗣因政變迭起，軍需浩繁，額外增發無藝，以致鈔價跌至二三成以下通用。據調查該行所得，其發行總額共計五千一百二十萬元（內分二毫五毫小紙幣一千萬元，一元以上大紙幣四千一百二十萬元），除已焚燬及取銷廢壞券數一千八百九十萬六千六百五十一元五毫外，實際流通總額三千二百二十九萬餘元。至民國十二年秋，葉恭綽就粵省財政部長職，以前項鈔券，商民迭請維持，未便久棄職責，乃擬具整理紙幣辦法六大綱，呈請公布。其當日粵省紙幣情形及收回計畫，於該氏呈文中，言之頗詳，茲節錄於下。略謂廣東省立銀行紙幣，自停兌以來，國計民生，兩受其害。推原其故，實由於前此發行過濫，辦理失宜，致使社會上紙幣，供求未能適合。故一蹶以後，政府之信用既失，人民之痛苦頓深。迭經苦心研討整理辦法，參以各方條陳意見，竊以省立銀行所發紙幣，其帳且頗多疑義，即應否全數承認，議論亦多異同。惟此項紙幣，多已流入人民手中，雖大抵係以低價得來，未必曾受如何損失。然為政府信用計，自不應置之度外。第粵省現值軍事時代，軍民財三政，尚未完全統一。若欲為無限制之兌現，無論時機不許，且以經濟及財政現情而論，若無標本兼治辦法，清釐舊案。即以別啟新機，恐仍為易涸之泉，稍通復塞，即人民之痛苦，亦終無了日。不得已商擬統籌兼顧之策，圖久遠即以策目前，不敢云克對商民，或庶幾稍資補救。查廣東省立銀行，發行紙幣，照該行清理處報告，為數係三千二百餘萬元，現時市價，幾等於零。而此種紙幣，輾轉流通，已成為一種物品性質，若由政府籌款照市價收回，未始非一勞永逸之計。惟政府既無從得此整款，且目下市面因缺乏紙幣流通之故，極感困難。故設法使此項紙幣恢復其流通之力，其重要實與兌現相同，而兌現之與流通，亦復有極大之因果關係，故二者不能不兼營並進。至粵省財政之敗壞，固由地方之未統一，及行政系統秩序之紊亂。而財政與市面金融及社會經濟，向缺切實之提挈互助，亦實為一大主因。蓋粵省貨幣之流通，只有硬幣中之銀輔幣一種，致消息全操於港幣銀行，按揭證券交易，尤多以不動產及股票為本位，而絕無紙幣公債之流通。此其間逐年耗失，為數不知若干，故粵省經濟，表面雖號繁榮，而實際難期發展。此際妥籌補救，第一須確定貨幣基金；第二須養成證券流通習慣。茲二者以從前政府失信之故，此後惟有公開示信，確定一貫之策，以經理權責完全分授之人民。政府為之鞏固初基，俾其徐歸正軌，庶信任得漸恢復，財用亦藉寬舒。茲謹參酌以上二項要義，酌擬整理紙幣辦法七條，附呈鈞核。至所擬各項辦法，係以人民個人經濟狀況各各不同，必任其擇一而從，庶冀推行無碍。實行之際，應一律授權於法團辦理，（如商會等）政府有保障而無干涉。其精神所在，則在收回以前失信之紙幣，而為以後各種證券昭信之初基。至詳細辦法，各有專則，並附於後。倘政府不久能籌有鉅款，為多量之兌現，儘可提前辦理。容再體察情形，擬請鈞裁，抑更有請者。今日粵省財政，正如虛陽病體，攻補兩難，必須疏滯培元，逐加調養，方有復原之望。一切治法，似未能驟拘成例。即如發行紙幣，本政府之特權。然各國例規，亦不一律，亦有可以通融辦理者。粵省今日，商業日趨呆滯，實緣官商兩方，均無可以流通之紙幣之故。政府欲恢復信用發行紙幣，尚非旦夕所能。竊意可以特別准許各商行自辦商庫，聯合發行紙幣。政府為之定其額數，加以監察。庶市面得流通之益，金融無擾亂之虞等語。當經核准公布，並責成財政部按照所擬辦法，切實施行。茲將財政部擬就整頓省幣辦法六大綱，分誌如下。

（甲）整理省銀行紙幣辦法總綱

（一）省銀行紙幣（以後省稱紙幣）發行大數，為三千二百萬元有奇。擬自奉令日起，限於兩個月內，一律送交整理紙幣委員會（以後省稱委員會）檢驗蓋戳。委員會之組織，另以章程定之。

（二）凡經蓋戳之紙幣，一律十足兌現，統由整理紙幣委員會辦理。

（三）檢驗辦法，凡送來紙幣一百元，由委員會將其中五十元公開銷燬，其餘五十元，俟蓋戳後，分別交回本人及政府（即財政部）。其交回本人辦法，凡票面一元五元十元者，按十成交回二成。其票面五十元一百元及二毫五毫者，按十成交回一成。餘即交回政府。餘類推。

（四）按照前項辦法，以省銀行紙幣大數為三千二百萬餘元計，處理如下：（甲）銷燬十分之五，共計一千六百萬元。（乙）交回本人十分之二或一，共計四百八十九萬圓。（丙）交回政府十分之三或四，共計一千一百十一萬圓。（零數從畧）

（五）除銷燬外市面流通額，實減為一千六百萬圓。此一千六百萬圓，除兌現一項預定一年辦畢外，其餘應設法於半年內收回清記。其辦法如下：（甲）兌現四百三十二萬元，經一年辦畢。（乙）流通券等，消納一千二百五十萬元，擬半年辦畢。（丙）銀行股本消納四百萬元，擬半年辦畢。（丁）搭繳欠餉，及其他出售官產等，消納一百萬元，擬半年辦畢。合計二千二百八十一萬元，以較市面流通額一千六百萬元，尚多六百八十二萬元。因以上四項，除其一項外，其餘確數難定，或有時互有出入，姑從寬預備如上。

（六）半年以後，尚有存在市面之此項紙幣，以公銷燬，繼續兌現，換發新券各辦法消滅之，使財政上另開新局。

（七）未完全消滅以前，政府應用下列方法維持其價格。（甲）公私機關，出納一律收用。（乙）設法流通於全省各屬。（丙）速組維持信用之金融機關，及速辦省銀行之善後。

（八）本總綱目呈奉大元帥核准施行。

（乙）檢驗前廣東省銀行紙幣辦法

（一）受檢驗之省銀行紙幣，暫以省銀行清理處查實報告之數為準（約計總數三千二百萬元有奇）。詳細手續，另由財政部定之。

（二）凡持有廣東省銀行紙幣者，自定辦法公布日起，限於兩個月內一律持送整理省銀行紙幣委員會（以後簡稱委員會）蓋戳。如未蓋戳者，即作廢紙。

（三）如已蓋戳記之紙幣，其兌現由委員會經理之。兌現之詳細辦法，另由委員會議，另呈報財政部核准施行。

（四）政府指定造幣廠餘利，每日約一萬五千元，充陸續兌現之用。

（五）造幣廠應自紙幣開兌日起，每日將此項餘利，逕交委員會公開兌現。每日以兌盡此項餘利之數為度，如未兌盡，即留存，歸次日兌現之用。（註）現在交涉關餘，原備以一部分充整理此次紙幣之用。如有成效，或籌得其他的欵，當提前多兌。

（六）該項紙幣，按照近日市價，從優規定如下。（甲）票面二毫五毫者一折。（乙）票面一元者二折。（丙）票面五元者二折。（丁）票面十元者二折。（戊）票面五十元者一折。（己）票面一百元者一折。

（七）依照上辦法，委員會應將持票人送來紙幣，加蓋戳記後，即按照上列折合成數交回持票人以便憑以兌現。其餘分別銷燬，及交回政府。（註）例如送來十元票面之紙幣一百元，於蓋戳後，除以五十元歸該會彙總銷毀外，即照條折合辦法，交回二十元與持票人，以三十元交回政府。餘類推。

（八）凡持票人送來一元，及一元以下小毫紙幣，照前條辦法，難於分配時，應另定相當辦法辦理。

（九）凡銷毀及已兌現之紙幣，由委員會會同政府公開銷燬。

（十）凡已蓋戳未兌現之紙幣，在兌現未竣以前，所有政府各徵收稅關，應一律准商民搭繳各項捐稅。其成數另行分別定之。

（十一）本辦法自奉核准施行。

（丙）整理廣東省銀行紙幣委員會章程

（一）本會為整理前廣東省立銀行紙幣而設。由下列各委員組織之：廣東總商會會長；銀業公會會長；廣州市參事會首席參事；廣東商會聯合會會長；七十二行行商，推舉代表一人；九善堂推舉代表一人；總工會會長；政府代表二人，由財政部省長各指派一人。

（二）本會由委員中推選委員長一人，副委員長一人。凡會中一切事務，及對外各事，由委員長副委員長共同負責。

（三）本會之職權如下：（甲）檢驗紙幣及蓋戳。（乙）照整理辦法之分配。（丙）紙幣之保管。（丁）焚燬紙幣之監察。（戊）整理紙幣之報告。

（四）本會委員對於本會執行職務，皆有分担及監察之權責。

（五）本會委員每日公推二人以上，輪流到會，常川辦事。

（六）本會設秘書四人，事務員若干人。

（七）本會對於檢驗及焚燬紙幣之數目，應以本會名義，按月登報宣佈。

（八）本章程自公佈日施行。

（丁）有價證券銷納紙幣辦法

（一）政府為整理省銀行紙幣起見，發行有價證券三種，如下：（甲）廣東市有利息流通券（以下簡稱流通券），其定額為一千萬元，月息六釐。（乙）造幣餘利憑券（以下簡稱憑券），其定額為三百萬元，月息六釐。（丙）廣東整理紙幣定期有息證券（以下簡稱定期證券），其定額為一千二百萬元，週息七釐。以上三項，須由各該券之基金委員會，蓋戳後，方能發行。

（二）流通券擬規定搭收前省銀行紙幣二分之一，計共收回五百萬元，並收現銀五百萬元。

（三）流通券還本付息之基金，由政府授全權與廣東鹽務稽核分所，在廣東鹽稅項下，每月提撥的欵，足敷還本付息之用者，逐自撥存基金委員會所指定之中外殷實銀行，專欵存儲。

（四）流通券自發行滿六個月後，每月由抽籤法還本付息一次，分二十五個月還清，每次抽還百分之四。

（五）憑券發行時，擬規定搭收前省銀行紙幣百分之二十五分，但應折半計算，計應收回紙幣一百五十萬，並收現銀二百二十五萬元。

（六）前項憑券之基金，由政府提撥造幣廠餘利，每月三十萬元充之，交與基金委員會，特別存儲，預備還本之用。其利息另由政府撥欵充之。

（七）前項憑券，分兩次發行，每次發行一百五十萬元，均自發行後第二個月起，分五個月抽籤。每月還本，並付息一次。每次抽還五分之一。

（八）定期證券，擬規定搭收前省銀行紙幣二分之一，計共收回六百萬元，並收現銀六百萬元。

（九）定期證券還本付息之基金，由政府指定省河租捐，及全省印花之收入充之，并先指定官產之一部，作為該項某金之担保品。前項省河租捐及全省印花稅，由政府完全交與基金委員會經理，並由政府協助其進行。省河租捐，並由廣州公安局實行，協助其施行。規則另定之。

（十）定期證券，自發行滿一年後，分十年還本。用抽籤法，每半年還本一次，每次抽還百分之五。其利息亦每半年分兩次發給。

（十一）流通券與憑券及定期證券，應各組基金委員會由政府授權，與各法團公推代表，任為委員會，與政府所派代表，共同辦理（財政部、省長各派代表一人）。

（十二）基金委員會最大之權責，在維持該券之信用，及保護持券人之利益，監督各該券之發行，及查檢搭收之紙幣數目等。

（十三）搭收紙幣，以曾經整理紙幣委員會檢驗蓋戳者為限，應隨時分別送交整理紙幣委員會，定期銷燬。

（十四）政府指定之基金，作為定案，永不更變。各該券本息未還清以前，無論何項機關，或有何項需要，均不得挪借或移用。

（十五）流通券自發行日起，憑券自發行日起，定期證券之本票息票，到期日起，無論政府機關，暨市面一律通用，不得拒絕收受。如有偽造毀損其信用者，依法懲罰之。

（十六）本辦法自奉核准日施行。

（戊）銀行股本銷納紙幣辦法

（一）另設官商合辦銀行一所，擬定名為廣東民信銀行，按照股份有限公司組織。其章程另訂之。

（二）銀行資本總額，定為二千萬元。先收一半，計一千萬元官股佔十分之二，計二百萬元。商股佔十分之八，計八百萬元。

（三）官股之二百萬元，由政府照撥。

（四）商股之八百萬元，准於繳納股欵時，收現銀四百萬元，幷收省行紙幣五成。其詳細辦法，另以招股章程定之。

（五）除股欵搭收紙幣外，銀行應按左列辦法，酌量情形，代政府分別搭收紙幣。其搭收成數，由銀行秉承財政部核定辦理，另以專章定之。（甲）有獎儲蓄存欵。（乙）有獎儲蓄券。

（六）凡銀行所搭收或代政府收回之紙幣，由政府以價值相當之有價證券，向銀行換回，分期銷燬。

（七）凡行搭收或代收政府收回之紙幣，均以曾經整理紙幣委員會檢驗蓋戳之紙幣為限。

（八）凡經檢驗蓋戳之紙幣，得存入銀行，作為存欵，由銀行給與存簿或存單為憑，並酌給相當之利息。其詳細辦法，另以專章定之。

（九）此項銀行，五年以內完全授權於商民辦理。政府任提倡保護及監察之責。

（十）政府之官股，三年以內，放棄董事被選權，惟監事則由政府派之。官股應得官利，亦可酌量放棄。

（十一）本辦法自奉核准施行。

（己）公欸收入銷納紙幣辦法

（一）下列各項公欸收入，准其按繳省銀行紙幣若干成。（甲）官產之變賣。（乙）欠餉之追繳。（丙）公欸之收入。

（二）政府應速指定價值二百萬元以上之官產，於半年以內，投標變賣，專備收回紙幣之用。前項官產繳價時，准其搭收紙幣五成。

（三）此外於六個月內，標賣官產時，制其搭收紙幣十成之五成以下一成以上。其數各於投標章程內自定之。

（四）凡官產投標時，所繳保證金，准全數以紙幣充之。前項保證金，准其於得標後，繳付正價應搭紙幣之成數內抵繳。

（五）以前積欠政府餉項，在紙幣未停兌以前積欠者，如在兩個月內繳還者，准其全數悉以紙幣繳納。兩個月以外者，現定搭繳成數如下。三個月以內繳還者，八成。四個月以內繳還者，六成。五個月以內繳還者，四成。六個月以內繳還者，二成。

（六）積欠餉項，在紙幣停兌以後者，准其搭繳紙幣成數如下。兩個月以內繳還者，五成。三個月以內繳還者，四成。四個月以內繳還者，三成。五個月以內繳還者，二成。六個月以內繳還者，一成。

（七）積欠餉項，須於六個月以內繳清，方准搭收紙幣。

（八）凡下列各項，政府收入，除海關搭稅外，准於一年內，分別按成搭收成數，由各機關擬訂呈報財政部核准備案。但搭收之成數，不得少於十成之一。（甲）田賦。（乙）鹽金。（丙）其他各項捐稅。（丁）官營業及其他公欸之收入。

（九）搭收之紙幣，以曾經整理紙幣委員會檢驗蓋戳者為限。

（十）搭收時所收之紙幣，須呈送財政部，按期轉發整理紙幣之委員，分別銷燬。但官營業及他方公欵收入搭收之紙幣，應由財政部以有價證券交換之。

（十一）畸零數目，或尾數不滿一元者，概不搭收紙幣。

（十二）如收欵機關，違背前項辦法，不允搭收者，依違令例懲罰之。

（十三）本辦法自奉核准日施行。

第二十一節　廣西省銀行

廣西銀行，係宣統二年三月，由原設之廣西官銀錢號改組而成，其所發鈔票有一元、五元兩種，改革後仍照舊行使，價格並未低落。民國元年七月，又請續印一角、五角小票各百萬張，以資輔助金融之用。據二年底之調查，發行總額為數二百十八萬七千六百餘元，次年春增為三百萬元。至五年十月底止，約達四百二十二萬元之多云。此該省銀行發行鈔券之大略也。

第二十二節　雲南省銀行

雲南富滇銀行，創辦於民國元年十月。當設立之初，適值庫款支絀，發行兌換券三百萬元，以資周轉市面金融。民國三年，法國匯理銀行在蒙自開設分行，發行鈔券。滇省為抵制外幣計，乃向鐵路局借款五十萬元，擴充富滇銀行基金，加發紙幣一百五十萬元。民國五年，滇省舉義，增印紀念紙幣一百餘萬元。然隨時籌備現金，為無限制兌現，故流通極為暢達。旋因各券紙質惡劣，六年另印新鈔六百萬元，以備更換。當時規定以五百二十萬元為截止發行額，現在市面流通者，多係新鈔，舊鈔已有收回殆盡之勢云。此富滇銀行發行鈔券之情形也。

第二十三節　貴州省銀行

　　貴州官錢局創設於清光緒三十四年三月，至宣統三年九月，始改為貴州銀行。在前清時，已發行銀兩票五十五萬四千零五十五兩。民國初元，因軍費浩繁，增至二百十餘萬元。至四年年終，銀元票發行額為二百三十三萬餘元，銀兩票為七千餘元，制錢票為二萬餘元。據五年十二月報告，新舊銀元票合計為二百五十六萬五千五百三十八元，又新舊制錢票為二萬零七百六十串。旋因政局糾紛，價格跌落，由財政廳與貴州中國銀行訂借現欸，分期收回，並規定抽籤償還辦法。至民國九、十年之間，該項紙幣，頗為市場所歡迎，票價高出現銀約計百分之一二。旋因籌撥抵款無着，飭令停止收兌。查當時未收回之數，約有七八十萬元。然尚能流通如故。至十二年復因餉需緊迫，無法籌措，續印鈔票百二十萬元，發行市面。合計舊有之數，目下在外流通者，約近二百萬元，市價均在二三折左右云。此貴州銀行發行鈔券之略情也。

第二十四節　熱河特區銀行

　　熱河官銀錢號開辦於清光緒三十二年十月十八日。其發行紙幣，當前清時，都統廷杰以該區地面自庚子以來，圜法腐敗，官錢缺少，銀價奇昂，百物亦異常騰貴。推原其故，一由於口外銀價昂於內地，各商進口置貨不以銀易錢，而錢之去路多。一由於歷年禁運糧食，不能出境，而銀之來路少。銀錢兩荒，私錢乘虛而入，以致銀價物價，相率奇昂，市面遂大受影響。今欲整頓圜法，惟有嚴禁私錢；欲禁私錢，惟有多備銅幣。曾於求治局礦稅各欵，騰挪湊撥，赴津購運銅幣千五百餘萬枚，發商行使，私錢因不禁而自絕。但在津以銀易銅，兼之幣重路遙，運費繁鉅，不勝虧折，惟有銅幣與紙幣並行，現銀與銀帖互用，方足以濟一時之窮，而行諸久遠。因就求治局原存荒價礦課銀四萬餘兩，又由稅捐項下撥銀數千兩，湊足庫平銀五萬兩，以為準備。照天津奉天官銀號辦法，開發銀錢洋三項紙幣。計自前清開局，至民國元年十一月止，共計發行銀兩票、銀元票、銅錢票三種紙幣，約合銀元五萬餘元。據五年六月底之報告，大銀元票為五萬元，小銀元票為二萬五千四百元。至民國六年，改組為熱河興業銀行後，其發行額，增加尤為迅速。民國十二年冬，該行以前發行舊鈔，係屬石印，花紋形色，甚不美觀，易於作偽，故發生假票頗多。該行為迅謀救濟發行，避免作偽起見，乃由財政部印刷局印造一元、五元、十元三種新鈔，發行市面，將舊鈔限期一律收回。據最近調查，該行鈔票，自民國十三年冬，軍興以來，被各軍提取三四百萬元，以充軍費後，總計在外流通額，約有五六百萬元之鉅云。此該行發行鈔券之經過也。

第十一章　中外合辦銀行發行之鈔券

吾國與外人合資創辦之銀行，許其有發行兌換券之特權者，自前清光緒二十二年華俄道勝銀行始。民國以來，凡經中外合辦之銀行，幾無不發行鈔票。其與法國合辦者，則有中法實業銀行；其與日本合辦者，則有中華匯業銀行；又其與美國合辦者，則有中華懋業銀行；此外挪威亦與吾國合辦有華威銀行，均經政府先後核准有發行兌換券之特權，是為吾國獨有之特例，而在各國中，所不得見者也。

第一節　華俄道勝銀行

華俄道勝銀行設立於清光緒二十二年，至宣統二年重行改組。總行設於彼得洛格洛，分行之在我國者，計有上海、漢口、天津、北京、牛莊、大連、長春等處。所發鈔票，有金本位紙幣與普通銀元紙幣兩種。銀元紙幣，分一元、五元、十元、五十元、百元五種。歐戰以前，該行向在我國北方一帶，頗佔勢力，與正金銀行相埒。民國二年，曾製出一種專行中國之金幣，流通於東三省新疆各處。其紙幣形式，兼用漢、滿、蒙、回文字，有新疆票、伊犁票、塔城票、哈什票諸名稱。嗣因國體變更，失去本國政府之後援，於信用上不免稍有遜色矣。茲將累年兌換券流通數目列表於下。

華俄道勝銀行累年兌換券流通數目表*

年次	流通數目
光緒二六年	八九五、九六九盧
三一年	一、三四九、二九六
三二年	一、七二九、八六五
三三年	八九七、四七七
三四年	八六九、五〇七
宣統元年	一、二九五、八三三
二年	一、二三五、七〇三
三年	二、八五三、二四八
民國元年	一、四三八、一二七
二年	二、一八三、三〇四

第二節　中法實業銀行

中法實業銀行，創立於民國元年，總行設在法京巴黎，在吾國分行計有北京、上海、天津、漢口等處，由我國政府特許發行兌換券，惟限定中國紙幣則例頒行之時為止，屆時當如約收回。其發行紙幣有一元、五元、十元、五十元、百元、五百元各種，盛行於我國通商大埠，中交停兌以後，尤佔勢力。民國十年，巴黎總行營業損失甚鉅，遂行停業，而在華各分行亦得總行之命令，於七月二日同時停止兌現。當時北京銀行公會，以該行鈔票流通市面為數較鉅，忽爾停兌，於各埠金融，關係至大，並奉財政部函，促請該會公共商榷，先行籌墊欺項，將中法銀行鈔票登報收兌，該欺由部負責，將來即在部中應付中法銀行欠款內扣還，以維市面。因是該會旋即召集在會銀行，公同議決，合力籌墊，收兌該行鈔票。當經會內公推代表，偕同律師，與駐京法國代辦公使，暨中法實業銀行法經理賽理爾磋實辦法，並前赴該行會同法使委員及該行經理，檢查

---

*　標題爲本次整理所加。——編者註

發行帳目，鎖封庫存鈔票。當據中法銀行京行法經理報告，京、津、滬、漢發行之流通數，共計二百二十萬八千六百元。濟奉兩埠，則在津數流通範圍之內。京外五處，均經委託各該地銀行公會，會同該埠法領事，查照北京手續辦理，定期開兌。至各地截止日，計北京共兌六十五萬二千三百四十四元，天津共兌四十四萬三千八百六十七元，上海共兌六十五萬七千零七十五元，漢口共兌三十四萬五千八百七十六元，總共兌換二百零九萬九千一百六十二元，由京、滬兩埠在會銀行，共同擔任墊款，計二十九家銀行，共墊二百零九萬九千一百六十二元。此項墊款，當由部允儘半年內歸還，月息一分。按：自定案之後，除十年九月由公會領到銀元十五萬元外，財部以無款可撥，延未交付。至十一年六月，九六公債發行，復經部發給公債票一百二十三萬零八百七十元，^{公會方面不允承受，謂償還債票與擔保原案不符}其餘之欠，迄今仍未結束。民國十二年及十三年，銀行公會聯合會議之兩屆大會，均有此項提案，催促政府，早日解決但終未實行。迄十四年復業後，始由該行定出確實辦法籌還云。

第三節　中華滙業銀行

中華匯業銀行開設於民國七年二月，總行設於北京，分行計有上海與天津兩處，經我國政府特許有發行兌換券權，但亦俟中國頒布紙幣條例實行時，即行停發收回。又據該行約規內第三十二條載稱，本銀行得發行銀行兌換券。又第三十三條云，兌換券之細則依重役會之決議定之。考其發行數，年來頗日形減少，故在津滬市面罕見流通，此亦受我國抵制日貨之影響所致也。

第二編　現代貨幣/第二部　紙幣
第十一章　中外合辦銀行發行之鈔券

第四節　中華懋業銀行

中華懋業銀行成立於民國八年，總行設於北京，國內分行計有天津、上海、漢口、濟南、哈爾濱、石家莊六處，亦經我國政府特許有發行兌換券權，但亦俟中國頒布紙幣條例實行時，即行停發收回。其所出鈔票，以上海分行為數較多，北京次之。考其在外流通額，於最近一二年來，增加頗為迅速。據民國十四年上半期營業報告，總計在外流通額為銀元二百一十二萬九千二百八十九元也。

滙業、懋業兩銀行最近數年兌換券流通額數表

行名＼年次	民國七年	民國八年	民國九年	民國十年	民國十一年	民國十二年	民國十三年
中華匯業銀行	日金 八四七、八四七	六五六、四四四	八三五、〇〇〇	九一九、四四四	六五四、八八〇	三五二、六三九	五七八、七七六
中華懋業銀行	—	—	—	銀元 三六八、三七三	—	二五四、〇四〇	二、〇四六、八六六

第十二章　在華各外國銀行發行之鈔券

清末外人於天津、上海等處，紛紛設立銀行，發行鈔票。當時我政府對於銀行兌換券，以為極平凡之事，故未曾加以制限。嗣知外國銀行鈔票於市場流行極為暢達，始覺於國家權利上損失甚鉅，而欲加以挽救，則已不及，迨及近今，外人於我國通商大埠，新設之銀行，得自由發行鈔票者，亦莫不執此慣例以相繩，是為吾國整理幣制之一大障礙也。然自近年以來，吾國銀行事業日見發達，華商銀行鈔票之勢力，已超外商銀行而上之，其原因約有數端：（一）外商銀行之設立分支行等，限於通商大埠，不若華商銀行隨在可設，故於兌現上，較為不便。（二）自歐戰發生以後，外商銀行之金融勢力，漸為華商銀行所分佔，其聲譽遠不及昔日之盛。（三）五四運動以後，日商銀行之鈔票，頗受重大打擊，恢復不易。（四）民國十年，中法實業銀行歇業，外商銀行對外信用上，亦不免受連累之影響。（五）近年國內各通商巨埠，多通用銀元，而外商銀行仍行用銀兩本位是也。按：以上所舉者，係對外鈔在今日中國之情勢而言，_{本鈔之推廣，其原因尚有不在此者}已成強弩之末。茲將在華各主要外國銀行發鈔情形，分述於后。

第一節　滙豐銀行

滙豐銀行創設於清同治三年，總行設於香港，在華分行計有北京、上海、廈門、天津、廣州、漢口、煙台、福州、青島九處。所出鈔票，有一元、五元、十元、五十元、百元五種，此外尚發行有銀兩券，分為五兩、十兩、五十兩、百兩四種。^{銀兩券發行極少}此項兌換券，多流通於香港、上海、廣州等處。近年以來，兌換券發行額，增加尤速，實非他行所能比擬。按：該行於最近千九百二十二年，由英政府新規定該公司資本總額，得由府批准由二千萬元增至五千萬元。兌換券流通總額，不得超過當時實收資本兩千萬元以上。發行準備，應等於發行總額兩千萬元三分之二。得全為硬幣，或全為證券，或兩項並用，存儲於皇事代辦所。該行如能以與溢額發行相等之硬幣或生貨，存儲於港政府庫內，准其於兩千萬元以上，為溢額之發行。此項存於港政府庫內之硬幣或生貨，專作溢額發行現兌之用云。^{英國海外銀行之兌換券流通數，照例以實繳股本數為限度，故一八六六年之滙豐銀行令，亦明定發行總數以銀行之實繳股本數為限度。此項規定，在一八九八年七月以後，為應付一般實情起見，對於舊有則例，却有變更，即允准可超過實繳股本數而發行兌換券是也}此外對於兌換券持有人，並規定仍得與普通債權人享同等之權利，此為匯豐銀行之特有制度，其他海外銀行並無此例。

附註：累年兌換券流通數目，另詳後表，茲不贅述。

第二節　麥加利銀行

麥加利銀行係清咸豐三年創立，總行設於倫敦，在吾國之外國銀行中，以此行設立為最早，綜計在華分行，計有北京、上海、天津、漢口、福州等數處。所出鈔票，有銀元、銀兩二種。銀元又分一元、五元、十元、五十元、百元各種。查該行兌換券，多由香港上海等處分行發行，印度則無之。近年以來，兌換券在外流通額，畧有增加，然遠不及匯豐銀行發達之速。

附註：累年兌換券流通數目，另詳後表，茲不贅述。

第三節　花旗銀行

　　花旗銀行成立於清光緒二十七年，總行設於美國紐約，在吾國北京、上海、漢口、廣州等各通商大埠，皆設有分行。所出鈔票，有一元、五元、十元、五十元、百元五種，係全數流通於中國。其通行地帶，以上海為中心。然自近年以來，因金融不振，故發行數目，尚不甚多。

　　附註：累年兌換券流通數目，另詳後表，茲不贅述。

第四節　東方滙理銀行

　　東方匯理銀行創自清光緒元年，總行設於法京巴黎，在華分行，計有上海、北京、天津、漢口等處。其發行之兌換券，多在安南各埠通行。據該行近年營業報告，鈔券流通額，頗有逐年增加之勢。但在我國，自光復以來，其發行額，漸為他國銀行及吾國銀行所分佔，故在市面不見有該行鈔券流通。惟自河口至蒙自雲南鐵路開通以後，其兌換券勢力，漸及於我國南部雲南各地云。

　　附註：累年兌換券流通數目，另詳後表，茲不贅述。

第五節　橫濱正金銀行

　　橫濱正金銀行係清光緒六年創立，總行設於橫濱，在吾國北京、上海、天津、漢口、濟南、大連、青島、奉天、哈爾濱等十餘處，均設有分行。其兌換券流通額，以民國五年至民國八年為最多，而尤以東三省各地為最通行。考其原因，厥有數端：（一）當歐戰之時，大連與南滿一帶，竭其全力經營，使各商家往來交易，均以該行鈔票為本位，以擴充其金融勢力。（二）此項鈔票，滙往東三省各埠，無論額數多少，不取匯費。故自商民視之，終覺其便利省費。凡有三省匯兌，咸視該行鈔票為需要品。（三）鈔票行市，雖由該行自定，亦隨滬上電匯行市為漲落。東省封河以後，上海電匯行市跌落，鈔票落。開河以後，上海行市漲，鈔票亦漲。商民俟價落時，以小洋購買鈔票，價漲時又以鈔票換回小洋，此數日間鈔票一元，可得盈餘小洋一角餘。鈔票未換小洋以前，又能存放銀行，取利較尋常信用放欵尤為穩妥。奉吉兩省商人，且有預定鈔票空盤，倒把圖利者，而該行鈔票，遂為市上之買賣品。（四）大連海關稅歸大連分號與正金銀行各半徵收，山海關稅全歸正金銀行收存。該行征收關稅時，均須以鈔票完納，不用他行紙幣，大可為該行鈔票增長之勢力。（五）東三省錢票官帖發行日多，價格日落，均不能如數兌現，且偽幣雜出，無從辨認。故雖有熱心愛國之商人，亦逼而使用正金鈔票，故該行鈔票，遂盛行於市上。（六）中交停兌以後，金融恐慌，幣價日漸低落，而正金鈔票，遂逐漸擴張，流暢於京滬各地。惟自民國八年五四運動以後，該行鈔票，悉遭抵制，加以朝鮮銀行之金票，流入日多，因之正金銀行鈔票流通額，驟為之減少。近年以來，猶力主收縮主義，故鈔券之在外流通者，不如前之多也。

附註：累年兌換券流通數目，另詳後表，茲不贅述。

第六節　臺灣銀行

臺灣銀行成立於清光緒二十五年，總行設於臺灣臺北，在華分行，計有上海、漢口、廣州、福州、廈門等處。其鈔票在吾國[1]流通地域，以福建之廈門及福州為中心，其他如汕頭等地，亦有該行發行之鈔票，惟數極微。又其所發行之鈔票，亦多隨各地之習慣，發行該地之通用鈔票者，如在福州，則發行龍洋、台伏兩種紙幣是也。

附註：累年兌換券流通數目，另詳後表，茲不贅述。

第七節　朝鮮銀行

朝鮮銀行創自清宣統元年，總行設於朝鮮京城。分行之在我國者，計有上海、天津、青島、濟南、奉天、吉林、大連、長春、營口、旅順等二十餘處。其鈔票之流通於吾國境內者，以東三省為最多，該地自民國三年，大戰勃發，歐美貨物之輸入，殆盡停止，因之日本製品之輸入，日益增大，由是金票之需用益多。加之該國商人，因避銀市變動之危險，故輸入物品，務以金為本位，以代銀票之用。至民國六年，正金銀行之金票發行權，移轉於該行後，極力將金票擴充，其年日本因派兵於西比利亞，發行軍用金票於東三省。此種軍票，其後復以朝行金票收回。因之該行金票，流通至哈爾濱以北及西比利亞地方。至最近年間，大連地方勵行金建政策，希圖伸張其經濟上之勢力，而鞏固其金票之信用也。

附註：累年兌換券流通數目，另詳後表，茲不贅述。

---

[1] 時為《馬關條約》簽訂後，台灣割日，故稱。——編者註

第八節　德華銀行

　　德華銀行係清光緒十五年設立，總行設於德國柏林，在吾國上海、天津、北京、漢口、濟南、青島、廣州等處，皆先後設有分行，開發銀行兌換券，流通於各大商埠。其鈔票有銀圓、銀兩二種。銀圓券分一圓、五圓、十圓、二十五圓、五十圓五種。銀兩券分一兩、五兩、十兩、二十兩四種。青島分行，則僅有銀圓券，而無銀兩券發行。當膠濟鐵路通車以後，其兌換券之勢力，幾遍山東全省。民國三年歐戰發生，山東分行之鈔票，魯省市面，即不能流通。六年八月，我國對德宣戰，德華銀行，由我國收管，即行停止營業，鈔票亦隨時收回殆盡。

　　附註：累年兌換券流通數目，另詳後表，茲不贅述。

　　此外如英之有利銀行、比之華比銀行、美之友華銀行（現合併於花旗銀行）與美豐銀行及荷之荷蘭銀行等，在吾國通商大埠，均有兌換券發行，惟數極微，遠不逮上述各銀行勢力之大。其兌換券逐年流通額，亦詳之於後表，茲不贅述。

在華各外國銀行累年兌換券流通額數表（一）

銀行＼年次	滙豐銀行	滙理銀行	麥加利銀行	花旗銀行	正金銀行	台灣銀行（臺灣境內外）	台灣銀行（臺灣境外）
	圓	法	磅	美金	日金	日金	日金
光緒二六年	一二、五一三、四〇八	二七、七二四、〇二四	七三四、六八四	—	—	—	—
光緒二七年	一三、〇〇六、七六一	三三、七三、二三三	—	—	—	—	—
光緒二八年	一六、五七四、五二一	三六、九四一、〇四一	—	—	—	—	—
光緒二九年	一六、二五九、二四四	四〇、一八七、二八二	—	—	—	四、一六一、一六三	—
光緒三〇年	一六、四二二、五九三	四六、四四六、六一七	—	—	—	—	—
光緒三一年	一九、〇五三、九四三	四六、八六一、七九八	五三八、七五二	—	—	—	—
光緒三二年	一六、〇七五、八二五	五六、〇七九、八二五	五五三、六〇二	—	—	—	—
光緒三三年	一五、七一一、一四七	五二、七四九、四三六	六五九、九一六	一六〇、三四四	六、〇七〇、八九八	—	—

第二編 現代貨幣/第二部 紙幣
第十二章 在華各外國銀行發行之鈔券

續　表

年次	滙豐銀行	滙理銀行	麥加利銀行	花旗銀行	正金銀行	台灣銀行 臺灣境內外	台灣銀行 臺灣境外
光緒 三四年	二〇、〇〇六、七七九	五七、〇〇〇、一三二	四八三、〇七五	一二六、七八五	四、九三〇、五五六	九、七〇四、二一三	—
宣統 元年	一五、〇三〇、一八八	六〇、二一四、一三四	五一五、五四	一九一、六三一	三、五六九、九六五	一三、〇〇七、〇〇〇	—
宣統 二年	一五、九九四、二三六	六三、八一五、四四五	六四七、九三	二三、二六二、九	四、三四一、九一六	一六、〇四九、四一一	—
宣統 三年	二五、三一八、三一八	六三、一六四、九二三	六二五、九一六	三五、六三六、一	七、九〇一、八二六	一九、三八一、九八九	—
民國 元年	二四、八二六、一六八	八一、七二〇、一〇九	七四五、二九三	五四、七七二三	六、八三三、七二二	二〇、四一四、八五〇	二三、九三七六
民國 二年	二四、八三九、一九一	八六、四六一、〇五三	八二二、五九一	四九、六〇五五	八、一三一、六一五	一八、七八五、六〇八	四九、八七二二
民國 三年	二七、一四七、八二三	七三、三八一、六一七	一	四八、七三九五	六、二八二、八五五	一四、二四七、八七五	四九一、二六〇
民國 四年	二五、五六二、四八八	八九、一六七、八五七	九七八、一三六	五一、五九九九	七、一九七、九四八	一七、六一一、三一五	一五、一〇七四
民國 五年	二九、二五〇、三二九	九四、〇二四、一六九	—	七八九、六一四	一八、〇五〇、五四七	二五、四五一、六八八	八四六、五〇九

261

續　表

年次	滙豐銀行	滙理銀行	麥加利銀行	花旗銀行	正金銀行	台灣銀行 臺灣境內外	台灣銀行 臺灣境外
民國六年	一○、三○五、六四四	一三、九六九、○七六	九二、五九一	一、二○七、二九四	二○、○二三、二○八	三三、五一二、六六四	一、三二三、七七六
七年	二五、三○五、六四四	一七四、四二八、六二一	一、五六八、二六三	一、四三九、六四八	二二、六○二、七四一	四二、一○八、一○九	一、九七五、五五四
八年	三○、五一六、九○五	四七四、九六八、五一一	一、八○六、○九五	四、○七三、○八三	一五、一五三、九一四	四九、六五三、九四一	—
九年	二九、三三二、六五八	七○五、三一九、一一七	二、八三七、八一八	三、三九五、二七六	七、五四二、九五九	四○、二四九、二一九	—
一○年	四四、○三四、三九二	六一八、○一五、九六九	一、九二六、九二二	三、九三二、四○五	八、二七八、四三一	四○、八六三、七七○	—
一一年	四一、八八三、六五五	—	二、○六三、四一八	四、五三六、六二八	五、八三二、五七六	三四、二四四、○一○	—
一二年	四九、九○五、九五九	八三一、○九四、六一四	二、二七六、一二	三、一八八、一○一	三、二六三、四四三	三九、七○二、九四九	—
一三年	—	—	一、七三二、五二	四、三七一、三五一	—	五一、五六○、三一五	—

第二編　現代貨幣/第二部　紙幣
第十二章　在華各外國銀行發行之鈔券

在華各外國銀行累年兌換券流通額數表（二）

年次	銀行	朝鮮銀行 朝鮮境內外	朝鮮銀行 朝鮮境外	華比銀行	有利銀行	美豐銀行	友華銀行	德華銀行
		日金	日金	法	磅	美金	美金	兩
光緒	二六年	—	—	—	—	—	—	—
光緒	二七年	—	—	—	—	—	—	—
光緒	二八年	—	—	—	—	—	—	—
光緒	二九年	—	—	—	—	—	—	—
光緒	三〇年	—	—	—	—	—	—	—
光緒	三一年	—	—	—	—	—	—	—
光緒	三二年	—	—	—	—	—	—	—
光緒	三三年	—	—	—	—	—	—	四四七、七四
光緒	三四年	—	—	—	—	—	—	九七八、四六一
宣統	元年	一三、四三九、七〇〇	—	—	—	—	—	一、二一四、一九〇
宣統	二年	二〇、一六三、九〇〇	—	九一一、四〇二	—	—	—	一、三三三、二二六
宣統	三年	二五、〇〇六、五四〇	—	九四五、六六〇	—	—	—	一、四六四、六八三
民國	元年	二五、五五〇、四〇〇	—	一、二四一、七五三	—	—	—	二、二〇〇、九八九

263

續　表

年次	銀行 朝鮮銀行 朝鮮境內外	朝鮮銀行 朝鮮境外	華比銀行	有利銀行	美豐銀行	友華銀行	德華銀行
民國 二年	二五、六九三、二六〇	—	一、四三九、〇二三	—	—	—	二、五九五、九六八
三年	二一、八五〇、三七〇	—	—	—	—	—	—
四年	三四、三八七、五二〇	—	—	—	—	—	—
五年	四六、六二七、〇八〇	一一、五九八、四四四	—	—	—	—	—
六年	六七、六三四、九四九	一八、二九〇、〇八七	—	—	—	—	—
七年	一一五、五二三、六七〇	三四、五八七、八一八	一、一四六、二四三	一三〇、三八八	—	—	—
八年	一六三、六〇〇、〇五五	九八、五四七、〇九八	一、二一一、八〇五	—	—	—	—
九年	一一四、〇三四、六二〇	三一、九四一、二〇一	一、三一五、〇四五	二八四、八八八	三〇〇、〇〇〇	七二一、六二四	—
一〇年	一三六、三六〇、五〇〇	二九、九四四、〇七三	一、五四六、九七六	—	—	—	—

第十二章　在華各外國銀行發行之鈔券

續　表

年次	銀行	朝鮮銀行		華比銀行	有利銀行	美豐銀行	友華銀行	德華銀行
		朝鮮境內外	朝鮮境外					
民國	一一年	一〇〇、五四四、八六四	一七、五二三、三一六	一、六七九、〇一九	二九〇、六二六	九八四、〇〇〇	八五六、六二六	—
	一二年	一一〇、二三三、〇六八	一二、六九二、七二六	二、四四三、九六四	二九三、七四六	—	—	—
	一三年	一二九、一一八、七一三	一九、七六五、四四二	二、一六三、一二二	—	—	—	—

附註：華比銀行係每年以六月底為結算期，又自民國三年起，至民國七年止，為歐戰期間，無營業報告。民國七年之營業報告，即包含歐戰全期也。

第十三章　紙幣之法規及其制度

第一節　取締紙幣法規之沿革

第一項　清末制定之紙幣法規

　　光緒二十四年正月，度支部奏定銀行通行則例，有許官設商立各行號，均得暫時發行市面通用銀錢票，而對於兌換準備，則絕未置議。因此官商各行號，相率濫發，漫無限制，於是紙幣充斥，羣以為苦。宣統元年六月，乃由度支部奏頒通用銀錢票暫行章程二十條，其原摺略謂東西各國，發行紙幣，大都統其權於中央政府，委其事於國家銀行，間有採有多數銀行發行之制者。而印刷必由官廠，準備必交國庫，其他限制數目，抽查虛實，防微杜漸，督察綦嚴。至若與紙幣類似之物，如支條、期票、滙票等類，各國皆立專法，以示與紙幣之區別。其不載人名期限之票紙，則皆一概嚴禁，不准任便行用。誠以一紙空據，代表金銀，既侵紙幣之特權，更滋架空之弊害，於國計民生，關係甚大。國家政尚寬大，事關商務，向聽商人自行經理。近來行號林立，票紙日多，官視為籌款之方，商倚為謀利之具。倘不設法限制，將官欵收放，幾無現銀；市面出入，惟餘空紙。物價騰貴，民生困窮，其危害何堪設想等語。摺內又謂此次所訂章程，意在使銀錢行號，專力於存放匯兌之正業，所以保信用，固銀根，亦預為劃一幣制之地。惟積習既深，似未能一時驟加裁制，故此次定章，一切務從寬簡，俾商人易於遵從等語。茲錄其章程於後。

通用銀錢票暫行章程

第一條　凡印刷或繕寫之紙票，數目成整，不載支付人名，及支付時期地址者，俗名鈔票，銀行則例稱為通用銀錢票，均須一律遵守此項章程。

第二條　凡繕寫之票，有奇零尾數，或載明支付人名，及支付時期地址，名為支票兌條者，不必援照此項章程辦理。

第三條　通用銀錢票，必須有殷實同業五家互保，擔任賠償票款之責，方准發行。惟官設行號，不在此限。

第四條　凡掛幌錢鋪，發行小錢票及其他紙票者，如有殷實商號五家，出具保結，擔任賠償票款之責，暫准照舊發行。惟此項號鋪，除照銀錢兌換所章程呈由地方官彙案報部外，其關於發行紙票之事，仍遵此項章程辦理。

第五條　本章程未經頒發以前，凡向來發行銀錢票之行號，尚未註冊領照者，限於文到六個月內，趕緊備集資本，呈請地方官驗實，報部註冊。逾限不呈請者，除期限勒令收回此項紙票外，由地方官查照第十八條，酌量輕重，處以罰款。

第六條　本章程未經頒發以前，有非銀錢行號發行此項紙票者，限至宣統二年五月底止，陸續將全數收回。其有於限期內不能全數收回者，准其另設銀錢莊號，照章註冊，援照此項章程，一律辦理。

第七條　自本章程頒發後，再行新設之官商銀錢行號，概不准發行此項紙票。

第八條　本章程頒發後，凡照章准發此項紙票各行號，只能照現在數目發行，不得踰額增發。

第九條　凡發行此項紙票各行號，須將現在發出實數，按照部訂表式，填送到部。其現在發出實數，以文到一個月內發出最多數目之日計算。

第十條　凡發出此項紙票，無論官商行號，必須有現欵十分之四，作為準備。其餘全數，可以各種公債及確實可靠之股票借券，儲作準備，另行存庫立賬，不與尋常營業賬目欵項相混，以備抽查。

第十一條　凡准發此項紙票各行號，自宣統二年起，每年須收回票數二成，限以五年，全數收盡。

第十二條　凡准發此項紙票各行號，於限期內，情願一時全數收回者，准商由大清銀行，以確實之抵當物品，借予低利分年攤還欵項。

第十三條　將來新幣發行地方，凡有碍輔幣之紙票，_{如制錢票、銅圓票、銀角票等}由部臨時專案飭遵。

第十四條　每月發行及準備數目，自宣統二年正月起，須按月遵照部訂表式，填送到部。

第十五條　凡官設行號，均由本部隨時派員抽查，如準備數目不符，或呈報不符，及有他項情弊者，立票本部查辦。

第十六條　凡商設行號，由各地方官隨時會同商會派員抽查，如準備不符，或呈報不實，及有他項情弊者，報部查辦。

第十七條　抽查章程，由部詳細酌訂，以資遵守。

第十八條　凡有違犯此項章程者，輕則由地方官酌量情形，處以百元以上五百元以下罰款，重則由地方官逕報本部核辦。

第十九條　本章程係為維持幣制，保全市面起見，如有藉端勒索者，准各該行號逕禀本部及各該省督撫查實，從嚴參辦。至商民之造謠生事者，亦准禀請地方官從嚴懲辦。

第二編　現代貨幣/第二部　紙幣
第十三章　紙幣之法規及其制度

第二十條　本章程如有應行修改或停止廢棄之時，由本部臨時斟酌辦理。

宣統二年五月，度支部奏定兌換紙幣則例摺內，載稱各省官商行號，所發銀錢各票，形式既殊，價值復異，於推行紙幣前途，大有妨礙。除商號所發各票，流行尚隘，仍令遵照度支部上年奏定通用銀錢票暫行章程，按年收回二成，期以五年收盡外，其官銀錢號所發各票，為數較鉅，似不能不變通辦法，俾收速效，應咨商各省，妥籌收換方法。前此大清銀行所發通用銀票，亦應陸續收回，以昭劃一等語。《兌換紙幣則例》詳載本編第七章第二節 又附片稱嗣後銀錢行號之票紙，照章按年收回，不准增發，違者無論官商，由部奏參等語。是為清末主張統一發行制度及取締紙幣辦法之經過情形也。

第二項　民國制定之紙幣法規

民國成立以來，各省以紙幣充斥，頗感痛苦，其時論者，咸以紙幣之整理及收回為唯一之急務，因於民國二年一月，由財政部訂定商業銀行條例，限制各官商銀錢行號發行各種鈔票，規定：（一）發行總額不得超過資本金總額十分之六。（二）各銀行欲取得紙幣發行權者，必須呈繳政府發行之公債証書於財政部。其發行額不得超過呈繳公債證書之總額。（三）對於發行額須有四分之一以上之現金準備。此項準備金，須存儲於中央銀行。又對於各省私立銀行，所發行之紙幣，其收回方法，特定限制數條：（一）自財政部規定之紙幣條例公布後，三個月內，各銀行須將紙幣總額呈報於財政部，並須先繳紙幣發行總額三分之一之政府公債證書，一面向財政部領取同額之紙幣。（二）銀行收納紙幣後，三個月內，須收回舊紙幣三分之一，並須呈繳財政部。（三）銀行依前二條之規定，在一年以內，須將三分之二之舊紙幣，全部收回，並須呈報財政部。至民國四年，整理紙幣之議復起，當由財政部另擬取締紙幣法規九條，其大旨略謂，各省官銀錢行號，改革以來，濫發紙幣，影響財政。前經本部呈奉明令禁止增發，並由部隨時設法分別收回。惟省立銀行及官銀錢局號，雖經制定發行額，以示限制，而一般商辦銀行號，咸視發行紙幣，為架空牟利之圖，倘不設法取締，殊於市面大局，幣政前途，均有絕大障礙等語，於四年十月二十日批准公布矣。茲錄其條文於後。

取締紙幣法規

一、凡官商銀錢行號，發行紙幣，除中國銀行外，均須依照本條例辦理。凡印刷或繕寫之紙票數目成整不載支收人名及支付時期，憑票兌換銀兩銀圓銅圓制錢者，本條例概認為紙幣。

二、本條例施行後，凡新設之銀錢行號，或現已設立，向未發行紙幣者，皆不得發行。

三、本條例施行以前，業經設立之銀錢行號，有特別條例之規定，准其發行紙幣者，於營業年限內，仍准發行，限滿應即全數收回。

無特別條例規定者，自本條例施行之日起，以最近三個月平均數目為限，不得增發，並由財政部酌定期限，分飭陸續收回。

四、各銀錢行號，遵照本條例第三條發行之紙幣，至少須以五成現欵，準備兌現。其餘五成，准以公債票，及確實之商業證券，作為保證準備。其有特別情形，暫時未能依照前項規定者，須呈明財政部核辦。

五、發行紙幣之銀錢行號，應每月製成發行數目報告表，現款及保證準備報告表，呈報財政部，或呈由該管官廳，轉報財政部。

六、發行紙幣之銀錢行號，由財政部隨時派員，或託他機關，檢查其發行之數目，準備之現欵，及保證品，以及有關係之各種帳冊單據。

七、各銀錢行號，違反第二條、第三條、第四條之規定者，應科以五百元以上五千元以下之罰金。其有發行權者，並取銷其發行權。

八、發行紙幣之銀錢行號，違反第五條之規定，並不遵造報告，或報告不實者，應科以五十元以上五百元以下之罰金。違反第六條之規定，拒絕檢查者，應科以一百元以上一千元以下之罰金。

九、本條例自公布之日施行。

民國九年六月，財政部以前經呈准公布之取締紙幣條例，頒行已久，限制綦嚴，乃近日各省官銀錢行號，往往藉口周轉，任意發行，種類旣參差不齊，準備亦虛實難究，金融因之閉滯，奸商得以把持，貽害閭閻，亟宜挽救。惟前項條例，或因現情，微有變遷，或因推行不無窒碍，自應按切事情，稍加損益，以期法立令行，不虞扞格。將前所規定各項，重行修正，改全案為十四條。^{全文附後}

按：自近年以來，法令雖屢經更改，而實際並未能實行。例如依《修正取締紙幣條例》第八及第九兩條之規定，則發行紙幣之銀錢行號，有每月造送發行數目表，現款及保證準備表之義務，幣制局及財政部有檢查發行數目、準備現狀及保證品之責任是也。

修正取締紙幣條例 _{九年六月二十七日呈准公布}

第一條　凡官商銀錢行號，發行紙幣，除國家銀行外，均須依本條例辦理。凡印刷或繕寫之紙票，數目成整，不載支取人名，及支付時期，憑票兌換銀兩、銀圓、銅圓、制錢者，本條例概認為紙幣。

271

第二條　本條例頒行後，凡新設之銀錢行號，或現已設立向未發行紙幣者，皆不得發行。

第三條　本條例頒行以前設立之銀錢行號，其發行紙幣，業經財政部依法令核准有案者，仍准發行，但以後不准逾額增發。

前項發行紙幣之銀錢行號，原定有營業年限者，限滿應將所發紙幣全數收回，不得延長年限。其無營業年限者，由幣制局暨財政部得定期限令收回所發紙幣。

第四條　本條例頒行以前，設立之銀錢行號，其發行紙幣，經財政部核准立案時，附有特別條件者，仍照核准原案辦理。

第五條　本條例頒行以前，設立之銀錢行號，其發行紙幣，並未經財政部依法令核准有案者，應自本條例頒布之日起，六個月以內，呈由地方官查明發行數目及準備金後，轉報幣制局暨財政部核定發行數目，暫准發行。惟幣制局暨財政部得隨時定期限令收回。

第六條　本條例未經頒行以前，有非銀錢行號發行紙幣者，限至本條例頒行後，一年以內，全數收回。

第七條　各銀錢行號，遵照本條例第三、第四、第五各條發行紙幣應負隨時兌現之責。前項紙幣，至少須有六成現歀準備。其餘得以政府發行之正式公債票，作為保証準備。其有特別情形，暫時未能照辦者，須呈請幣制局暨財政部覈辦。

第八條　發行紙幣之銀錢行號，應每月製成發行數目報告表、現歀及保證準備報告表，每半年製收支對照表、財產目錄表，由地方官或監理官逕呈幣制局暨財政部。

第九條　發行紙幣之銀錢行號，得由幣制局會同財政部隨時派員或委託他機關檢查，其發行數目、準備現狀，及保證品，並其他有關係之各種賬冊單據。

第十條　各銀錢行號，發行紙幣，除遵照第三條辦理外，遇有破爛，必須更換新票時，應先呈請幣制局核准後，交印刷局印製，並將紙幣樣張，呈送幣制局備案。

第十一條　各銀錢行號，照第十條之規定，更換新票時，其收換辦法如下。

（甲）如向幣制局呈請發給新紙幣一百萬張，第一批祇准領運三分之一，或四分之一。其數目由幣制局核定，俟舊票悉數收清後，方准依次領運第二批及第三批。

（乙）收回舊票，即責成各地方官派員或由監理官點驗截角封存，轉報幣制局備案。

第十二條　各銀錢行號執行業務之經理人董事，違反第二條至第七條、第十條、第十一條之規定者，科以五百元以上五千元以下之罰金。違反第三條至第五條、第七條之規定者，幣制局暨財政部得隨時取消其發行權。

第十三條　各銀錢行號執行業務之經理人、董事、監察人，違反第八條之規定，並不遵造報告或報告不實者，科以五十元以上五百元以下之罰金。違反第九條之規定，拒絕檢查者，科以一百元以上一千元以下之罰金。

第十四條　本條例自修正公布之日起實行。

第二節　紙幣發行制度之籌議

按：自前清末季，政府對於發行兌換券制度之所採政策，素主統一發行紙票之權，採取單數國家銀行之制，故其規定各項法制，如宣統元年之《通用銀錢票暫行章程》及二年之《兌換券紙幣則例》,對於紙幣之釐定,均頗周詳。而當時度支部執行限制濫幣之法,亦極嚴厲,惜為期短促,國體旋更,民國成立以來,政府所採政策,仍沿清制。迨及民國四年,公布《取締紙幣條例》,載明凡已經發行紙幣之銀錢行號,有特別規定者,於營業年限滿後,應即全數收回;無特別規定者,由財政部酌定期限,陸續收回;未發行者,概不得發行。此外並由中行,釐定領用兌換券制度,俾原有發券各銀行,得領用中行兌換券。是為中央政府所採單數發行制度,益加明確矣。惟自民六以後,中央方針,雖未宣明變更,而當時所設各種銀行,予以發行特權者,時有所聞。民國八年,政府曾制定《銀行公庫兌換券條例》,凡十二條。條例規定,由各地方銀行公會組織之公庫發行,并擬先從津、滬、漢三處設立公庫,迄未實行。_{全文附後}至民國九年,銀行公會聯合會第一屆會議之際,曾建議政府確定發行制度。十年銀行公會聯合會第二屆會議之際,復由漢口銀行公會提出此案,當經一致表決,呈財政部幣制局請予確定發行制度。其大旨略謂幣制為國家要政,整理不可不先,紙幣與通貨並行,制度尤當確定。嘗考東西各國發行制度,要不外單一銀行發行制與多數銀行發行制兩種。單一發行制者,其發行權屬於中央銀行;多數發行制者,其發行權屬於多數銀行。其間得失互見,而各國採用亦各有沿革變遷之不同,然必確定施行何種制度,俾全國發行之事,整齊劃一,以免社會金融之紊亂,而保人民資財之安全,則固一定不易之理也。我國發行制度,政府究採何種,迄未明確規定,雖曾頒布《取締紙幣條例》,而徒託空文,未覩實效。比年以來,新設之普通銀行、特種銀行,以及中外合辦之銀行,經政府特許以發行權者,殆已數見不鮮。就取締條例言,似單一發行制,為政府所取法,然徵諸歷次特許成案,則又近於多數發行

第二編 現代貨幣/第二部 紙幣
第十三章 紙幣之法規及其制度

制。民視不定，後患堪虞，應請俯察國內輿情，採取適當學說，詳究兩制利弊，速定發行制度，以垂國家久遠之規，免貽政法兩歧之誚。再當此發行制度尚未確定以前，政府對於任何銀行之請求發行權者，似宜斟酌審慎，或俟制度規定，再行核辦，以昭慎重，而期劃一等語。至民國十二年十二月，幣制局有設立公庫統一紙幣發行權之提議，蓋亦深鑒多數發行之繁雜，而以單一制矯正之。且因紙幣發行制度之宜速定，又迫不容緩，故提倡組織公庫，為漸謀統一發行之基礎焉。_{條文附後}據當時所採用公庫制之理由，約有數端："（一）國家法令往往不能普及，外交上亦無實力，不得不藉金融勢力，使法外行動漸次居於劣敗地位，就我範圍。（二）國家銀行實力未充，不得不暫取此制，先收羣策羣力之效，俟有相當時機，再實行集中制。（三）規定兌現地點若干處，其餘以滙兌法流通之。準備勢力較為充實，既可節省硬幣之使用，并可養成不兌現券之習慣。準備金不使分散，集中一處，力量較厚。今假定漢口為兌現地點，亦為準備金積貯地點。其四周為九江、岳州、信陽、武昌、襄陽、沙市、宜昌等處，倘其中一處金融恐慌，漢口公庫即以全力援助，較之準備分散，各區自理，固屬易於辦理。（四）集中制現既不能實行，多數制又監督為難，此制為折衷辦法。若領券資格從嚴規定，為數當不甚多，監督檢查，較為簡易。（五）此制既取公開主義，領券銀行利害相同，所有擠兌風潮及因發行上發生無意識之衝突，均可免除。（六）鈔券信用，全在準備確實，而準備能否確實，尤以發行能否獨立為斷。吾國發行銀行，往往以營業欵項充作鈔券準備，實含冒險性質。此制倘能實行，公庫與銀行既絕對分而為二，營業與發行當然不能混合。營業既有失敗，鈔券仍有準備，所有停兌等事，從此摧除淨盡。"按：以上所舉者，是為今日救濟時弊最適之良法，但其中亦不免有困難之處，如第一條所規定，由各地銀行公會聯合組織公庫，為發行機關，於事實上即不易施行，如已有發行權之銀行，是否贊同。此其一。省有之官錢局及省銀行，在今日中央對於地方未有指揮權之前，能否取消其發行權，尤感有莫大困難。此其二。又如第二條所規定，在今日交通不方便之地，難免不發生貼水折扣等弊，及有力軍閥提取鈔券。凡此諸點，似皆有可加斟酌之餘地，然其最大之障礙，則為銀行界內部之暗分派別，不能通力合作。一部分人士謂公庫制之難行不亞於集中制，蓋亦有鑒於銀行界實情之譚。然欲集中制之能實行，又須以政治統一為前提，是又超乎幣制問題之外矣。

銀行公庫兌換券條例

第一條　銀行公庫兌換券，由各地方銀行公會組織之公庫發行。公庫先從津、滬、漢三處設立，其組織法另定之。

第二條　此項兌換券，流通全國。無論公私欵項，一律通用，不得折扣貼水。

第三條　此項兌換券，分為一元、五元、十元、二十元、五十元、一百元、五百元七種。按照券面地名，由該地公庫，以國幣或通用銀元隨時兌現。

第四條　此項兌換券，須按照發行額，以國幣或通用銀元或生金銀七成，為現金準備；以公債票及商業有價證券三成，為保證準備。前項現金準備之成數，依金融之狀況得增減之，但須經全國銀行公會聯合會之決議，由財政部及幣制局核准，並公告後方得實行。

第五條　依照中華民國法律設立之銀行，業經財政部核准註冊者，均得按第四條之準備法，向公庫承領。兌換券章程另定之。

第六條　公庫逐日發行兌換券並現金準備及保證準備之數目。每一星期，應於公庫所在地，登報公告一次。每月並應製成上例二項報告表，報告財政部及幣制局。

第七條　財政部及幣制局，得會同派員駐公庫監理，或隨時檢查各地方公庫發行帳冊。

第八條　公庫所在地之檢察官及商會，得根據公庫登報之公告，隨時要求檢查發行數目、現金準備及保證準備并發行帳冊。

第九條　公庫違背第四條之規定，發行兌換券，或有其他不正當之行為時，得由財政部及幣制局酌定期限，停止該公庫之發行權，或對於該公庫董事及經理人，得處以五千元以下之罰金。其有涉及刑事犯罪者，由司法官署依法處斷。

第十條　偽造或塗改此項兌換券者，依刑律之規定處斷。

第十一條　本條例施行後，除依教令之規定，特准發行兌換券之銀行，仍得繼續發行，並得按照本條例第四條之準備辦法，向公庫承領此項兌換券外，其他業經發行兌換券之銀行，應由財政部及幣制局，酌定限期收回，或由該行自行呈請取銷其發行權。在發行權未經取消以前，不得承領此項兌換券。本條例施行後，除依前項規定外，無論何種銀行，財政部幣制局不再准許有發行兌換券之權。

第十二條　本條例自公布日施行。

公庫制大綱

第一條　由各地銀行公會聯合組織公庫為發行機關。凡與有領券資格之銀行，均得按照條例規定領券。

第二條　此券全國一律通用，不載發行地名，但規定若干處為兌現地點，其餘各地均得匯兌，不取匯費，亦不得折扣貼水。

第三條　現金準備，定為七成。其餘三成，以公債及商業有價證券為保證準備。

第四條　前項準備金，由公庫經理保管，政府派員監督，幷由該地商會檢查之。

第五條　發行數、流通數及準備金數，每星期由公庫分別公告一次，並每月彙總報告一次。

第六條　中交兩銀行仍得繼續發行，並得按照條例規定領券。其他銀行業經發行之舊券，限期悉數收回，或自行取消其發行權。在未經悉數收回或取消發行權以前，不得領券。

第七條　此制實行後，無論何種銀行，均不得再許其有發行權。

第三節　財政部設立監理官之情形

民國二年十二月，財政部以各省官銀錢行號，濫發紙幣，漫無限制，以致價值低落，國計民生，交受其困。倘不亟為嚴加監督，匪與特整理幣制，多有窒礙，且恐財政基礎，永無鞏固之日。復查東西各國制度，凡屬有發行鈔票權之銀行，政府得常派專員，監視其一切事務。《中國銀行則例》中，亦有得派監理官之規定。本部現擬援照此例，特派監理官，前往各省官銀錢行號，監視一切。特訂各省官銀錢行號監理官章程十三條，於二年十二月二十三日，由財政部部令公布。至三年三月，財政部復呈該章程之規定。僅對於官銀錢行號暨官商合辦者，得派員監理。但查各省紙幣充斥，其由官銀錢行號發行者，固屬多數，而由商辦銀錢

《中國銀行則例》第二十七條載，財政總長得派監理官一人監視中國銀行一切事務。民國二年四月十八日，財政部以部令公布《中國銀行監理官服務章程》，計共十條，內第三條載稱中國銀行監理官，須隨時檢查中國銀行兌換券發行數目及準備狀況

行號發行者，亦殊不少。如湖南之礦業銀行、奉天之興業銀行、廣東之信大銀行、浙江之興業銀行等。據各該省調查報告，類皆發行紙幣，為數甚鉅，其於地方金融關係，與官辦者，殆無軒輊。若監理範圍，僅以官辦暨官商合辦者為限，而不及於商辦銀錢行號，按諸事實，既多窒碍，揆諸情理，又未公允，殊非本部整理紙幣之初心。茲擬於該章程第十二條官商合辦之銀錢行號句下，加入"及發行紙幣之商辦銀錢行號"一語，以期周密，而臻妥善等語。於是年三月初四日修正，茲錄其章程於后。

各省官銀錢行號監理官章程

第一條　監理官承財政總長之命監視各省官銀錢行號一切事務。

第二條　應派監理官之各省官銀錢行號，由財政總長定之。

第三條　監理官得隨時檢查各省官銀錢行號各種簿記及金庫。

第四條　監理官得隨時檢查各省官銀錢行號鈔票發行數目及準備狀況。

第五條　各省官銀錢行號，欲換發新舊鈔票，須由監理官轉呈財政總長核准。

第六條　各省官銀錢行號內，尚未發行之鈔票，暨印票印板戳記，均須交由監理官，會同封存保管。非奉財政部命令，不得開封行用。

第七條　監理官得隨時檢閱各省官銀錢行號各種票據及一切文件。

第八條　監理官得隨時質問各省官銀錢行號事務一切情形，如認為必要時，得請銀行編製各種表冊及營業概略。前項表冊文件，須由各省官銀錢行號總辦，署名蓋印。

第九條　監理官每月十五日以前，須將上月內檢查情形，詳細編製檢查報告書，呈報財政總長。

第十條　監理官對於各省官銀錢行號業務，認為有違背章程及其他非法行為，須從速呈報財政總長。

第十一條　監理官非得財政總長許可，不得擅離職守。

第十二條　官商合辦之銀錢行號，及發行紙幣之商辦銀錢行號，亦適用本章程之規定。

第十三條　本章程自公布之日施行。

第十四章　偽造貨幣禁例

第一節　偽造硬幣禁例

　　吾國偽造貨幣禁律，漢以前，其制不詳。漢時私鑄錢死，妻子沒入為官奴婢，吏及比伍知而不舉告與同罪。唐律云：諸私鑄錢者，流三千里；作具已備未鑄者，徒二年；作具未備者，杖一百。若磨錯成錢，令薄小取銅以求利者，徒一年。至永淳元年五月，又規定凡私鑄錢造意人及句合頭首者并處絞，仍先決杖一百。從及居停主人加役流，各決杖六十。若家人共犯，坐其家長。老疾不坐者，則罪歸以次家長。其鑄錢處，鄰保配徒一年。里正、坊正、村正，各決六十。若有糾告者，即以所鑄錢毀破，並銅物等賞糾人。同犯自首免罪，依例酌賞。宋初令諸州輕小惡錢及鐵鑞錢悉禁之，詔到限一月送官，限滿不送官者，罪有差。其私鑄者，皆棄市。銅錢闌出江南、塞外及南蕃諸國，差定其法：至二貫者，徒一年。三貫以上棄市。募告者賞之。明律凡私鑄銅錢者絞，匠人罪同，為從及知情買使者，各減一等。告捕者官給賞銀五十兩。里長知而不首者，杖一百。不知者不坐。又曰若將時用銅錢，剪錯薄小，取銅以求利者，杖一百。清仍明制，其律文與明律同。至康熙十二年，復規定私銷之罪，照私鑄例論罪。雍正十三年，又定鬍邊錢禁例，及各官失察處分。謂凡將制錢鬍邊毀化，製造器皿貨賣者，拿獲之日，審明鬍至十千以上者，為首之人，擬絞監候；為從杖一百，流三千里。不及十千者，為首照毀化小制錢例，枷三月，杖一百。發雲南川廣烟瘴少輕地方為從減一等，杖一百，徒三年。房主、鄰佑、總甲、十家長，知情不首，皆照為從例治罪云。

按：新式銀銅圓偽造禁例，始自清光緒二十二年。刑部議覆署兩江總督張之洞，奏廣東等省，次第開鑄銀錢，請飭議私鑄罪名一摺，內開私鑄制錢，罪名輕重，以十千以上，及不及十千為斷。向來計贓定罪之案，以制錢一千，合銀一兩。嗣後私鑄銀錢之案，核其所鑄之數，至十兩以上，或雖不及十兩，而私鑄不止一次，後經發覺者，比照私鑄制錢罪名，為首及匠人俱擬斬監候，為從俱發新疆，給官兵為奴。至光緒三十一年七月，財政處奏稱銀圓、銅元、紙幣三項，花紋精細，頗難朦混，一經膺造，則子母相生，層出不已。凡敢於犯法作偽者，其機詐必深，其窟穴必密，較之尋常私鑄，其情罪似加一等。擬請嗣後拿獲私鑄銀銅元偽造紙幣之犯，如其數在十兩十千以上，或數雖不及，而私鑄不止一次者，均比照私鑄制錢例加等治罪，以昭炯戒等語，得旨依議。民國以來，均未明文規定，但適用新刑律之偽造貨幣罪各條歟焉。

第二節　偽造紙幣禁例

《宋史·食貨志》云：宋崇寧三年，立偽造法。凡通情轉用，並鄰人不告者，皆辠之。私造交子紙者，辠以徒配四年。嗣又定偽造會子法，偽造者處斬，告捕者賞錢十貫，不願受者，補進義校尉。金時《鈔外篆書》曰：偽造交鈔者斬，告捕者賞錢三百貫。元世祖中統二十五年，規定偽造鈔者處死。首告者賞鈔五錠，仍以犯人家產給之。明大明通行寶鈔，其文曰偽造者斬。告捕者賞銀貳佰伍拾兩，仍給犯人財產。又按實錄云：太祖洪武二十七年，令軍民商賈所有銅錢，有司收歸官，依數換鈔，不許行使，犯者以姦惡論。清定鼎後，亦造寶鈔，文云大清寶鈔與銅錢通行，使用違造者，罰銀拾兩。使用者，賞通行寶鈔拾貫云。

　　自近代銀行發行鈔券，至光緒三十年，戶部奏訂《銀行試辦章程》，訂定《偽造紙幣禁例》。其第二十八條載，偽造紙幣，不獨有害本行營業，兼亦害及行用之人，亟須嚴禁。本行既隸於戶部，所發紙幣，既與國家制幣無異，應稟財政處戶部，奏明通飭各省，出示嚴禁。無論何項人等，如有偽造本行紙幣者，由刑部另立專條，從重辦理云云。宣統二年五月，度支部奏釐定兌換紙幣則例云，其偽造紙幣或變造紙幣者，應由京外各衙門督飭所屬，隨時緝獲，按律從嚴治罪，不容稍有寬貸_{參照第二編第七章第二節《兌換紙幣則例》}等語。民國以來，關於偽造變造紙幣之禁律，均未另立專條，但適用新刑律之偽造貨幣罪及偽造有價證券罪各條歟焉。

第三編　現代幣制問題

第一章　幣制問題之經過

　　中國昔時國家制幣，僅有銅錢一種，其餘金銀，皆未曾范鑄成幣，僅按重量品質流通，無所謂本位單位問題。自通商以來，沿海各地銀兩、制錢各種貨幣，逐漸被番洋所壓倒，當局者始竊竊憂之。先是政府嚴禁其流通，卒未能收效，乃提議自鑄銀元，以抵制外銀之輸入。是時整理圜法之議，尚未萌芽。迄光緒末年，士大夫漸知改革幣制之必要，復鑑於各國幣制之整齊，而苦本國貨幣之窳敗，既受交易之不便，而又困於運送之艱險。加以國家負債日重，鎊虧_{金銀換算之不利}之損失尤巨，乃有主張從速改革幣制之議，仿歐美各國近世圜法，鑄造金、銀、銅各種貨幣，為全國通用之幣，然當時朝廷尚覺非其時。至光緒二十九年，以庚子之役，償欠巨億，而銀價日落，虧累倍蓰，始覺非急謀解決，則不足以圖存。加以光緒二十八年之《中英商約》，_{《中英商約》第二款，謂中國允願設法立定國家一律之國幣，即以此定為合例之國幣，將來中英兩國人民應在中國境內遵用，以完納各項稅課及付一切用款}二十九年春之《中美商約》等，皆加入畫一幣制之明文，政府既負此義務，遂不得不孳孳研求幣制。故二十九年三月上諭，時局艱難，財用匱乏，國與民俱受其病。自非通盤籌畫，因時制宜，安望財政日有起色。即如各省所用銀錢，式樣各殊，平色不一，最為商民之累，自應明定劃一銀式，於京師設立鑄造銀錢總廠，俟新式銀錢鑄成足敷頒行後，所有完納錢糧關稅釐捐一切公歀，均專用此項銀幣，使補平申水等弊掃除淨盡。部庫省庫收發，統歸一律，不准巧立名目，稍涉紛歧。此舉為國家要政，上下交益，務令圜法整齊，推行盡利等語。幷派軍機大臣慶親王奕劻、瞿鴻機，會同戶部，辦理財政事宜。於是中央有財政處之設置，專為整理財政及幣制等問題。自是幣制改革之議，漸為各方所注重。是年秋，總稅務司英人嚇德氏主張採用金匯兌本位制。翌年春，美人精琦氏來朝，亦主行此說，其議論更為精詳。其時廷臣多非議其說，不敢嘗試，在當局者亦多主用銀，綜其理由，約有三端：（一）中國習慣，銀銅並用，公私往來，多用銀兩。（二）中國蓄金不多，金鑛亦少，恐採用金本位，供求不能適合。（三）人民生活程度不高，不便用金，是也。自決定用銀本位後，而銀幣單位一兩與七錢二分兩說，亦復聚訟紛紜，迄不得決。國家幣制法令，亦隨之更變。初由兩單位改為元單位，繼而由元單位，而復改為兩單位。至宣統二年四月，度支部奏定幣制則例，仍採用元單位制度，於是單位問題，始完全解決。是年八月，度支部奏改原有之幣制調查局為幣制局，將以之為督理幣制之機關。三年政府向英、美、德、法四國銀行團，訂借英金一千萬鎊，以作興辦東三省實業及整理幣制之用，並派員往倫敦與四國幣制專家討論幣制。未幾國體改革，兵戈擾攘，幣制之紊亂加甚，不及言整理矣。此清末整理幣制之經過情形也。

民國元年秋間，財政部特設幣制委員會，討論幣制本位單位各問題，咸主張採用金匯兌本位制，謂該制有八利二弊，則自非銀本位與金本位之利少弊多者可比。我國改良幣制，似以金匯兌本位為最合宜云云。其時有荷蘭博士衛斯林著《中國幣制改革初議》，主張暫時並用銀本位制及金匯兌本位制說。民國二年春，幣制委員會改組，特設專任之員，詳加討論，於是分為三說。一主精琦氏之金匯兌本位；一主金本位與銀本位暫時並用；_{此說為劉冕執委員所主張}一主先用銀本位。秋間委員會撤，移其議於國務會議，卒定純粹銀本位制，即三年二月間所頒之《國幣條例》是也。三月間，特設幣制局，任梁啟超[1]為總裁，籌商整理幣制辦法，議借外債，剋期辦理。秋間歐戰忽起，借歟無望。年杪總裁辭職撤局。四年一月，財政部再設幣制委員會，擬定《國幣條例修正案》，其內容一為改定一元銀幣之成色，一為添鑄金幣二者是也。六年九月，梁啟超任財政總長，復欲厲行民國三年之計畫，特向英、法、俄、日四國銀行團，提議善後續借歟英金二千萬鎊，以為整理幣制之用，事未果而已去職。七年曹汝霖兼任財政總長，呈請厲行民國三年領布之國幣條例，統一銀幣，發行金券，及組織推行金幣之貿易機關，皆未見實行。近年以來，國內一般趨向，大都主張首先畫一銀幣，然後再討論用金方法。此民國成立以來整理幣制之經過情形也。總括上述沿革，不外本位與單位問題之紛爭，及其事實上進行步驟之不同。茲為便利研究起見，爰將其利害得失，及其改革之實情，一一分門別類，詳述於后。

---

[1] 即梁啟超。——編者註

第二章　幣制本位問題

第一節　鑄造金銀各種貨幣之首先建議者

　　主張鑄造金銀貨幣為全國通用之幣，此說發端最早，其條議雖僅係建議性質，未有具體之規畫，然足以促成吾國日後改革幣制，實具有偉大之勢焉。茲特擇其重要者，分別摘錄於下。

一、順天府府尹胡燏棻　清光緒二十一年閏五月，順天府府尹胡燏棻，條陳變法自強案內，主張各省通商口岸，一律設局，自鑄金、銀、銅三品之錢，額定相準之價，垂為令申。一面於京城設立官家銀行，歸戶部督理。省會分行，歸藩司經理。通商碼頭，則歸關道總核。購極精之器，造極細之紙，印行鈔票，而存其現銀於銀行等語。

二、監察御史王鵬運　同年十二月，監察御史王鵬運奏請變更幣制，謂外人串同內地奸商，以銀易錢，裝運出口，以致京師及各省錢價突漲，銀價愈低。若固守成規，不思變計，則旁有大盜，覬覦盤剝，必至潰敗決裂，窮而思亂。應請飭下戶部，鼓鑄金、銀、銅三品之錢。金錢輕重，略仿英鎊大小。銀錢用鄂、粵鑄成之式，鑄成後，頒發各省，諭天下一體通行，各省亦一律鼓鑄，以資利用，仍特派大臣，總理其事。惟救急之法，則宜先鑄銀錢，銀錢足，則錢價平，而市面亦可以維持矣云云。

三、總理衙門給事盛宣懷　次年九月，總理衙門給事盛宣懷，奏請改革幣制，謂墨西哥國，以九成之銀鑄錢，運行中國，易我十成之銀，歲耗以億萬計。近來廣東、湖北、北洋、南洋先從鑄造銀圓，分兩輕重，悉准墨銀。既不能廢兩為元，各庫出入，仍需元寶，必致無銀可鑄。擬請在京師特設銀元總局，以廣東、湖北、天津、上海為分局，開鑄銀幣。每元重京平九成銀一兩，再酌鑄金錢及小銀錢，使子母相權而行。凡出欵俱用官鑄銀幣，各省關收納地丁錢糧鹽課關稅釐金，俱收官鑄銀幣。元寶小錠，概不准用。惟收欵仍照庫平銀十成計算。摺內又謂西人通商惠工之本，其樞紐皆在銀行。中國亦宜仿行，先在京都、上海設立中國銀行，其餘各省會口岸，以次添設，由商董自行經理等語。當奉旨責成盛氏，俟銀行辦成後，准附鑄一兩重銀元，以十萬元為率，先在南省試行。如果可以流通，毫無室❶礙，再由戶部妥議章程，奏明辦理。

四、通政使參議楊宜治　清光緒二十三年九月，通政使參議楊宜治，奏請仿造金鎊疏稱，鎊價日漲，中國征收所入，使費所出，無不加倍吃虧。借欵一項，吃虧尤巨且久。我國商民交困，皆此鎊價遞昂，耗物力於無形之中。有以致之，欲挽此弊，弭此大虧，非率宇內之權量，整齊而劃一之，定準圜法，以與各國平均往來不可。近來中外臣條陳圜法不知凡幾，或慮其紛更騷擾，而不忍遽行。或偶爾開鑄銀圓，而未能流通收效。意者尚未扼其要領，使舉而易行歟。臣曩年周歷各國，見其圜法，無不自定極準之式。如法之佛郎，德之馬克，俄之盧布是，而尤以金錢為最便宜。金錢輕重有別，悉以英鎊為準。同治年間，每鎊合規銀三兩三錢三分；光緒十三年，每鎊合規銀四兩一錢六分五厘；今則每鎊合規銀八兩有奇。燃眉之急，莫切於此。擬請諭旨，准予變通。先按先令分兩成

---

❶　"室"當爲"窒"。——編者註

色樣式，鑄造銀錢，務令京師直省一律通行。一面飭下各省督撫速採金礦，再仿英鎊樣式，鑄造金錢。銀錢既鑄，金錢續成，由是可仿製鈔票，一俟鈔票展轉流通，則金錢直同土壤矣。

五、駐俄公使胡惟德　清光緒二十九年九月，駐俄公使胡惟德，奏請整頓幣制，添鑄金幣。略謂一國之中，必有一定之國幣，兼用金、銀、銅三品，必有一定之比例。凡成色、形式、價值，必須全國一律隨處通行，方能利用於民間，取信於外國，而驅駕乎用金之邦，滙兌不致受虧，交涉亦易措注。西國理財專家，考得世間歲產之金，以濟各國民用，而無慮不足。至歲產之銀，正無窮盡。產銀愈多，銀價愈落，故近今金貴，實非金貴，乃銀賤也。中國習慣用銀，故以銀為主，自見金日益貴。外國習慣用金，故以金為主，自見銀日益賤。當今環球各國，既皆用金，而吾國豈可獨居其後乎？即世之所謂用金不便，而實不足慮者，試臚舉之，論者謂中國物賤民儉，民間衹行銅幣，未盡用銀，遑論用金？不知現議用金，僅欲示信於外國，不求驟用於民間。民間之用銅用銀，均任自便。譬如今日都市用元寶，而民間仍少見，商埠用洋元，而鄉僻仍少見，用金亦然，先由口岸以漸行內地，先由大省以推及邊隅，各處仍可由銅而進於銀，再由銀而進於金，不必躐等而驟致也。蓋自皮革粟布以來，至於用鐵、用銅、用銀、用金，自有其漸進之理，不容遏，亦不容強，此不足慮者一也。又謂中國地廣民庶，一旦用金，安得如此多金以供鑄幣？不知開辦之初，係欲各國知我確有金幣存儲，以保金銀定價，不致漲落，而免商貨進出失其平均，市上本無多需，鑄數不求充溢。查印度存金較之市上流行貨幣，尚不及百分之十，以金銀互為周轉之通例計之，金幣視銀幣，原不過百分之十五而已足。中國銀幣，類皆流行市上，及散布民間，迨積聚而換金，必不及百分之十。有時聚銀換金為數過鉅，政府付出金幣，即收入銀幣，其時市上之銀必少，銀行又必出金換銀，以應市上之用，政府又必付銀收金，以應銀行之求，自為消息，即自為流通，此不足慮者二也。又謂中國錢鋪以兌換扣折私銷等為生計，以平色缺串小錢等為利源，國幣定而畫一整齊，剝算已窮，必非所願。不知彼等行為，適足病商，本法令所應禁，此猶王政之必同律度量衡也。國幣行則此風不禁而禁，而後商務可盛，衆利可興。銀行更在所必需，彼等不患無生業，是禁其小利，正所以開其大利焉，此不足慮者三也。某國議員，又議中國官吏，於錢糧釐稅收入時，銀塊、銅錢種種不一，彼折此算，處處侵吞，養廉既微，賴此挹注。國幣定則生計窮，勢必譁然羣阻，不知整頓要政，原為利國利民，非為利此官吏。亦惟幣制不定，是以釀此弊端，若果團法從同，正可杜其侵食，此不足慮者四也。彼又謂現今各省分鑄銀元，各為圖得盈餘，以貼本省用項。鑄幣既歸一處，驟缺此欵，又非各省所願。不知新幣本非不可分造，即欲併歸一處，而前此正因國幣未定，銀塊不便通行，故各省暫鑄銀元以利民，初非貪得盈餘以自便。況所得盈餘，仍支公用，即改由一處鑄造，其盈餘一項，亦可分貼各省辦事之需。同為公家之財，一彼一此，何分畛域，此不足慮者五也。論者又謂現今中國賠欵數萬萬，皆以銀計，一旦有金銀國幣，以與列國之幣相抵算，難保不干預牽制。不知改用金幣，乃各國近今常事，英、美、德、法等國，尤利我之用金，以便其商務。故英訂商約，即有立定國幣之條，美更為我代謀，不遺餘力。既有數國謂然，我更持之以堅定，即有一二國不願中國富強者，亦未便公然阻止，此不足慮者六也。又謂鑄金幣既為見重外國，則每歲貨價，出口常不抵進口。洋商以所得貨價，滙歸其國，則我之金幣外流，保無隨鑄隨盡。不知凡進口貨多，出口貨少，其時財入外人之手，而市上財少。財少則貴，財貴則土貨必賤。洋商爭購，而出口自增，出口增而財又聚矣。又市上財少，即覺客貨之貴，而銷路滯。銷路滯則進口減，而財又流通矣。況財貴則息重，息重則本欲滙洋之欵，以留華生息為合算，而財仍留。查美之紐約，現有法幣一萬五千萬佛郎存美生利，不以滙歐。中國每歲出口，不抵進口約千萬至千五百萬兩之多，而未見現銀綑載出口，可見洋商之財仍留在華，以興商業。縱不在華人之手，亦未始非地方之利。又證以俄、日兩國用金以來，出入財貨表，更信而有徵。蓋兩國初用金時，亦正患出口貨少，而金幣外流者也，此不足慮者七也。某國議員，又謂中國人好空論而少實功，喜守舊而難圖始，如天津議行印花稅，不久即廢，至今未行。幣法事更重繁，難行必矣。不知印花稅徵取於民，固知不便，尚冀漸漸推行。造幣乃便民之事，利害懸殊，順逆異勢。近者東南財富之區，業已通用銀元。三年來，北省亦通用銀元，非明證乎？是在行之有法，持之有恆，此不足慮者八也。摺內又謂鑄幣辦法，約有六端：一曰定名稱，各國之幣皆有專名；二曰鑄新幣首定鑄幣之數；三曰收舊銀以歸劃一；四曰籌鑄本；五曰廣行用；六曰昭信實是也。嗣經戶部覆奏，謂鑄金幣，應預籌金欵。擬令捐復捐升捐加花樣等項，搭收庫平足金五成，以交金一兩，抵交銀三十二兩，庶可籌集金款等語。詔可。然亦未見實行也。

第二節　金滙兌本位制之建議

按：自前清光緒二十九年，總稅務司嚇德條陳政府主張採用金匯兌本位制以來，迄今二十餘載，幣制本位問題，迭經討論，大都歸宿於此說。但由銀本位制，過渡於金匯兌本位制之辦法，歷來所擬不外三端：（一）整理銀本位制及實行金匯兌本位制同時并舉說；（二）暫時並用銀本位制及金匯兌本位制說；（三）暫行金銀兩本位制俟至相當時期實行金匯兌本位制說是也。茲特分別摘錄如下。

第一項　整理銀本位制及實行金匯兌本位制同時並舉說

此說為即時定單位金幣之重量及銀幣對金幣之法定價格也。

一、嚇德氏之建議　清光緒二十九年八月，總稅務司嚇德著《中國銀幣確定金價論》一篇，條陳政府，主張採用金匯兌本位制，並謂英金一鎊，適抵中國庫平銀八兩。如用金匯兌本位制，則兩、錢、分、釐等名目，仍可沿用等說。茲節錄條陳原文大要如下。

（一）中央政府自行設廠鑄造新幣，目下散在各省之造幣廠，悉行封閉。

（二）新幣名稱重量，仍以兩錢分釐為宜。

（三）新幣價格，準照庫平，定為一兩、五錢、二錢五分、一錢四種。

（四）新鑄當十銅元，及一釐銅幣。

（五）造幣廠監督技師及會計，均聘外國有經驗者充當。

（六）銀幣成色，一兩、五錢之幣為九成，二錢五分及一錢之幣為八成。造幣餘利，用充造幣廠經費。

（七）發行新幣，同時禁用舊幣及生銀。有生銀者，得換給新幣。

（八）新幣與外國金幣比價，以上諭定之。凡外人持有金幣者，得照法價換取新幣。

（九）換得之金幣，宜行存儲，以備支付外債，及異日改鑄金幣之用。

二、精琦氏之建議　清光緒二十八年冬，我國外務部飭駐美代辦沈桐，照會美外部，謂中國政府，因金銀變動之關係，影響及於債權債務非淺，擬會同墨國，請美政府合力補救等語。蓋是時政府未明幣制有本位之關係，祇以銀價日落，洋債賠欸，鎊虧日鉅，故思與各國議定銀價，同時墨西哥亦提此議。千九百三年三月，美政府遂設國際匯兌調查委員會，以高蘭、漢納、精琦三人為專使，歷聘歐洲、日本諸國，且調查我國內情。是年十一月，該委員等作國際滙兌調查報告，_{其內容係用銀國改用金本位之方法}提出於美國議院，並派精琦氏航來吾國，於三十年春抵京，上《圜法條議》於政府，力陳採用金匯兌本位制之利益，謂該制最適用於現時之中國，旋被朝士所反對，遂不見用。其中最遭士大夫之攻擊者，為所擬司泉官用洋員一節。時鄂督張之洞反對尤力，奏稱利弊頗為詳明，雖未能準諸幣制原理以立論，而影響幣制前途，良非淺鮮。茲特將精琦氏條議大要，及張氏奏駁金滙兌本位制原文，一並摘錄如下。

精琦氏條議整頓圜法大要

（一）中國政府應速定一有效之政策，以期設立圜法。該圜法以能有一定金價之銀幣為主，其實施以能得賠款國之多數滿意為歸。

（二）中國政府應聘任適當洋員，襄助其籌定圜法，并掌其施行運用。

（三）中國辦理此事，應派一洋員為司泉官，總理圜法事務。該司泉官有權辟用幫辦數人，管理制錢局及別項事務，為司泉官所指派者。

（四）司泉官每月刊造詳細報告書，載明錢幣情形。凡消流借貸及外國信用滙票等項各若干，皆備載之。_{查原註之意，當謂所公布者，乃係簡表，並非該局之詳細帳目耳}凡各國之以賠欵事，與中國有交涉者，准其所派代表人，遇適當時，許以查看，且有條陳獻替之權。凡此皆為使新幣制昭信於各國起見。

（五）中國政府應定一單位貨幣為價值之主，該單位貨幣，應額定含純量金若干。大約所值金價，應兌銀一兩，或比墨西哥之一銀圓，其值稍昂。並定章許民間隨時攜金來託代鑄此單位貨幣之五倍、十倍、二十倍者，但量收其鑄造之費，或將來政府亦自行採金，鑄此種貨幣。

（六）中國應亟鑄銀幣若干萬元，通流本國。該銀幣應有相當之模範，其大小約照墨西哥洋圓。其與金單位貨幣之比價，定為三十二換，設法維持，以後隨時按照下文所指辦法，調查全國應需之數，陸續添鑄。至補助貨幣（即小銀幣及紅白銅幣），其分兩價值，亦應劃定，惟以適用為主。

（七）新鑄之金幣銀幣，無論在何省完納賦稅等項，皆照國家所定比價，平等收用。若此等公項，前此原定銀數者，皆准用新定幣價推算。

（八）中國政府應飭下各督撫，曉諭各省，限定某月某日起，將所鑄新幣，作民間定付種種債務之用。惟限期以前之債欵，仍照合同支付。至某地自某日起限，由政府審定頒示。

（九）中國政府為維持銀幣定價起見，應在倫敦及別處通商巨埠，置備一信用借貸款，以便出售金匯票，其匯價較平日銀行匯價稍高。譬如按照新制，平日銀行倫敦匯價，應以新銀幣一元兌換英金二先令。政府則俟每一元零百分元之二兌換二先令時，方賣匯票。此等滙兌，歸司泉官專理，惟無論何人，欲購此滙票，必銀數在一萬兩以上，方許出售。

（十）為設立新圓法，且置備適當支兌之匯款，所需不貲，若政府不能猝備，可以借外債充之，惟應指定一財源作抵，其財源應敷支付利息及償還資本之用。至管理此財源之法，須令各國之有關係於此事者，咸表同情。

（十一）所有鑄幣溢利，應另行存貯，一俟貯至五十萬兩，應按照匯票之多寡，攤分外國各埠之代理人歇處存貯。此存貯金歇，最少積有若干萬兩之數方止。

（十二）倘匯票出售日多，所存金歇漸乏，准由政府所派駐外洋代理人收買銀匯票，吸回金幣，以補其缺。其價目由司泉官臨時定奪。

（十三）應設法頒定銀行律，准由國立銀行，或別種相當之銀行，發行鈔票，與通寶同價並用，統歸司泉官監督。

（十四）為推廣新幣起見，使其流通各省，愈速愈妙，應由司泉官託各省地方官吏或票莊錢莊及可信之商家，代為經理此事。

（十五）限五年內，各通商口岸，一律須用新章。凡收納關稅，須用新幣，其僻遠地方，逐漸推行。一俟新制通行，則所有賦稅，俱收新幣，並立定章程，凡稅則皆以新幣計數。

（十六）俟新幣鑄成若干萬元之時，新章即行開辦。

（十七）司泉官及各國代表人，有權為中國提議整頓財政。

張之洞奏駁虛定金本位制原文摘要清光緒三十年七月奏疏

財政一事，乃全國命脈所關，環球各國，無論強弱，但為獨立自主之國，其財政斷未有令他國人主持者，更未有令各國人皆能干預者。今精琪❶條議為第一條云，中國設立圜法，其措置以賠欠國之多數能滿意為準。第三條此法舉行，中國政府，應派一司泉之洋員，總理中國圜法。該司泉有合宜幫辦數人管理製錢局，及別項正司泉所指派之事。第四條正司泉每月刊造詳細報告書，申明錢幣情形，內載消流借貸，及外國信用滙票等各若干。其賬目並非中國政府之賬目，准賠欠相關國所派之代表人查看。中國政府，以此為善良辦法，該司泉準有條陳及提舉之權。第十三條設法定銀行事業條規，準官家銀行，或別可靠銀行，發用鈔票，與通寶同價，並用歸正司泉官監督。第十七條正司泉官，及各國代表人，準為中國政府提舉整頓財政之事。跡其所云，直欲舉中華全國之財政，盡歸其所謂正司泉洋員一手把持，不復稍留餘地，而又恐各國之議其後，故一則曰使賠欠國之多數能滿意，再則曰賠欠國之代表人可以查看賬目，而不復問主權之何屬。其悍然不顧，乃至此極，實出情理之外。然其害猶為有目所共見，當不待臣之瀆陳。臣之所再不解者，則其於新鑄銀幣，強定為準三十二換之金價，侈然謂鑄頭出息，可獲二分厚之重利，冀以歆動中國也。夫使所定三十二換之金價，中外可以通行，中國即可以此價拆❷算，兌付各國賠欠，誠屬兩得其平之計，乃精琦所定。此項三十二換之銀幣，其限制祗能在中國通行，而在外國買票購金，則價值須由正司泉官臨時定奪。至其續送條議，則明言此銀幣在本國支付欠項，即作三十二換銷用。若用銀元付外國欠項，則須按生銀價銷用，即四十換之譜等語。是其法不過使中國商民，以值市價四十換之金一兩，納諸政府，祗抵銀三十二兩，而外國持銀三十二兩，一入中國，即可得金一兩之

---

❶ "琪"，當爲"琦"。——編者註
❷ "拆"，當爲"折"。——編者註

用。及以中國之銀，抵付外國之金，則仍須以銀四十兩，抵金一兩。無論求利太貪，立法太橫，民必不導，法必不行。卽使強迫行之，亦惟罔內地商民之資財，以入之政府，而又括中國政府之利益，以傾瀉於外洋而已。況金磅銀條，行情市價，四海內外，電信靈通，報章具載，若欲以賤價購貴金，則民間舊藏之金器，與華洋各商開礦新得之生金，皆將以善價售諸洋商，運出海外，豈肯賤售與官，是欲來二分之出息，於金價無從得矣。若欲以虛價抬銀幣，其由官發出之欵，強以三十兩之銀，作值四十兩之金，則民間必將以祇值三十二兩之貨物工資，長為值銀四十兩之價，上下相蒙，虛偽相抵，徒勞無益，是則二分之出息，於銀幣亦無從得矣。又如所議，勒令民間以新幣還舊債一節，尤為橫暴無理。夫按新幣硬抬之高價，以還新債，恐虛頭太多，勢難持久，已患不能通行，況勒還舊債乎？此令一行，必致中國各省商民借貸絕路，追賬倒賬，搶奪紛爭，各行商賈，概行歇業，貧民固窮，富民亦窮，大亂立見。是不惟無二分之利，且恐有十分之害矣。況所謂鑄頭出息者，尤為牽強。凡鑄大小銀幣，不用純銀，可攙用銅鉛雜質十分之一，小元則十分之一零幾，但官鑄民用，總以大圓為多。而大圓除去工本火耗局用，所獲盈餘，並不甚多。然此項鑄頭出息，其利雖微，而其勢甚順，於上有益，而於下無損。果能全國皆用銀幣出納，一律開辦，前廿年內鑄數旣多，餘利亦成鉅欵，此乃國家權力應有之利，明白無欺之事，切實和平之辦法，並不須用外人主持，亦不須行以罔民病民之政。如彼所說，以民間所入四十換之金價，政府勒折為三十二換，而以所餘之八換，指為鑄頭出息，此乃繞算欺人，勢迫強取，何所謂出息耶？果如所議，其有二分之利，則外洋各國會計最精，其最為富強之大國，實本雖充，權力亦足，皆將以鑄幣為國家財政之第一巨欵，坐享工分之利，亦已足矣，何必更徵收各種稅欵，講求各種實業，開通各處商埠耶？其愚弄中國，亦太甚矣。至於行用金幣之說，浮慕西法者，皆持此議，汲汲勸辦。愚臣竊以為不然。查外國商務盛，貨價貴，民業富，日用費，故百年以前，多用銀，或金銀並用。百年以來，歐洲各國，專用金者始漸多。三十年來，各國遂專用金，蓋商日多，費日廣，貨日貴，一物之值，一餐之費，罕有僅值洋銀數角者，中人一日之需，斷無僅值洋銀一圓者，故以用金為便。中國則不然，民貧物賤，工役獲利微，庶民食用儉，故日用率以錢計，其貧民每人一日口食，僅止一二十文，中人一日口食，僅止六七十文。其沿海沿江通商大埠，尚參用金生銀銀圓，而內地土貨無論鉅細買賣，皆用銅錢積算。雖大宗貿易，間用生銀折算，然總以錢為本位。大率兩廣、滇、黔及江浙之沿海口岸市鎮，則用銀者十之七八，用錢者十之二。其上游長江南北之口岸市鎮，則已銀錢兼用。若長江南北內地之州縣，則銀一而錢九。至大河南北各省，則用錢者百分之九十九，用銀者百分之一二。今計中國全國，仍是銀銅並用，而用銅之地，十倍於用銀之地。大率中國之用，皆以銀計，民用仍多以錢計。是中國雖外人名之為用銀之國，實則尚是用銅之國，非若外國物貴財多利於用金之比也。論目前中國情形，若欲行用金幣，不但少金可鑄，卽有金可鑄，亦非所宜。況精琦之議，並不自鑄金幣，虛縣一金價以抬新鑄之銀幣，而強內地商民之信用，已屬武斷難行。且抑本國固有之金價，驅令出售於外洋，而又按外洋市價，出銀以購外洋之金磅，以付洋欵，則尤無此情理，蓋欲平金價為付籌賠欵計也。但平中國之金價，而不能平外洋之金價，是能使法令滋章，全國擾攘，而當籌付賠欵，曾未有錙銖補直之益，亦何苦而為此哉！至其說欲外洋設滙兌分行，以售金匯票。外商是否信用，所不敢知。而我必先出重息，籌借鉅款，購儲金磅，以待隱付，已受巨虧，況各國銀行，偏於中華，滙兌之利，彼所同有，而我今欲設滙兌分行，以奪其利，彼必羣起以擠我。彼之力厚而勢衆，我則力薄勢孤，豈能與之爭衡？夫旣無資本，又少權力，而欲憑一國之定價，籠各國之滙票，冀以取騰空之利，收操縱之功，此固必窮之道矣。抑臣更有進者，磅價日長，人皆悉之，不知中國若甘為無志之國，專為還賠欸，借洋債，購外國機器物料計，則磅價之貴，誠有害矣。若欲為自強之國，講實業，暢土貨，與內地機器製造，則磅價雖貴，害少利多，不足患也。若金貴銀賤，於中國賠欸則有損，於中國商務則有益。洋商購中國土貨用銀，而運至外洋則售金。銀賤金貴，則出口貨本輕；出口貨本輕，則獲利厚；獲利厚，則土貨之出口者日益多。華商購外國洋貨用金，而運銷內地則售銀。金貴銀賤，則洋貨價長；洋貨價長，則獲利難，而洋貨之進口者必較少。夫抵制進口外貨，暢銷出口土貨，實為富國保民之第一要義，環球萬國之公理，懸諸日月，萬古不刋。今以金貴銀賤之故，賠欸每年雖多二三百萬，而商民獲土貨外銷之利，可多至二三千萬，其無形之益已多，且出口貨多，則稅亦加多，以將來免釐後，出口稅七五為率計之，亦可歲增二百餘萬，約略相抵，所差無多。如目前厘金未撤，則相抵更屬有餘。卽如漢口茶稅改輕，減額五十餘萬，而土貨出口日多，關稅收數仍二百餘萬，反多於前數年茶稅未減時。體察情形，以後各國大小洋商，獲利之途日廣，接踵來華者必然日多一日，年盛一年，東事一定，興旺立見。獨因金磅價貴，或者洋貨之多來，洋行之增益，其事殊為稍緩耳，萬勿慮洋貨來少，以致進口稅減，更勿應如精琦所云，洋商不放本來華，以致洋貨少來，遂不能多換土貨出口也。近來在華洋商，深患金價大長，洋貨行銷中國難暢，故此項洋商，羣向各國銀行譏誚爭論，勸其勿抬金價。聞美國用銀黨，亦不以金價過貴為便，故磅價近日漸平，斷不患磅價長至九兩以外。卽使長至九兩以外，則出口貨愈多，出口稅愈旺矣。為今之計，劃一幣制，已與各國商約，可有明文，自不可不迅速舉辦。惟改用金幣，則國力未充，且於中國情形不宜，萬萬不宜無事自擾。若是無金幣而欲以虛票作金，假使威令所迫，竟能流用此數千萬億兩，虛價之銀幣紙票於民間，其害亦為不細。蓋無實之幣，無實之票，必然擁滯不行，跌價私售。其銀幣則商民仍作四十換之金，其無金本無銀本之紙票，則價尤低賤，勢必如南宋末年之會子、金元明歷代之寶鈔、咸豐年間之戶部官鈔，愈落愈賤，無所底止，繳官則照例價，民用則按市價。其時必有中外巧猾巨商，以賤價零星收票，按實數彙總取金之幣，國家必受大累。一旦立形不支，實屬萬分危險，尤不可輕於嘗試。竊謂此時惟有先從銀銅二幣入手，求劃一暢行之策，然後的定銀錢相準之價，每銀一兩，限定值錢若干。此事若能辦到，其利國利民處，已甚宏多，此乃切實當行之事，循序漸進之法。俟通國幣制統歸一律，銀銅二幣，悉遵定價，生銀之用漸廢，服用鏒金之禁漸行，開礦出金之數漸多。念年後鐵路大通，銀幣暢行，土貨消流日旺，內地機器製造日多，各省商務日盛，則日用百物之價必日貴。耕夫織婦，虞衡工役，所獲之利必日豐，內地用銀之處必日廣。彼時體察情形，果需參用金幣，再行斟酌試辦，亦未為遲。五十年後，中國通者益通，旺者益旺。中國已成為用銀之國，則必可兼用金幣矣。

第二項　暫時並用銀本位制及金滙兌本位制說

此說為先定一金單位之重量而不鑄金幣，惟發行金券以吸收生金，俟將來再定金銀比價，完全用金匯兌本位制也。

一、度支部議覆汪大燮奏案中所擬虛定金本位制辦法之建議
清光緒三十三年，駐英公使汪大燮，奏請行用金幣。是年三月，由度支部覆奏，備述利害，並參酌情勢，擬定虛定金本位制辦法四種，旋奉旨飭廷臣會議。嗣經內閣各部院會奏，謂鑄金幣、虛定金本位、畫一幣制三事，必應照辦。限制私店鈔票、禁洋銀入口二事，難以照辦。推廣紙幣一事，宜詳慎酌辦等語。語多模稜，毫無效果。茲特摘錄度支部覆奏原文如下。

　　貨幣一物，淺視之不過備易中之用而已，自交通日繁，往往一國之利害，動與他國相倚，此中操縱之法，維持之方，非原本學理，熟察時勢，固無由制定。查英日諸國，為純金本位，通國皆用金元、銀銅諸幣，用數有限制。法美諸國，為不純金本位，金元為主，銀元對於金元，有比價，用數無限制，但不准民間鑄造。印度、菲律賓諸國，為虛定金本位，國內不必用金元，但用法定比價之銀元。外國匯兌，或用金元，或用金塊，或用金匯票，此其大較也。然純金本位，積金太多，需數亦鉅。不純金本位，則由各國時勢所趨，漸次發達而成，均非現在我國所能仿行。惟虛定金本位，在向不用金之國，改至金本位，乃必經之階級。但使預備有法，維持有方，舉行較易為力，用特取彼成規，酌以時宜，別加裁量，預定年限，參詳其推行次序，并比較其利弊，分為甲、乙、丙、丁四種。（甲）先劃一全國銀元，逐漸將銀元價值，抬高至二成，然後定兌金之率。印度改定幣制，即用是法。（乙）下手之

時，即定金銀比價。國內使用銀圓，照銀元所含銀質拋高二成，設法操縱，惟外國匯兌，仍須用金。菲律賓改定幣制，即用是法。（丙）與乙法略同，惟參用紙幣，以代銀元。比之乙法，用欵較少。至國外匯兌，兌金或照金價兌銀均可，亦比乙法較便。（丁）前美國議改幣制，其戶部大臣尹頓氏，倡議發行兌金紙幣，吸收市面之銀，藏之國庫。凡有人持銀到部，或造幣廠交存，即予以此種紙幣。至持紙幣換現之時，政府照金價兌交生銀，是以不需多金，可得金本位之用，而無擾亂市面之虞。但今略為變通，法宜先鑄新銀元，吸收舊日銀元與生銀，再行推廣紙幣，收回新銀元，存儲或變存金塊，俟全國通行，徐將紙幣變為兌金紙幣，或照紙幣金價兌銀，亦無不可。以上四者，辦法既異，則收功之遲速，維持之難易，利害之大小，均各不同。無論採用何法，其先事之預備相同，蓋未有從事未久，可得預期之成效者也。甲法自劃一銀幣入手，先五六年，無須維持金價，行之我國，似覺平易，但畫一之後，逐漸抬高銀圓價值，其弊害甚多。乙法一面畫一，一面即抬高銀元價值，可免甲法二次搖動之害。但開辦即需欵甚大，維持金融亦甚難。若銀價大漲，貴於法定之比價，以至銀元銷鎔出口，其害於財政者，比甲法為尤甚。丙法需欵較少，難亦如之。至丁法，有甲法畫一之易，無乙法維持之艱，需欵既少，危險亦輕。其大要，一曰預備施行幣制之機關；二曰畫一銀幣，發行紙幣；三曰推廣紙幣，收存銀幣；四曰改造大銀幣，為小銀幣。其結束則準市面金銀，平均價值，鑄造金元，改紙幣為兌金紙幣。如存金不敷用，仍可照市面金價，易銀付給，事尚輕而易舉，其法較善。惟發行紙幣，須多存金，若善為節制，積累經營，亦需六七年後始有成效也。

二、衛斯林氏之建議　民國元年，財政部有幣制委員會之組織，其時有荷蘭衛斯林博士，攜其所著《中國幣制改革芻議》一書，來北京與委員會相商榷，^{衛氏著斯書之由來，因清末施行幣制則例，與英、美、德、法簽訂幣制實業借款合同，內有附約，政府允聘外國幣制顧問，其始駐京美使欲推薦美人精琦博士，嗣因借款出自四國，而美人獨任顧問，於理未為平允，爰改薦荷蘭衛斯林博士。正磋商之間，武漢起義，遂暫中止，伊卽於此時間，研究關於中國幣制一切事情}大致謂中國改良幣制之始，莫若暫時並用金匯兌本位與銀本位兩制。其法先定一新單位，應含純金〇·三六四四八八三格蘭姆。中央銀行，首先設立簿記，往來款項，用金計算。並發行一種代表新金單位之兌換券，在本國不兌生金，但在外國存儲金準備之處，兌取外國金幣。從前各省所鑄銀幣、外國銀元以及生銀，仍照習慣，准其各照所含眞值自由行用，銅幣亦仍照市價使用。蓋以為一國之中，同時可用兩種本位，並不牴觸，且預備將來採用純粹金匯兌本位之制度也。俟數年後，中國國勢鞏固，有禁止偽造貨幣之能力，然後定金銀比價為金一銀二十一之比例，鑄造代表金單位之銀幣，以成一純粹之金匯兌本位制度，此衛氏所著全書之概要也。^{據衛氏主張，首先發行紙幣，而不鑄造實幣。其所持之理由，謂各國貨幣流通之經驗，偽造金屬貨幣，較之偽造紙幣為易，以故各國通貨中，偽造紙幣之事，殊不多見，而金屬貨幣則不然也。且旣採用金匯兌本位制，銀幣之價值，必先行抬高至一定之程度，法償又無限制，尤足引起偽造者之作弊，以中國警察能力之不充分，防杜更屬困難，故不如發行紙幣，較可免偽造之事也}

按：衛氏條議金匯兌本位之實施辦法，於該氏《幣制改革芻議》書中，言之頗極綦詳，茲特摘錄其所擬幣制問題之要點，及改革進行之次序如後。

中國如何可有一穩定之幣制，備有下列各種之特質。

（一）當改革之初步，對於現有銀元、紋銀、銅幣之流通，尚有維持之必要時，卽可見其利用。

（二）於未能發行銀輔幣之前，卽可見其利用。

（三）不至因國際貿易，或支付之有負差，而有失敗之虞。

（四）於新幣單位之價值，未曾確定之先，可減少以銀幣或貨物為投機之危害。

（五）可以有一頗長之過渡時期，使人民可與新訂之幣制相習，於此期內，新舊兩制，務使一律通用，並行不背，以減少幣制改革之阻力。如時機未見成熟，可不必急急採用金滙兌本位或金本位為惟一之幣制。

（六）於此過渡時期內，使中國國際上之關係可有一定之單位而更加穩定，欲圖外資之輸入，此層尤關重要。

（七）新定之單位，可以不至與前訂之契約稍有妨礙，以此新單位，實為一種現今最為通行銀兩之一部分。凡已立契約之用銀兩者，皆可以新單位折算，事甚易易。

（八）此新定之單位價格，不至過高，致輔幣之種類太多，且有增高物價之趨勢。

（九）新鑄銀幣之真值，不至太高，使銀價稍漲。即有真值浮於面值之虞，致首先為人銷燬。如南洋羣島，及菲律賓銀元之故事也。

衞氏所主張之幣制改革，其進行之次序如下。

第一期

（一）著手之第一步，即須訂定一未來金單位，以為新制之基礎，藉免宣布金銀比價時習見之投機，且使新銀幣之價值，不致將來因訂定金單位而變動。

（二）設立中央銀行，或即將大清銀行改組為全國之中央銀行。

（三）用新定之金單位，為銀行交易及轉帳之簿記幣（即簿記上之欵項，均以此新單位計算）。

（四）設法請求外國滙兌銀行及中國私立銀行，以及一般銀行業之協助，使其簿記計算，亦同此新金單位。

（五）發行新金單位之銀行兌換券。

（六）貯積金準備，以為上欵兌換券之兌現。

（七）訂定經理金準備之章程。

（八）然後定銀行兌換券為法償。

（九）詳細研究中國國際貿易及國際支付差額之狀況。

第二期

（十）定各輔幣之重量成色與雜金貨。

（十一）發行各種輔幣零幣。

（十二）同時儲積金準備，為輔幣之兌換，並規定經理章程。

（十三）如有實際之需要時，鑄造及發行金幣，或暫時承認外國金幣為法幣，並發行金幣證券。

（十四）定（甲）單位及等於單位二倍之銀輔幣；（乙）上述之金幣，及金幣證券，為無限法幣。

第三期

（十五）逐漸收回廢置舊時之銀元紋銀及制錢，惟使銀及制錢之廢置，以事實上之必要為度。

三、民國七年之《金券條例》　民國七年八月，財政部為實行預備改用金本位起見，特擬訂金券條例九條，於是年八月十日公布，惟此制迄今未見實行。其當日提議大要，略謂民國三年頒布之國幣條例，採用銀本位制，乃為整理銀幣，以為採取金本位之預備，而非以銀本位為止境也。就今日之情勢言之，中國預算，每年應還洋債賠欵，本利約居全數三分之一，皆以金計。而歐戰以來，銀價暴漲，金價大落。中國舉債頻仍，將來歸償期屆，歐戰已了，金銀之價，較為平復，是借賤還貴，所受損失，竟居兩重。若改用金本位，則可免此種之困難，且以國際貿易言之，改金可減除投機危險之性質。以幣制大勢言之，世界各大國，皆為金本位制。雖英美論者有歐戰終了之後，世界各國共採金銀複本位之議，然終難成事實。各國既皆為金本位制，中國終不能獨異，然中國向非產金之國，存儲之生金又少，鑄造金幣，非可驟舉。且金銀市價，以歐戰之影響，逾越常規，金主幣與銀輔幣之重量法價，難以臆定，故金本位制，雖在所必採，而實行之難，亦有不得不變通者。今擬略師美國前度支卿伊頓氏之策，參以荷蘭衛斯林氏之議，復證以吾國今日之實情，先定一金單位幣，名曰金元，含純金〇‧七五二三一八公分，即庫平二分零一毫六絲八忽八。金元之十分之一為角，百分之一為分，千分之一為釐，皆以十進，而特許中國交通兩銀行，發行金兌換券。中國交通兩銀行，另立帳簿，以金元為本位，為存放及其他之營業，務以期收集人民之存金，而養成人民用金之習慣。政府一面提倡國際貿易之發達，推廣金滙兌券之流通，俾得積儲金貨，將來俟有適當機會，即可定金銀比價，實行金本位制，以金兌換券或金元代一元銀幣之用，一元銀幣或逐漸收回，或暫作為金元之代表幣，仍留現行國幣條例之銀輔幣。作為金本位之輔幣，是市價毫不騷動，而金本位之制實行矣，等語。茲錄金券條例全文如下。

金券條例

第一條　政府為便利國際貿易，預備改用金本位起見，得由幣制局指定之銀行，發行金券。

第二條　金券之單位為一金元。每一金元，含純金零七五二三一八公分，即庫平二分零一毫六絲八忽八。一金元之十分之一為角，百分之一為分，千分之一為釐，皆以十進。

第三條　金券種類如下：一元、五元、十元、二十元、五十元、一百元。政府得令幣制局指定之銀行，發行五角、二角、一角三種之金券，並得令由造幣總廠鑄造一分銅幣。

　　第四條　金券在未鑄金元以前，持券人得向指定之銀行，滙至本國他處或外國。在金元已鑄之後，得改兌金元，並得滙至本國他處或外國。金券得以外國金幣或生金，按所含純金重量，向指定之銀行折合交換之。金器具以生金論。

　　第五條　金券與現行國幣，不定比價，但得照指定之銀行各地隨時牌示之比價，以金幣向該行兌換國幣，或以國幣及生銀兌換金券。

　　第六條　指定之銀行發行金券，應有十成準備。該準備為本國金圓，或生金，或外國金幣，分存中外滙兌商埠。所有準備金之地點及數目，該銀行應每旬公布一次。上項準備，應受幣制局所派專員隨時之檢查。

　　第七條　金券得照指定之銀行隨時牌示之比價，於公私欵項出入使用之。金券之用數，為無限制。

　　第八條　指定之銀行，得以金券為存放，及其他之營業。

　　第九條　本條例以公布日施行之。

第三項　暫行金銀兩本位制
俟至相當時期實行金滙兌本位制說

　　此說係先試鑄一定重量之金幣，藉以保存國內所產生金而試用金貨，其與銀幣兌換先不定金銀比價，而以換幣費視市價伸縮之。將來陸續收回一圓銀幣，代以鈔票，則除去換幣費，即以現在之輔幣為金本位之輔幣也。

一、民國四年幣制委員會擬修正《國幣條例》之主張*

民國四年八月，幣制委員會呈請財政部修正國幣條例草案說帖，略謂中國現在雖未能遽行金本位，顧不可不作金本位之預備。條例原案係純用銀本位，與將來改用金本位絕無關係，恐永無用金之望。中國實行金本位，誠匪易事，不妨先從試行金幣入手，以立他日金本位之基礎，等語。其《修正〈國幣條例〉草案》如下。

第一條　國幣之鑄發權，專屬於政府。

第二條　以庫平純銀六錢四分零八毫（即二十三格蘭姆又九〇二四八〇八）為價格之單位，定名曰圓。

第三條　國幣之種類如下：

　　銀幣四種　一圓、五十分、二十五分、五分。

　　銅幣三種　一分、五釐、二釐。

政府得鑄十圓、二十圓之金幣，但金幣與一圓銀幣之兌換，於未經實行金本位以前，暫照金銀時價，申貼換幣費。

第四條　銀幣一圓析為一百分，一分析為十釐。公私兌換均照此率。

第五條　國幣重量成色如下：

　　一、一元銀幣　　總重七錢二分銀八九銅一一

　　二、五十分銀幣　總重三錢六分銀七銅三

　　三、二十五分銀幣　總重一錢八分銀七銅三

　　四、五分銀幣　　總重三分六釐銀七銅三

　　五、一分銅幣　　總重一錢八分銅九五錫四鉛一

　　六、五釐銅幣　　總重九分

---

* 原文此標題前有"一"，但未見"二"。——編者註

七、二釐銅幣　總重四分五釐

十圓金幣，合純金庫平一錢六分〇二毫（即五格蘭姆又九七五六二〇二），金九銅一總重一錢七分八釐。二十圓金幣倍之。

五釐、二釐銅幣成色另定之。

第六條　一元銀幣用數無限制。五十分銀幣每次授受以合二十元以內。二十五分銀幣，每次授受以合五元以內。銅幣每次授受以合一元以內為限。但租稅之收受，國家銀行之兌換，不適用此種之限制。

第七條　銀幣一面恭摹大總統肖像，並造幣年分；一面雕印嘉禾花紋，中刊字樣如下：

壹圓　中圓　二十五分　五分

銅幣中鑿圓孔，一面雕嘉禾花紋，一面雕造幣年分，及一分、五釐、二釐等字樣。

第八條　各種銀幣，無論何枚，其重量與法定重量相比之公差，不得逾千分之三。各種銀幣，每一千枚合計之重量，與法定重量相比之公差，不得逾萬分之三。

第九條　各種銀幣，無論何枚，其成色與法定成色相比之公差，不得逾千分之三。金幣不得逾千分之一。

第十條　一元銀幣，如因行用磨損，致法定重量減少百分之一者，五十分以下銀銅幣，因行用而磨損減少百分之五者，得照數向政府兌換新幣，由政府改鑄之。

第十一條　凡毀損之幣，如查係故意毀損者，無國幣之效用。

第十二條　於一定期間內，人民以生銀託政府代鑄一元銀幣者，政府須應允之，但每枚收鑄費庫平六釐。前項一定期間，由財政部酌定之。

以生金託政府代鑄金幣者，政府須應允之。

第十三條　本條例第六條、第七條、第八條、第十條，關於一元銀幣之規定，金幣準用之。

第十四條　本條例施行之期日區域，由財政部呈明定之。

第三章　幣制單位問題

第一節　清末之銀幣單位問題

自清光緒十三年粵省仿鑄洋元，嗣後湖北等省先後援例大開鼓鑄，而議者或主張以一兩為單位。光緒二十五年冬，軍機處電詢各省，銀元應否改鑄一兩、五錢、二錢、一錢四種，江督劉坤一、鄂督張之洞、閩督許應騤，均電覆請暫仍其舊，是為銀幣單位爭議之始。自此各省鼓鑄銀元，苟且因循者數年，直至光緒三十年精琦氏之建議不行。朝野人士多主張採用銀本位制以來，是年八月，湖廣總督張之洞奏請在湖北先行試鑄一兩銀幣，並力陳兩單位之便益。_{原文摘錄於后}翌年那桐等與直督袁世凱商榷幣制，袁亦力主鑄造庫平一兩銀幣，財政處遂於三十一年十月二十三日，奏准幣制單位，定為庫平一兩。據其所持理由，大略謂從來各省所鑄銀幣，係屬一時權宜，未可垂為定制。詳考各國國幣，如英之先零、俄之盧布，皆各行其國之所宜，彼此未嘗沿襲。中國丁漕租稅征收多用庫平，民間銀兩往來，亦皆以兩、錢、分、釐計算。雖自墨西哥銀元流入中土以來，通商口岸，習用七錢二分重之銀幣，然統計全國腹地，尚用銀兩，與其以少數商埠為標準，不如以多數人民為指歸，等語。當經部奏定之銀幣分量成色章程十條，茲節錄如下：

（一）新式銀幣成色分兩，必須較從前各省所鑄銀元加足鑄造，方合國幣本位之制。查現在中國通用足色銀一兩，以化學法分之，實得純銀不過九錢八九分。今鑄造銀幣，於此數內再去工耗二三分，擬定每元用化淨純銀九錢六分，配合淨銅一錢，定為庫平足色銀一兩。其次用庫平純銀四錢八分，配合淨銅五分，定為庫平足色銀五錢。又次用庫平純銀一錢七分，配合淨銅三分，定為庫平足色銀二錢。最小用庫平純銀八分五釐，配合淨銅一分五釐，定為庫平足色銀一錢。並酌定每次鑄造成數，以十成計算，准其鑄一兩重者，四成。五錢、二錢、一錢重者三種，各鑄二成，以示限制。如遇有何種銀幣需用較多之時，須令酌核確數，預行商請財政處戶部核覆後，方准鑄造。至總分各廠鑄造銀幣分量成色，均須一律。

（二）一兩銀幣一枚，當五錢重者二枚，二錢重者五枚，一錢重者十枚。無論公私各款，均照此計算，不得有貼水折減情事，違者照違制例治罪。

（三）一兩銀幣為本位國幣，不限行用之數。五錢以下銀幣，每一次授受，以十兩為限。

（四）此項銀幣，由造幣總廠及直隸、江蘇、湖北、廣東等局，各鑄數萬枚，由戶部銀行，如數精印紙幣，定期發行。發出之後，部庫藩庫及輪路電局，一律搭收，不敷始准搭用現銀，嗣後鑄造愈多，則增其搭收之數，務使交款盡改為銀幣而止。

（五）各省徵收款項，向徵庫平者，均以銀幣照應收之數徵收。經收官員，另行明定公價。此外收發，向用他項平色者，仍各照原用平色，按庫平足色銀數折算，經一次折算定准後，久遠按新式銀幣收發。關稅向用關平，應按照商約改訂一律國幣各國商民在中國境遵用之條，仍以庫平折合關平，核計徵收。

（六）新幣發行之日，由各地方官曉諭商民，凡以前新舊賬目及市面貿易，均准照其原定銀兩平色，折合庫平足色銀數，以此項銀幣付給，受者不得異詞。

（七）各省官民需用銀幣，均可備銀交各廠代鑄。凡化驗成色純銀在九八五以上，即准照換一兩銀幣，幷鑄五錢、二錢、一錢三種銀幣，按照限定成數，以銀色所餘，抵充鑄費，彼此兩不找付。有以次色銀兩或銀圓交來代鑄者，均照內含實銀之數計算。

（八）銀幣發行之初，民間行用未慣，商號兌換，難免無把持折扣之弊，應責成戶部銀行及各省關所設銀行官銀號官錢局等，遇有兌換銀幣情事，均照庫平足色銀公平收兌，不得稍有抑勒。

光緒三十三年三月，度支部以前定一兩銀幣章程，行用不便，奏請先行試鑄通用銀圓，畧謂原擬一兩銀幣，與各省舊鑄龍圓，重量不同，奏定以來外間多以為不便。鄂廠試鑄一兩銀幣，_{三十二年八月鄂督奏明試辦}未甚行用，旋即收回鎔毀。各省所鑄龍圓，沿江沿海，習用已久，若新幣照此鼓鑄，自可無滯礙之虞。即用以折合銅幣制錢，如大銀幣一圓，折合七分二厘之小銀幣十角；小銀幣一角，折合十文之銅幣十枚；銅幣一枚，折合制錢十文。均以十進位，亦易於操縱，似不如改從七錢二分之制，以便推行等語，得旨依議。是年七月初九日，始奏定新幣分兩成色章程，茲摘錄如下：

（一）現在中國通用銀圓，以化學法分之，實得純銀不過六錢四分零。今鑄造銀幣，擬定每圓用九成化淨純銀六錢四分八釐，配合淨銅七分二釐，其重量適合庫平七錢二分。其次補助銀幣三稱：（1）五角，重三錢六分，用八成五純銀（三錢零六厘），一成五淨銅。（2）二角，重一錢四分四釐，用八成二純銀（一錢一分八釐八絲），一成八淨銅。（3）一角，重七分二釐，亦用八成二純銀（五分九釐四絲），一成八淨銅。五角二枚，或二角五枚，或一角十枚，作一大銀圓，市面通用，不准任意折扣，違犯者嚴懲。

（二）一元銀幣，不限行用之數。五角以下，每一次授受，以十圓為限。

（三）各省需用新幣，准以生銀交造幣總廠代鑄。

（四）成色分量公差，均以千分之三為準，過此以不合式論。抽驗得實，奏明議處。

自銀幣分兩成色章程奏定後，而銀幣單位問題又起。是年十一月二十六日上諭，幣制關係甚重，近來內外臣工，有謂宜鑄一兩暨五錢重十足銀圓，以為主幣，一錢暨五分重九成銀圓，以為輔幣者。而主七錢二分之說者，意在不用兩錢分釐名目，祇須以枚計算，與他國之幣相通。二說相歧，莫衷一是。著各督撫體察該省官商軍民市鄉情形，暨銀兩銀圓約計行用孰居多數，何者宜存，何者宜廢。或謂若鑄十成一兩、五錢兩種之銀圓，其雜質工耗，虧賠甚鉅，宜減成鑄造，以免虧折。又謂既以一兩、五錢兩種銀圓為主幣，必須十成足色，官民出納，方能簡易無弊，交涉欸項，亦免折算受虧，儘可搭鑄九成之一錢、五分兩種小圓，以其所餘，補主幣工耗之虧。二說孰是，等語。當時各省均有覆奏，主見各有不同，計主用一兩者十一省，主用七錢二分者八省，主鑄七錢銀元者一省，主兩、元并用者三省。內有四省主足色十成，七省主九成，及減成者不等 若以多數論，當以主用一兩九成或減成者為斷。度支部當具說帖駁之，謂欲順商民之習慣，求貨幣之流通，似不如七錢二分之為便。又中國寶銀，向無十足成色，以近日化驗，高者尚不足九八五。今擬一面試鑄通用銀元，責成銀行相機操縱，以為補助金幣之預備。一面設立幣制調查局，寬其期限，廣徵專家，以求至當。議上，得旨，會議政務處、資政院總裁等，會同妥議，此光緒三十四年三月間之事也。卒以議論紛紜，未有具體辦法，延數月未覆。至是年八月專使美國大臣唐紹儀回國，奏請實行商約，速定幣制，諭會議政務處速議。九月十一日政務處始會同資政院覆奏，主張先採銀本位，以一兩銀幣為單位，成色用十成或減成，未定主見。同日上諭，中國兩、錢、分、釐，習用已久，實難廢改，著即定為大銀幣一枚，計重庫平一兩。又多鑄庫平五錢重之銀幣，以便行用。並附鑄減成之庫平一錢暨五分小銀圓，以資補助。其兩種銀幣，按九八足銀鑄造，兩種小銀元，按八成八足銀鑄造。此項銀幣，除與外國訂有約文照舊核算外，京外大小各衙門，庫欸收發，悉歸一律，永不准再有補平、補色、傾鎔、火耗、平餘各名目。至各省市面，銀錢紛歧，成色糅雜，奸商市儈藉以折扣盤剝，久為商民行旅之害，並著度支部詳定草程，嚴申禁令，計期分年，務將通國銀幣，統歸畫一，不得稍有參差。銀幣尚未鑄造充足以前，各省舊有大小銀元，准其與各種生銀，暫時照舊在市面行用。至舊日上庫寶銀，亦暫准照舊兌交，按年搭解銀幣，即將寶銀按年遞減等語。按：是諭頒發後，單位成色各問題，爭論多年者，至此得一結束。然未逾兩月，兩宮賓天，政局迭更。奏案諭旨，多成具文，時民間亦多以兩單位為不便，有上書政府痛言其利害也。_{上海總商會上書度支部，署謂近改國幣，側聞各大臣持議不一，主張兩本位者，或以主權立論，或謂宜以兩計，商等謂主權之行於貨幣，在有不用外幣之實力，不在故矯外幣之重量，擾國內之物價以徇之。且度量衡各自有法，計兩乃衡法，貨幣則自有圜法，混衡法於圜法，比附無理，而民生日用，實受其弊。鄂鑄之一兩銀幣，終難行用，可為前車等語}宣統元年，度支部尚書載澤再議幣制，謂採行兩單位為張之洞、袁世勛二人之獨斷，非慎重決議者也。其法諸多缺點，難以實行，又進勸行圓單位之說。是年正月十四日，度支部奏稱幣制重要，宜策萬全，經會議政務處議准，飭部設局調查。二月十二日，郵傳部右侍郎盛宣懷，奏請兼鑄一兩及七錢二分之銀幣，以一圓半合九七庫平實銀一兩，以期一舉兩便。四月初六日，度支部奏請暫鑄通用銀幣，得旨依議。二年四月十六日，度支部始奏釐定幣制，酌擬則例，_{則例大要附後}於是銀幣單位復改為七錢二分矣。此清末銀幣單位問題紛爭沿革之大略也。

第三編　現代幣制問題
第三章　幣制單位問題

張之洞奏請自鑄一兩銀幣原文摘要 _{清光緒三十年八月奏疏}

中國向來官民行用，俱係生銀，各處平碼參差，並不一律遵用庫平，其成色紛歧，名目繁亂，以致錢商市儈，得以上下其手，操縱漁利，於商務民用均有窒礙。現與各國訂立商約，有中國自行釐定國家一律通行之國幣一條，聲明將全國貨幣，均歸畫一，即以此定為合例之國幣，中外人民在中國境內遵用，以完納各項稅課及別項往來用款。惟完納關稅，仍以關平核計為準等語。是釐定國幣，為當今第一要義。惟查從前各省所鑄銀圓，均依照墨西哥銀元，之重合中國庫平七錢二分。中國從前尚未有定畫一幣制之議，所鑄龍元，專為行用各口岸，抵制外國銀貨進口起見，並未為釐定通國國幣起見，本屬一時權宜之計。臣前年與坤一會奏，曾經陳明七錢二分重者，係依傍洋銀辦法，現既與各國定約畫一銀幣，近年來朝廷統籌博議，詢及外人，毅然有改定幣制之思。此誠通商便民之要術，一道同風之盛軌，自當別籌全國通行經久無弊之策。溯查光緒二十五年冬間，京城正擬開設銀元局，以銀元應重若干。慶親王奕劻、軍機處、戶部，及盛宣懷，與臣屢電詢商。上年臣在京時，財政處戶部復與臣詢商及此，臣均持改用一兩重銀幣之說。而議者或慮一兩銀幣，難於通行，不知各國幣制，皆由自定，彼此不相因襲。中國一切賦稅，皆以兩錢分釐計算，而地丁漕項，為數尤為至纖至繁。每縣串票不下數十萬張，每人丁漕多者幾兩幾錢，少者幾錢幾分，幾釐幾毫，幾絲幾忽，畸零繁重，若改兩為元，實難折算。折算較寬，則花戶以為增加，必然滋鬧。若折算過緊，則積少成鉅，州縣豈能認此賠補之數？種種窒礙，斷難全國通行。計全國人民納銀於官者，以地丁漕糧為最多，其人數為最衆，其銀數為最繁，丁漕不改，是全國畫一銀幣之說，仍係託之空言。竊謂今日鑄全國畫一之銀幣，自當以每圓一兩為準，出入均按實足紋銀計算。查各國均自有幣制，或用磅，或用馬克，或用佛郎，或用盧布，不相沿襲。其本國境內人民，及外國商人來至其國貿易者，無不遵用。但使國家定其程式，昭示大信，收發一律，均作為十成，商民斷無不遵用流通之理。如各省通行，共知新定國幣，出入均作為十成，明白簡便，自然不願更用生銀。迨生銀既廢罷不用，此項國幣，其銀自無几成十成之分。若現定者，既名為國幣，然仍仿墨西哥銀元成式，以庫平七錢二分為率，則歷年墨元已操積重之勢，中國權力事勢，斷難阻使不行。況幣制既定，每年公家出入，及商民交易，所需不止萬萬，而各局所鑄，至多不過數十萬。我之鑄數有限，而彼之來路無窮，是不啻轉為墨西哥銀元助其消路，漏巵日廣，流弊無窮，萬萬無此辦法。臣反覆籌思，非實在試辦，但憑議論懸揣，羣疑衆難，辯駁紛紜，莫衷一是。若財政處鑄造行用，章程一定，頒行各省，設有窒碍，殊難更改，悔不可追。莫若先由外省試辦，其操縱更正，較為活便。查從前中國，從未自鑄銀元，官欵亦從未使用，係由臣在廣東時奏用創辦，試行有效，始漸推行。茲擬即就鄂鑄造庫平一兩重銀幣，先行試用，以覘商情民情，兼體察各國商人情形，出納利弊。行之而通，則奏請敕下戶部裁酌推行，利在全國，行之而不通，則湖北當收回另鑄。所有賠耗工火傾鎔之費，湖北任之，虧耗亦尚無多，而從此中國貨幣輕重之所宜，以及改換收發之難易，利病照然，可有定論。茲擬試鑄銀幣，共分四等。最大者重足庫平一兩，其次五錢，其次一錢，文曰大清銀幣，照從前銀元式。清文居中，漢文環之，其餘洋文及省名年分計重若干，龍文花樣，均酌照從前銀元式樣。無論收發，皆照湖北藩庫平核算，出入均着為十成紋銀，歸官錢局經理收發，以杜吏胥挑剔需索之弊。凡民間完納錢糧正賦，及關稅釐金一切捐項，暨州縣報解司道局庫一應欸項，均照藩庫平一律折算，與向章並無妨礙。如有向章應解交平餘火耗解費者，照舊補足繳納，則一切官吏胥役，自不致多方阻撓。而在商民，並無新加耗費。俟將各省通行，此項銀幣，應准搭解部庫充餉，均計每年扣除工本火耗，必可盈餘數分，自當核明鑄數，將所得盈餘報解戶部，以昭核實。至舊日各省所鑄七錢二分重之銀幣，及墨西哥之銀元，消流民間者，其數至鉅，應仍聽其行用。惟新鑄一兩重之國幣，定價務取畫一。而舊日銀元，既與墨西哥銀元式樣輕重相同，其平色高下，易錢若干，自應仍隨市價漲落，聽其自然，則與新鑄國幣，判然有別，行用各不相妨，於各省銀元局鑄造之工本，亦並不吃虧，自可無容收回另鑄，俾免商民疑慮，致擾市塵。且如此則仿洋式之銀，與國家定制之幣，輕重貴賤，未有軒輊，尤足為導引商民，重視國幣，暢行國幣之輔助云云。

宣統二年度支部奏定之幣制則例

一、國幣單位，定名曰圓。

二、國幣種類。銀幣四種：一元、五角、二角、五分、一角。

　　鎳幣一種：五分

　　銅幣四種：二分、一分、五釐、一釐。

三、一元為主幣，五角以下為輔幣，計算均以十進。

四、銀幣重量成色如下。

　　一元銀幣，重庫平七錢二分。_{含純銀九成，計六錢四分八釐}

　　五角銀幣，重庫平三錢六分。_{含純銀八成，計二錢八分八釐}

　　二角五分銀幣，重庫平一錢八分。_{含純銀八成，計一錢四分四釐}

　　一角銀幣，重庫平八分六釐四毫。_{含純銀六成五，計五分六釐一毫六絲}

鎳幣銅幣，重量成色另訂。

五、主幣用數無限制，銀輔幣用數每次不得過五元之值，鎳銅輔幣用數，每次不得過半元之值。過此限制，受者可以不收。惟向大清銀行及其分行分號代理店兌換之時，不此在限。

六、一元銀幣，一面鑄龍紋，一面鑄大清銀幣一圓字樣。五角以下銀鎳銅幣仿此。

七、一元銀幣，無論何枚，其重量與法定相比之公差，不得逾庫平二釐。其五角以下各種銀幣，無論何枚，不得逾庫平一釐。各種銀幣，每一千枚合計之重量，與法定重量相比之公差，不得逾千分之三。

八、各種銀幣，無論何枚，其成色與法定成色相比之公差，不得逾千分之三。

九、一元銀幣，如因行用磨損，致重量不及七錢一分，及五角以下銀鎳銅幣因行用而磨損顯著者，得照數向造幣廠及大清銀行兌換新幣。

十、凡毀損之銀鎳銅幣，如查係故意毀損者，不得強人收受，及兌換新幣。

十一、各種輔幣鑄造之數，由度支部酌量情形，嚴定限制。

十二、大清銀行為國幣兌換機關，派專員經理。

十三、新幣發行之際，國幣一元五角，准合度支部庫平足銀一兩。

十四、新幣發行地方，所有從前鑄造之大小銀圓，暫准各照市價行用。一面由造幣廠及大清銀行，酌照市價，逐漸收換改鑄。一面由度支部酌量情形，再行明定限期，逾期一律停止行用。造幣廠及大清銀行，即照生銀收換。

十五、所有各省從前鑄造之銅圓制錢，仍准各照市價行用，由度支部隨時斟酌情形處理。

十六、自本則例奏定日起，限一年內，凡官欸出入，向例用銀者，一律照各該處原收原支平色數目，折合庫平足銀，再合國幣，改換計數之名稱。

十七、自本則例奏定後，限一年內，凡官欸出入，向例用制錢或用銀而折制錢者，一律照本則例奏定日各該處市價，將制錢數目，折合庫平足銀，再合國幣，改換計數之名稱。其向用銀圓或他項錢文者，准照前項辦理。

十八、凡關稅及郵電輪路各種欸目，自本則例奏定後，限一年內，由本管各衙門，按照原收原支平色數目，折合庫平足銀，再合國幣，奏明改換計數之名稱。

十九、凡民間債項以銀兩計者，即照各該處平色，折合庫平足銀，再合國幣，改換計數之名稱。

其以舊用銀圓、銅圓、制錢或他項錢文計者，照本則例奏定日各該處市價，折合庫平足銀，再合國幣，改換計數之名稱。

凡未依本條於債券上改明計數之名稱者，嗣後如有爭訴，即照本則例奏定日市價，作為標準，判令歸結債務。

二十、自本則例奏定之日起，所有各省現鑄之大小銀銅圓，一律停鑄。

二十一、度支部設立國幣化驗所，聘用專門技師，將造幣廠鑄成之國幣，抽提分批化驗，列表刊布中外。

二十二、凡在大清國境內，以大清國幣交付者，無論何人，無論何欸概不得拒不收受。

第二節　民國之銀幣單位問題

民國成立以來，單位問題之紛爭，由一兩與七錢二分兩說，而轉為大單位制與小單位制之爭辯是也。

一、主張採用大單位一圓制之理由　謂第一，現在國內各省皆通行七錢二分之銀幣，若驟易之以他種銀幣，恐徒滋紛擾，而不能收整理金融之效。第二，歷年各廠所鑄銀幣，為數已達數萬萬元之多，正宜設法利用，以供兌換準備，而資周轉。第三，人民生活費之奢儉，於單位幣之輕重，無直接之關係，須視其分析之細微若何耳。參照次章國幣條例及施行細則理由書內第二項，採用六錢四分八釐為價格單位之理由第四，單位數小，其增加級數較單位數大者為速。蓋普通一般心理，小數往往不甚注意，而數大則反之，其結果小數之增加，為幾何級數，大數之增加，則為數學級數也。

二、主張採用小單位制之理由　謂單位幣之價值高，有使物價騰貴之趨勢，為經濟學者所公認。生活費之較重要者，如房租、衣服、學費、傭直之歟，大概多以單位幣計數，或以單位幣之幾倍計數，故此項物價之增益，亦常以單位或單位之幾倍計數。故單位愈大，物價之增高亦愈甚。如拾級而登者，其目的地之高度同，經二十級者，必二十步；其經十級者，則止十步也。又謂世界各國之單位，如先令、馬克，約等於銀元之半。法之佛郎、奧之克郎，約等於銀元十二分之五。日之金元、俄之盧布，約與元相等。美之達拉則倍之。斐律濱南洋羣島，及墨西哥均採用與一元相等之單位。而英屬印度之盧比，則僅等於一圓十二分之八。英國之眞單位，就其幣制之系統，與夫大宗貿易所習用而論，固係磅而非先令，然零星日用之欵,其計數實以先令。如物之值一磅六先令者,商店往往標其價為二十六先令焉。又謂用大單位之國,與用小單位之國較,其生活費必更巨。設有一雇工在用小單位之國,受月薪若干,及至一用大單位之國,如照其舊薪之半數,給與薪金,雖此之半數,實等於小單位國薪金之全數,彼亦未必樂於領受,緣在用小單位之國,其一切費用,實較用大單位之國大為省也。茲將主張採用小單位制諸說,其重量相互差異之點,一一述之如下。

甲,五錢及五錢五分說。

謂我國社會素用秤量制度,公私授用,皆用銀計算,即用銀元者亦多折為銀兩計算之,是以新定單位,當求其與舊習相適。雖以生活低微之故,不便用兩,則五錢之量,適為一兩之半,將來新舊交替之時,即以二元當一兩。以生銀易銀元者,則以一兩易二元。主用五錢五分者,亦以是為說,謂其既足以適合銅元之價值,又便與兩為計算,即以一兩一錢當作二元。由此雙方俱可同時解決,是一舉而有兩全之美,云云。

乙,三分之一兩說。

此說為衛斯林氏所主張,謂我國生活程度低廉,不適用大單位之貨幣。用七錢二分,則非添鑄千分一之小幣,(即一文制錢)不足以資流通,便交易。而小幣之鑄造,工本較鉅,使用之者,又多費時。用三分之一兩,則毋庸鼓鑄多種輔幣,祗須用單位十之一、百之一及二百之一,已與舊單位(謂七錢二分也)二十之一、二百之一及四百之一相等。比之英、法、德各國之最小輔幣,不相上下,云云。

丙,十八格蘭姆說。

謂以制錢一千文為標準,折合新度量衡制度,恰得整數。定銀幣為總重量二十格蘭姆，約合庫平五錢三分六釐，以銀九銅一配鑄之，其純銀為十八格蘭姆，蓋即價值之單位也。其意在（一）發揚歷史上之舊物，（二）求合生活之程度，（三）消滅外國之舊幣及銀行鈔票。以為我國向以制錢為圜法，仍當以制錢為基礎，擴充之，累十進而定一單位，是即所謂發揚歷史上之舊物也。又謂既以制錢為基礎，則十進而為銅元。銅元百枚，當單位幣一枚。改革後，銅元法價，毫無變動，沿用舊銀元之重量，則不免有抬高銅元法價，助長消費之弊。又謂見在外國銀行鈔票充斥，若令收回，須與特別交涉。用十八格蘭姆為單位，則新制頒定後，外國銀行之舊幣鈔票，自以不適於用而消滅。新幣鈔票，當然不能發行，云云。

　　以上三說，皆在國幣條例頒布之前，被主張採用之單位。

丁，半圓制說。

　　主張將現鑄之"壹圓"縮小，平分兩平，利用民國三年國幣條例所制定之"半圓"為國幣，新單位命名曰"中圓"，面上並鎸明"每二枚當一圓"字樣。由是"壹圓"縮為"中圓"，只等於一而二或二而一之變化耳。凡舊銀元前數十年與制錢戰與銀兩戰所已搏得之勢力，業經歸"壹圓"共有者，嗣後皆可由"中圓"安坐承繼享受之。無論薪價之合算，帳簿之更改，債權債務之契約關係，均易以"壹圓"折半，或"中圓"加倍了解之，則及是時改定單位，無何種困難阻礙，可斷言也。查民國六年二月，財政部擬就國幣法草案，呈請提交國務會議議決文，即本諸此意也。_{民國六年以後，天津造幣廠即實行鑄有少數中圓}

第四章　現行國幣條例與幣制問題

吾國幣制本位單位各問題，如上所述。自清光緒末年以來，紛議至十餘年之久，其間改革之聲，時起時伏，整理之舉，亦數行之。而收效卒鮮，甚至紊亂之情，有加無已。迄民國三年二月八日頒布國幣條例，該項問題，始暫行解決。觀該條例精神，大體仿諸前清之幣制則例，採用銀本位，重國情，便習俗，輕而易舉，藉是以為過渡辦法也。茲特將條例及施行細則分別列之於下。

國幣條例

第一條　國幣之鑄發權，專屬於政府。

第二條　以庫平純銀六錢四分八釐（即二十三格蘭姆又九七七九五零四八），為價格之單位，定名曰圓。

第三條　國幣種類如下：

銀幣四種：一圓、半圓、二角、一角。

鎳幣一種：五分。

銅幣五種：二分、一分、五釐、二釐、一釐。

第四條　國幣計算，均以十進，每圓十分之一稱為角，百分之一稱為分，千分之一稱為釐。公私兌換，均照此率。

第五條　國幣重量成色如下：

一、一圓銀幣　總重七錢二分，銀八九銅一一。（原定成色銀九銅一）

二、五角銀幣　總重三錢六分，銀七銅三。

三、二角銀幣　總重一錢四分四釐，銀七銅三。

四、一角銀幣　總重七分二釐，銀七銅三。

五、五分鎳幣　總重七分，鎳二五，銅七五。

六、二分銅幣　總重二錢八分，銅九五，錫百之四，鉛百之一。

七、一分銅幣　總重一錢八分，成色同前。

八、五釐銅幣　總重九分，成色同前。

九、二釐銅幣　總重四分五釐，成色同前。

十、一釐銅幣　總重二分五釐，成色同前。

第六條　一圓銀幣，用數無限制。五角銀幣，每次授受，以合二十圓以內。二角、一角銀幣，每次授受，以合五圓以內。鎳幣、銅幣，每次授受，以合一圓以內為限。但租稅之收受，國家銀行之兌換，不適用此種之限制。

第七條　國幣之型式，以教令頒定之。

第八條　各種銀幣，無論何枚，其重量與法定重量相比之公差，不得逾千分之三。

各種銀幣，每一千枚合計之重量，與法定重量相比之公差，不得逾萬分之三。

第九條　各種銀幣，無論何枚，其成色與法定成色相比之公差，不得逾千分之三。

第十條　一圓銀幣，如因行用磨損，致法定重量減少百分之一者，五角以下銀鎳銅幣，因行用而磨損，減少百分之五者，得照數向政府兌換新幣。

第十一條　凡毀損之幣，如查係故意毀損者，不得強人收受。

第十二條　以生銀託政府代鑄一圓銀幣者，政府須應允之，但每枚收鑄費庫平六釐。

第十三條　本條例施行之期日，以教令定之。

《國幣條例》施行細則

第一條　凡公欵出入，必須用國幣，但本細則有特別規定者，依其規定。

第二條　舊有各官局所鑄發之一元銀幣，政府以國幣兌換改鑄之，但於一定期限內，認為與國幣一元，有同一之價格。

上期限，以教令定之。

第三條　市面通用之舊銀角，舊銅元，舊制錢，政府以國幣收回改鑄之。但於一定期限內，仍准各照市價行用。前項舊幣，用以完納公欵時，每月內，各地方公署懸示市價收受之。其市價，以前一月該地方平均中價為標準。

上期限，以教令定之。

第四條　凡以生銀完納公欵，或託政府代鑄國幣者，以庫平純銀六錢五分四釐，折合一元。其他種平色之生銀，折合價格，別依附表所定。

第五條　凡公欵出入，向例用銀兩計算者，一律照各該處銀兩原收原支平色數目，依第四條所規定，改換計算數目之名稱。但向例用銅元、制錢或他項錢文者，及用銀兩折合他項錢文者，又由錢文折合銀元者，由各地方公署，按照收支實數，呈報國稅廳核准折合改換計算之名稱。

第六條　各項賦稅稅率，依第四、第五條所規定，將實徵數目，以釐為斷。釐以下用四捨五入法，別為定率布告之。

第七條　凡民間債項，以銀兩計者，依附表所規定，折合國幣，改換計算之名稱。其以舊銀角，舊銅元，舊制錢或他項錢文計者，依第五條所規定，折合國幣，改換計算之名稱。凡未依本條於券契上改明計數之名稱者，嗣後如有爭訟，即照本條例公布日之市價，作為標準判斷之。

第八條　凡在中國境內，以國幣授受者，無論何種欸項，概不得拒絕。

第九條　凡違犯國幣條例第四條，及本細則第八條者，准有關係人告發，經審實後，處以十元以上，千元以下之罰欵。

官吏及經管官營事業人，有犯前項事情時，經同一程序後，處以五十元以上，三千元以下之罰款。

第十條　本細則施行之地域及期日，以教令定之。

第十一條　本細則如有應增改之處，另以教令公布之。

《國幣條例》及施行細則理由書

一、用銀本位之理由。言幣制者，自當以選定本位為第一義。本位可供選擇者有四：一曰金銀複本位；二曰金本位；三曰金滙兌本位；四曰銀本位。複本位之不適用，歐美各國，屢試屢挫。鑒彼前車，毋庸置議。金本位之美善，衆所共知。然中國現蓄之金，實不足供全國幣財之用，購諸外國，勞費太鉅。中國現有之銀，驟難處置，或致釀成金融界非常之變擾。且國人性好貯藏，所鑄金幣，得之者常扃諸篋筍，市面媒介，動生窒礙，以此諸原因，故明知金本位之良，而未敢遽採也。金滙兌制，在蓄金不富之國，為調平對外滙價計，誠為妙用。然行之而著效者，皆屬殖民地，恃母國以為之卵翼。我國情勢迥異，詎易效顰。即曰借一大宗外債，存放外國市場，以為平準。然偏毗於甲國，即對於乙丙等國失其權衡，利未形而弊且先覩，故法雖善而行之維難也。以上三種，既皆不適用，所餘者，唯銀本位制而已。以今日世界大勢論，銀本位固非可持久無弊。雖然，惡本位猶勝於無本位。今日中國所大患者，無本位也。與其夢想最良之本位，而力未能逮，徒致

第三編　現代幣制問題
第四章　現行國幣條例與幣制問題

遷延，何如因勢利導，採一較易行之本位以整齊之，而為之過渡，此條例第二條所以暫行銀本位之微意也。若夫過渡期間，則愈短愈妙。現在雖行銀本位，然未嘗不汲汲注意，為改進金本位之預備也。故國幣法及施行細則，處處常本此意以立案云。

　　二、用六錢四分八釐，為價格單位之理由。近來國中談幣制者，單位重量問題之爭辯，視本位問題為尤烈。今條例第二、第三兩條，採用六錢四分八釐，即二十三格蘭姆又九七七九五零四，即每枚總重量七錢二分，所含九成純銀之量也。所以如此主張者，並非謂衡以學理，非此不可，不過認為事實上所最便利而已。第一，現在國中用枚數計算貨幣之習慣，沿江沿海一帶，已漸養成。而所用每枚之重量，實以七錢二分為標準，其指取物價之力，日見普及，驟易他量，徒淆亂聽聞，致金融擾亂之範圍太大。第二，歷年官局所鑄銀元，皆用此項重量，其現存於市面者，據最近之調查，已逾二萬萬元之多。政制伊始，最宜設法利用之，以充暫行媒介品，以供兌換準備，使新幣未鑄備時，稍得周轉（此義別於次節詳論之）。以此二理由，故認六錢四分八釐為最適當也。然時流中，反對此議者尚不少。甲說謂腹地各省及鄉僻，皆用制錢銀兩，不用銀元。今改幣制時，當注意於多數之習慣，不能專以各商埠為標準，故宜仍以兩為單位。乙說謂若用七錢二分，而強銅圓制錢使比例十進，則物價太昂，與人民生活程度不相應。此二說，皆若持之有故，言之成理，惟甲說立意殊欠妥協。蓋各地所謂銀兩者，其平色本無一定，甲地之習慣，不足以概乙地。標其一以馭其他，無論用何種之單位，終不能省與通行之市價相折合，例如用庫平一兩為單位，一枚之重量謂可以沿用兩之習慣，而省紛擾也。然試問全國各地中用庫平足色之地有幾，一兩之單位雖定，仍不能不將每枚合松江銀若干，合規元若干，合海關兩若干等詳細折合列表，此自然之數也，則一兩與七錢二分，其推行時折算之煩勞，正相等耳。乙說以經濟之眼光，從貨幣與物價之關係立論，謂單位重量太大，人民生活所需，隨之而侈。故議改為五錢，或五錢五分以劑之。此論差為近理，雖然，人民生活費之侈儉，宜以最低級輔幣為衡，使輔幣而有千分一，或千分二之一級，^{即與舊制錢相等者}雖用七錢二分，何嘗不可以獎儉，使輔幣僅至百分一之一級而止。^{即以銅元為最低級}用五錢五分，猶嫌侈也，然則調劑之作用，不盡在單位之大小明矣。故條例將銅輔幣多分等級，一分以下，尚有五釐、二釐、一釐之三級。而五釐二釐者，尤須從速多鑄，庶致舊用制錢之習慣不悖，而民間日用零碎之媒介品，亦可無缺矣。或疑據本法第四條之規定，各幣計算例以十進，而現在市面銅圓價格下落十之三，幣制既須，即當擡高，使為十進，物值隨而增劇，小民損失極鉅，此誠不可不慮。然祗有將處分舊輔幣之法，以漸而不以驟也。

三、各輔幣重量成色減輕之理由。前清所擬幣制草案，五角輔幣之重量，當一圓主幣之半，一角者當其十之一，此猶為秤量之觀念所束縛。謂必如此，乃足外表其比價也，殊不知貨幣之性質，惟主幣為實價，而輔幣皆名價。無論何國，其輔幣所含之成色重量，斷不容與主幣同等。成色既異，而重量必比而齊之，斯亦大惑已耳。今條例第五條所以定五角銀幣之總重量，為三錢六分，其成色銀七銅三者，蓋今日雖暫行銀本位，其實不過為過渡時代萬不得已之辦法，將來終須歸宿於金本位。而貨幣改造一次，勞費不貲，故今日改革伊始，當預備將來改金本位時，務使現鑄之輔幣，仍可沿用。若銀輔幣之名價，與其實價相距太近，則銀價略漲，而輔幣必被銷燬，自然之勢也。今擬使銀輔幣之名價，為對於實價十分之七。故五角輔幣，所含純銀，為二錢二分八釐，再附益以三成之銅，故其總重量，為三錢六分也。其二角、一角之輔幣，皆準此推算，亦欲免將來改鑄輔幣之勞而已。或疑人民習用秤量，睹此將滋疑慮，不知幣制能否推行，純以其法價能否維持確定為斷。法價信用既立，則雖以原料僅值數錢之紙幣，猶能代表百元十元之名價，而人尚用之，况輔幣之含有實值者哉。夫輔幣之行使，既有制限，且隨時與主幣兌換無閡，人何疑慮之有？或又疑輔幣減輕平色，政府將藉以牟利，不知前清濫鑄輔幣之流弊，現正疾首痛心，今方不惜縻巨欵以收回之，豈肯復蹈覆轍。將來所鑄輔幣之數，必斟酌情形，務使供求適足相濟，此所當注意者也。

　　四、主幣准自由鑄造，且收鑄費六釐之理由。凡主幣必須許自由鑄造，稍治貨幣學者，皆能明其故，無俟喋述。然各國成例，有收回極輕微之鑄費者，有並此而不收者，今本條例定收六釐，其理由有三：（一）現在市面通行之各種銀元，其實價在所含純銀之上，據天津造幣廠報告而論，今年平均每元市價，約合行化銀六錢九分二釐左右。今本位既定為庫平純銀六錢四分八釐，約合行化銀六錢八分四釐，合與市價相差約八釐。今既欲暫認舊銀元與國幣有同一之效力，非設法平其市價不可，加鑄費六釐，則距離之度甚微，自易為力。（二）查天津造幣廠，現在八八五以至八九成色之北洋銀元，每元鑄費鑄本，約加增一分上下。若改制後，按九成更加精鑄，則鑄造成本，須合行化銀六錢九分零。今若不加鑄費，或所加太微，則鑄造之工，賠累無極。今試以全不收費計之，則每日鑄幣五十萬元，國家應賠累四千兩左右，每月應賠累十二萬左右。收舊銀元以改鑄，則每月賠累，當在四十萬兩左右，所費益不貲矣。造幣為國家一種義務，原不容計較勞費，然當茲竭蹶之際，苟能省一分賠累，即間接輕人民一分負担，於我國不為悖也。（三）各國鑄金主幣，其收鑄費最多者，不過千分之二三。揆以本條例所收，相去似太懸絕，不知金之價值，視銀三四十倍。鑄金加千分之三，等於鑄銀加千分之十。使銀幣而收鑄費太薄，則人民貪其成色之純，不免溶化以作他用，隨鑄隨燬，稽禁何從，且吾國用生銀習慣，不能立即禁絕，此弊尤大。前此所鑄大清銀幣，成色較高，今漸絕跡市場，皆坐此故。宜防於豫，其理甚明，此在歐洲舊用銀圓，稍有造幣經驗者，皆能言其故矣。以此三理由，故幾經審度，而認鑄費六釐為最適，約當千分之九零，較前清幣制則例千分之十三，已減去千分之四矣。

五、從前官局所鑄一元銀幣，暫准作國幣之理由。施行細則第二條云，舊有官局所鑄發之一元銀幣，政府以國幣兌換改鑄之，但於一定期限內，認為與一元國幣有同一之價格。其所以如此規定者，蓋於幣制頒定後，一面趕鑄新幣，一面仍借舊幣以資流通，然後陸續抽換改鑄也。其理由有四：（一）幣制頒定後，必須有貨幣可供授受，然後其制乃能推行，此至淺之理也。中國果須有銀元若干，始足充用乎。今雖未能明言，然以中國現有舊銀元計之，各省前此官局所鑄，約合二萬萬元以上，其各種外國銀元，尚不在內。然各該種銀元之市價，尚在所含純銀分量之上，則銀元之供不應求，已有明證。夫現在以大銀元充交易媒介者，不過數省耳，然有二萬萬元以上，猶苦供給不足，則全國需要之鉅，更可推知。約略算之，若求全國充用，至少總須有一元銀幣四萬萬元內外。即初辦時，先求各大城鎮商埠兌換流通，亦非有二萬萬元以上不可。以現在全國造幣之力計之，若鑄造稍求精美，每日僅能出五十萬元左右，而新製祖模，建造廠基，添置機器，尚需時日，計欲鑄成新幣一萬萬元，為期當在一年左右，安得如許時日，以待從容布置。今將官局所鑄舊幣認為國幣，則幣制頒行後，國中立即有二萬萬元之法幣，以資流通。一面使現有造幣廠分科程功，某廠專鑄主幣，某廠專鑄某種輔幣，一二年內主輔兩幣，當可鑄成一萬萬元以外，則開辦之始，市面不至以乏幣為病，而推行可望迅速矣。（二）無論何國改革幣制，必須籍國家銀行兌換券之力，然欲兌換券之通行，必須使持券者，立刻有可兌之幣，而無須申水補水之煩難，庶幾民便而信之，而推行之捷，乃可期也。若幣制既頒，而市面尚無此幣，則國家銀行即欲發券，將以何者為兌換之資。惟有沿用舊幣之重量，即暫認舊幣為國幣，則所發之券，隨時得用以吸收現幣，而所吸得之現幣，一面固當陸續抽換改鑄，一面仍可暫充兌換準備。其於推行之迅速，蓋事半功倍矣。（三）今用銀本位，不過目前不得已之計，當要處處注意，為將來改金本位之預備。苟銀之流入國中者太多，他日必且窮於處置，此最當戒備也。若改革幣制，而絕對的不利用舊幣，則新幣全額，皆須立求生銀，別為鼓鑄，生銀之自境外流入者必驟增。將來若改用金，益且以銀多為患，而銀價之緣此驟漲驟落，擾亂世界金融，又無論矣，此亦不能不暫認舊幣之一原因也。（四）若別鑄一元新幣，與一元舊幣異其重量，而不認一元舊幣為國幣，當初辦時，鑄成之一元新幣甚少，其力不足以支配市場，則一元舊幣當然通行，其市價高下靡定，且與一元新幣亦生比價，是一元新幣，非惟不能整齊幣制，且以增幣制之紊亂也。若欲用此法而免流弊計，惟有將所鑄一元新幣貯藏之，而不發出，俟數年之後，約算所鑄之數，已足支配市場，然後一舉而發出之，其窒礙良多。且國家籌備此項鑄本，所損若干，而其所釀金融界之擾亂，又將若何，此不待智者而知其非計矣。以此四大理由，故暫認舊日官局所鑄大銀元為國幣，實屬正當不易之法，而一元單位，不宜輕改舊規其理亦從可識矣。

六、舊輔幣暫以市價通用之理由。施行細則第三條，規定各種舊鑄銀銅輔幣，於一定期限內，各照市價行用。夫舊有之主幣輔幣，同為官局所鑄，乃彼則認為國幣，而賦予以法價，此則令照市價通用，辦法兩歧。或以為怪，不知主幣為價格之尺度。尺度非立刻統一，無以御凡百之物價。尺度既定，百價皆可依之以為標準，則舊有輔幣之價，雖暫認為凡百之物價之一種，而於標準之基礎，固不至搖動，故畫一主幣與整理舊輔幣不妨分期程功也。且政府所以必主張分期辦理者，非畏難而苟安也，為維持金融市面秩序計，有不得不然者。試以銅元一項論之，其現在對於大銀一元之市價，約值百三十枚內外。若欲整理之，非使立改為十進不可，然此非祇以法律之力所能強制，識者知之審矣。今國家忍受苦痛，將市面過賸之銅元，赳日收回鎔燬，使其供求相濟，勉就十進之系統，然以市面通行最廣之銅元，驟變其價值十之三，試思金融擾亂之程度果何若，而影響於小民生計又何若者。故將各種輔幣，別鑄一套其重量成色型式，皆使與舊幣殊別。新輔幣之對於王幣，用嚴格的十進法為法價，而舊輔幣，則以儕諸百物之列，不必其與新幣制系統相蒙也。然又非永久放任而不加整理也，一面用市價收回，一面陸續改鑄，俟收回暫多，其市價至有與新輔幣略同之價格時，乃明定期限，全數收回之，則其影響於物價者不甚驟，而民亦可相安無事矣。

七、施行地域酌分次第之理由。幣制既頒，本宜全國同時實行，今施行細則第十條，稱施行地域及期日以教令定之者，其理由有三：（一）我國幅員遼廓，各地習慣不同，而其金融待拯，緩急之情亦別。大率通商口岸，最感幣制不一之苦，交通愈不便之地，其所感覺愈微，稱情以施，合分先後。（二）貨幣之鑄造，兌換券之推求，雖兼程並進，亦不能使全國供求遽足相抵，懸而久待，窒礙滋多，故不如次第推行，易於支應。（三）各地濫鈔，為幣制之梗，收回整理，當行以漸。其中不無數區，應用特別辦法者，故施行稍分次第，伸縮乃可裕如。察此三端，則本條規定之意可見矣。要之先將通商口岸，實力施行，使滙兌無阻，脈絡靈通，然後以次推行於腹地。期以二年，徧及全國，則改革幣制之大業其庶幾矣。

民國三年幣制局整理幣制計畫概要

民國三年秋，幣制局籌商幣制整理辦法，當預定新幣制，應分三期辦理。第一期，為統一主幣時期。第二期，為統一輔幣時期。第三期，為改革金本位時期。第一期中又分兩步：第一步，統一南北洋及各省雜色銀元之市價；第二步，發行新主幣，改鑄舊銀元，及銷燬各外國在中國通行之銀元。第二期亦分兩步辦理：第一步，發行新輔幣，使與舊輔幣并行。第二步，收回舊輔幣，使舊輔幣市價，與新輔幣相等。然後定期交換，全數改鑄。第三期亦分為兩步辦理：第一步，規定金主幣之重量，使一元銀主幣為金主幣之代表。在通商口岸，設立交換金幣及國外滙兌金貨之機關。第二步，發行金主幣鈔票及金幣，收回一元銀主幣，使中元以下之銀銅輔幣，完全為金主幣之輔幣云云。

民國六年梁啟超任財政總長期內提議之幣制大綱

改革幣制略分三步。

一、劃一銀幣。

二、整理紙幣。

三、採用金滙兌本位。

現擬著手之事如下。

一、改革造幣廠，如減少廠所，不使幣廠含獨立營利性質。

二、造幣廠聘外國總技師一人。

三、設檢查貨幣會時，得約外國人為名譽會員。

四、依民國三年頒布之國幣條例，嚴定重量成色型式。鼓鑄新幣，其一元主幣採自由鑄造主義。

五、稽查爐房。

六、規定國幣與各地銀碼之比價，由從收機關照定率收之，使國幣與代表國幣之兌換券，得以推行全國。

七、照市價收回舊輔幣。

八、發行對外金滙票，以維持中央銀行北京鈔票價格。

九、以造幣餘利購金存儲外國，補充在外準備金之耗損。

十、以海外金準備為擔保，發行內國公債，充整理各省濫紙幣之用。

編後記

　　貨幣是人類社會發展到物質交換時代的產物，是現代經濟生活中最重要的一種工具。最初，牲畜、鹽、貝殼等都曾經作為貨幣的具體形式出現；後來，金、銀等貴金屬逐漸成為比較固定的貨幣表現形式；現在，紙幣是最常見的。

　　我國是世界上最早使用貨幣的國家之一，迄今已有四千多年的歷史。傳說我國的貨幣制度由黃帝創設，史前時期的仰韶文化、龍山文化、夏代紀年範圍的二裡頭文化遺址以及商周墓葬中已屢見海貝，西漢重要的經濟學論著《鹽鐵論》闡述貨幣時也有"夏后以玄貝"的記載。可見在夏及以前，貝曾是一種重要的貨幣形式。再後來，直到民國初年的幾千年，銅逐漸成為中國古代貨幣最重要的材質，形制五花八門，有布錢、刀幣、圓錢、五銖錢、通寶、製錢、銅元等，其中流傳時間最久、使用範圍最廣的是圓形方孔錢。其他如以金、銀為材質的銀幣、銀元、金錠、銀錠、散碎銀兩以及唐代開始出現、宋代成形的紙幣（交子）等，雖然在某時某地成為常見的流通貨幣，但很少成為全社會貿易流通的主流。除了這些比較規律性的情況外，還有因戰爭、災害等引起物價飛漲，民眾更願意接受以物易物的交換方式，拒絕貨幣。貨幣制度完善後，尤其是紙幣出現以後，也逐漸成為統治者斂財搜刮的一種手段，如發行劣材質幣、超額鑄造等。凡此種種，使我國本已源遠流長的貨幣制度，變得更加紛繁複雜，成為中國歷史最難爬梳的問題之一。

清末民初是我國從傳統的硬幣全面向紙幣轉化、現代貨幣制度體系逐步建立的重要轉折時期，新舊制度並存，貨幣制度紊亂，新制度建設過程中的爭論以及新舊制度利弊的比較討論對我們今天仍有借鑒作用。本書首次系統地對我國的貨幣制度進行研究，分歷代貨幣、現代貨幣、現代幣制問題、幣制行政、金銀銅統計和附錄等六編，編有章節。對我國歷代的幣制情況及近代幣制法規、議案，中央、地方、中外銀行、官錢局、造幣局之章程、條例、鈔幣數目、平色差量及營業概況等均有詳細敘述，並輯入上百幅歷代貨幣照片及有關統計表數十張，對研究我國歷代貨幣的發展，尤其是清末民初從硬幣向紙幣的轉化提供了翔實的一手資料，對我國的財政制度發展史、近代史研究以及規劃幣制、錢幣收藏都具有一定的指導作用。

作者張家驤，字季良，博學多通，覃精國故，曾留學日本，歸國后執教于民國大學，曾參與1923年5月臨城大劫案的調停處理。1922年起張氏潛心于《中華幣制史》的研究和寫作。為搜集盡可能多的材料，他除了"眼勤"，閱讀大量的官書通報，還"腿勤"，材料一地不全，則四處搜求；公家圖書館沒有，則求于私家藏書。廢寢忘食，窮日編纂，苦心鑽研三年方竟，成近代我國幣制通史研究的奠基之作。本書經常被認為是浙江鄞縣張家驤所著，恐為同名之訛。查《清史稿》，鄞縣張氏為晚清重臣，兩代帝師，卒於光緒十年（1885年），而本書所採用的材料多已在其身後三四十年（1924年），時間先後不合理，這是其一；其二，這麼有分量的一部學術著作，如果真出鄞縣張氏之手而《清史稿》卻不著一字，也叫

編後記

人疑惑；其三，本書有諸多序文和題詞，其作者均為當時名聲顯赫者，或飽學通儒，或政府要員，或商界巨擘，這些人不會不知道，給一部託名的大部頭作品這麼題詞題序是要出洋相的。

本書1925年由民國大學出版部首次出版，出版後即受到社會的關注，日本侵華的言論機關《順天時報》率先披露了目錄並附有中肯的學術評價。1974年，我國臺灣地區曾影印出版，但大陸地區一直未曾將該書以單本專著形式出版，因此1925年版本受到諸多版本收藏者、研究者及泉幣愛好者的追捧，價格不斷攀升，2011年曾拍出6 325元的價格。

本書以民國大學出版部1925年版為底本進行整理：將原來的直排變為橫排，以便於今人閱讀；對底本中需要補充或明顯錯訛需要糾正的地方，以"編者註"的形式加以說明；底本標點與今天的規範差異較大，以尊重原稿為主、依據現代漢語標點規則酌情修改；原書層次紛繁駁雜，對其進行了更簡潔明確的梳理，使其更符合現代的層級規範。書稿中的千分位空與小數點的運用，與現代規範有所不同，限於整理者水平有限，未對其改動；書稿中保存的大量統計表偶有不通之處，整理過程中對於可疑之處進行了反覆推算，希望表中邏輯關係明確的數字準確、關係合理。本書體例複雜多變、夾註小文等星羅棋佈、標題形態多樣、表格富而且繁，在所有這些問題上，賀天作坊都提供了極有價值的建議和巨大幫助，致以衷心感謝。因原書篇幅較大，故本次再版分為上、下兩冊。本冊為前半部份，主要闡述歷代貨幣、現代貨幣與現代幣制問題，對我國歷代幣制相關情況進行詳細梳理，以瞭解其發展脈絡。限於整理者水準，錯漏不當之處仍在所難免，誠望讀者批評指正。

劉　江
二零一二年十二月

《民國文存》第一輯書目

紅樓夢附集十二種	徐復初
萬國博覽會遊記	屠坤華
國學必讀（上）	錢基博
國學必讀（下）	錢基博
中國寓言與神話	胡懷琛
文選學	駱鴻凱
中國書史	查猛濟、陳彬龢
林紓筆記及選評兩種	林紓
程伊川年譜	姚名達
左宗棠家書	胡嘯天
積微居文錄	楊樹達
中國文字與書法	陳彬龢
中國六大文豪	謝無量
中國學術大綱	蔡尚思
中國僧伽之詩生活	張長弓
中國近三百年哲學史	蔣維喬
段硯齋雜文	沈兼士
清代學者整理舊學之總成績	梁啟超
墨子綜釋	支偉成
讀淮南子	盧錫烴

國外考察記兩種	傅芸子、程硯秋
古文筆法百篇	胡懷琛
中國文學史	劉大白
紅樓夢研究兩種	李辰冬、壽鵬飛
閒話上海	馬健行
老學蛻語	范槼
中國文學史	林傳甲
墨子間詁箋	張純一
中國國文法	吳瀛
錢基博著作三種	錢基博
老莊研究兩種	陳柱、顧實
清初五大師集（卷一）·黃梨洲集	許嘯天
清初五大師集（卷二）·顧亭林集	許嘯天
清初五大師集（卷三）·王船山集	許嘯天
清初五大師集（卷四）·朱舜水集	許嘯天
清初五大師集（卷五）·顏習齋集	許嘯天
文學論	夏目漱石、張我軍
經學史論	本田成之、江俠庵
經史子集要略	羅止園
古代詩詞研究三種	胡樸安、賀楊靈、徐珂
古代文學研究三種	張西堂、羅常培、呂思勉
巴拿馬太平洋萬國博覽會要覽	李宣龔
國史通略	張震南
先秦經濟思想史二種	甘乃光、熊夢
三國晉初史略	王鍾麒
清史講義（上）	汪榮寶、許國英
清史講義（下）	汪榮寶、許國英

清史要略	陳懷
中國近百年史要	陳懷
中國近百年史（上）	孟世傑
中國近百年史（下）	孟世傑
中國近世史	魏野疇
中國歷代黨爭史	王桐齡
古書源流（上）	李繼煌
古書源流（下）	李繼煌
史學叢書	呂思勉
中華幣制史（上）	張家驤
中華幣制史（下）	張家驤
中國貨幣史研究二種	徐滄水、章宗元
歷代屯田考（上）	張君約
歷代屯田考（下）	張君約
東方研究史	莫東寅
近世歐洲史	何炳松
西洋教育思想史（上）	蔣徑三
西洋教育思想史（下）	蔣徑三
西洋教育史大綱	姜琦